決定版

すぐに使える！
教養の「語彙力」3240

西東社編集部 編

JN028974

西東社

決定版 すぐに使える！

教養の「語彙力」3240

もくじ

Part5 読み間違え、**誤読**をする人が多い漢字 163〜184

Part8 古きよき日本語、美しき日本語 239～280

Part11 ことわざ・四字熟語で表現力をアップしよう 325〜366

Part12　読めそうで読めない**難読・当て字**の漢字　367～415

Part 1

コミュニケーション力がアップ！ とっておきの言い回し

1 できるオトナの言い換えフレーズ

○初めて知りました
×いままで知りませんでした

情報を教えてもらったときや指導してもらったときは、「知りませんでした」と言うと言い訳っぽい。「知りました」という肯定の言葉をはつらつと言うと、やる気も感じられて好印象。

○まいりました
×すごいですね

相手がやったことや言ったことに対して、感服したときに使うフレーズ。「まさかそれほどだったとは、まいりました」など、これまでもすごいと思っていたけれどさらに…といったニュアンスで使いたい言葉。

○ご心配でしたね
×大変でしたね

相手につらいことがあったり凹(へこ)んだりしているときは、とにかく共感を示すことが、できる大人の正しい対処法。「大変でしたね」より、「心配ですね」「心配でしたね」という言葉のほうがていねいな印象を与える。

○期待しているよ
×もっとがんばって

「もっとがんばって」にはダメ出ししている、「期待しているよ」には認めているというニュアンスがある。言っている意味はほとんど同じでも、相手のとらえ方がまったく違ってくる。

言葉 **伯父と叔父** 親の男兄弟のことを「おじさん」というが、漢字が二通りある。「伯父さん」と「叔父さん」、きちんと使い分けができてる？　親の兄にあたる人を「伯父」、親の弟にあたる人を「叔父」と書く。「伯母」と「叔母」も同様。ちなみに、親類でない男の人は「小父さん」と書く。

○今、よろしいでしょうか

×ちょっといいですか

上司などに報告や相談があり、ちょっと聞いてほしいというときは、このフレーズを。忙しい相手も聞く耳を持ちたくなる、気づかいの言葉。

○くれぐれもお大事にしてください

×お大事にしてください

ほかに「くれぐれもお気をつけください」「くれぐれもよろしくお伝えください」など、「くれぐれも」を入れるだけで、心のこもった大人の表現に。

○みなさまに支えられて実現できました

×がんばったおかげで実現できました

実現できたのは自分一人の力ではなく、周りの支えがあったおかげだと言えるのは大人。チームワークが必要な大事な仕事を任せたくなるひと言。

○何なりとお申しつけください

×何でも言ってください

前向きかつていねいな言い方で好感度が高い。上司や取引先などに対してよく使う言葉。

○おっしゃる通りです

×確かにその通りです

相手の意見に賛同するときに使う言葉。相手の言ったことを一度受け止めると、自分の意見も言いやすくなる。

○精進(しょうじん)いたします

×がんばります

「がんばります」は少し子どもっぽい言い方。この「精進」とは精神を集中して一生懸命に努力すること。大人であれば、このフレーズで落ち着いて任せられそうな雰囲気を演出しよう。

語源 **どうも** 「どうも眠い」というように、はっきりしない気持ちを表す言葉として中世期から使われているが、「どうもどうも」とあいさつで使われるようになったのは最近。人気者だった元アナウンサーが、知らない人に声をかけられたとき「どうもどうも」と言っていたことから。

○お言葉に甘えさせていただきます

×いいんですか、すみません

相手から好意の申し出があったときや食事代を支払ってくれるときなどに返す言葉。「お言葉に甘えて」は好意や親切に甘えるという意味。こちらのほうが謙虚な感謝の気持ちが伝わる。

○西さんの□□なところを尊敬しています

×西さんを尊敬しています

行動力、リーダーシップなど、具体的な事柄を挙げて相手を持ち上げよう。

○森さんがいなければどうなっていたか

×やっと乗り切ることができました

問題を解決したとき、相手の協力のおかげだと言えるのはできる大人。名指しで言われた相手は悪い気はしないはず。

○私事（わたくしごと）で恐縮ですが

×お願いがあるのですが

相手に労力をかけてもらうのは申し訳ないという、私的なお願い事をするときの言い方。こう切り出せば、相手も聞く耳を持ってくれるだろう。

○林さんにしか頼めないことなのです

×林さんにお願いしたいです

相手に対し「あなただけしかいない」ということをアピールする言い方。「しか」と限定しているので、相手も引き受けざるを得なくなる。

○きみなら□□をやってくれるよね

×□□をやりなさい

上司から部下に言うときなどに使える言葉。疑問形で聞いてはいるが、「やってくれるはず」という意味が含まれているので相手が断りにくくなる。

語源 **あばよ**　さよならよりもくだけた別れのあいさつ。東京の方言ともいわれるが、元は飛騨方言で江戸時代から使われていたようだ。諸説あるが「ごきげんよう」という意味の「按配［あんばい］よう」の略が有力。また「また会いましょう」という意の「あはばや（逢はばや）」の転用という説も。

○それはうらやましいです
×なるほど、そうなんですね

相手が明らかに自慢話をしているときは、シンプルな相づちだけでは物足りない。「うらやましい」のひと言も添えたい。

○夢のようです
×すばらしいです

憧れていたところに連れて行ってもらったり、感動的な体験をさせてもらったときに使いたい言葉。「□さんのおかげです」も必ず添えよう。

○さすが鈴木さんのおすすめですね
×とてもいいですね

レストランに招待されたり、何かを選んでもらったときなどに、相手のセンスをほめる言葉。自分のセンスに自信を持っている相手に。

○私でよければ喜んで
×私なんかでいいんですか

会議やイベントの司会や幹事役などを依頼されたときは、明るく謙虚に前向きに。ただの「わかりました」より、謙虚さをアピールできる。

○中川さんもほめていたよ
×よくやっているね

ただほめるのが悪いわけではないが、ほかの第三者もほめていると伝えるのはおすすめの方法。第三者は上司など目上の人のほうがよい。

○なくてはならない存在です
×ごくろうさまです

目立った活躍はしていないが、いつも地道にほかの人を支えているような役回りの相手に。ちゃんとわかっているよということを伝えよう。

漢字 **部首** 部首の中にはあまり知られていないマイナーなものもある。「主」の部首はどこだかわかるだろうか？　上についている「丶」である。その名も「てん」。「了」の部首は下側の縦線部分で「はねぼう」という。「互」の部首は上下に書かれている横棒で「に」という。

2 ネガティブ表現をポジティブに言い換え！

ネガティブ しつこい → **ポジティブ** 粘り強い

しつこい性格ということは、簡単にあきらめずに一生懸命取り組むという長所につながることも。

頑固 → ブレない

言うことの筋が通っている、意志が固い、そんな言い換えもできる頑固な性格。ころころ意見が変わる人よりはいいいかも。

優柔不断 → 慎重

なかなか決められない、簡単には行動に移さない、そんな優柔不断な性格は、言い換えればよく考えてから行動に移す慎重派ともいえる。リスク回避のためには、そんな人材も必要。

ネガティブ おせっかい → **ポジティブ** 思いやりがある

何だかんだと世話を焼いてくるおせっかいな人に対しては、親切心からそうしていると思うしかない。

でしゃばり → 積極的

どこにでも顔を出して「オレが、オレが」とやっているでしゃばりな人。でも、こういう積極的な人がいるからこそ、場が盛り上がることもある。

おしゃべり → 頭の回転が速い

次から次へと言葉が出てくるおしゃべりな人。でも、頭がよくなければそんなにしゃべることはできないはず。ただし、頭の回転が速いとほめたら、うれしくなってもっとおしゃべりになるかも…。

言葉 **御用達【ごようたし】**「セレブ御用達」など「お気に入り」の格式高い言い方として使われることが多いが、本来の意味は宮内庁へ品物を納めることをいう。昔は「御用達」を名乗るには厳しい審査があり、憲法下において許可されたものだけだった。現在は自由に名乗ることができる。

ネガティブ

図々しい→度胸がある

ポジティブ

図々しいということは、遠慮しないでどこへでも乗り込んでいける度胸があるということ。

無口→聞き上手

自分のことはあまり話さないけれど、聞き上手。また、思慮深いタイプともいえそう。

ポリシーがない→機転がきく

機転がきくとは、その場その場に応じて素早く適切な行動ができること。

あきらめが悪い→根性がある

あきらめが悪いのはいいことも多い。交渉ごとなどはあきらめの悪さで成功することも。

ネガティブ

堅苦しい→真面目

ポジティブ

真面目な人は、ときと場合によっては堅苦しい印象を与えてしまうもの。ここは大目に見てほしい。

短気→てきぱきしている

思ったらすぐに行動に移すタイプ。よく言えば、てきぱきしている、手際がよい。

まわりくどい→ていねい

要領を得ない話を長々とする人。その人なりに一生懸命、ていねいに説明しようとしているのかも。

引っ込み思案→落ち着いている

初めての場所などには、なじめない引っ込み思案。そういう人は落ち着いてじっくり観察しているもの。

漢字 **県【けん】** この漢字の成り立ちには生々しい話がある。「県」は「首」という字を逆さまにした文字。領土争いの際、相手の領主の首を境界線に吊るしたことからできた漢字だそう。「取」も戦場で敵の耳を取っていたことからできた字で「又」は耳をつかむ手を表している。

ネガティブ

甘い→信頼している

ポジティブ

部下などに甘いということは、部下などを信頼して任せているということ。

使えない→将来性がある

今はまだ使えない人や物も、将来は使えるようになっているかも。

古い→懐かしさを感じる

ほかに「レトロ」「ノスタルジック」「伝統を感じる」「伝統的な」などと言えば魅力的に感じられる。

ありがちな→定番の

定番のものには、長く使えて安心感があり、飽きのこないものが多い。

ネガティブ

忙しい→充実している

ポジティブ

忙しいということは、毎日たくさんのやるべきことがあり、充実しているということ。

うるさい→活気がある

人の性格にも使えるし、レストランなどの場所にも使える便利な言葉。

派手→華やか

相手のファッションを派手だなと思ったら、「華やかですね」と言うとほめ言葉になる。

地味→飾らない

ほかに「ナチュラル」「素朴（そぼく）」「控えめ」など。地味なのが場所のときは「落ち着く」と言ってもよい。

言葉 **にやける** 「薄ら笑いを浮かべる、にやにやする」と思っている人が多い言葉。本来は「なよなよとしている」という意味だ。漢字では「若気る」と書き、鎌倉・室町時代に男色の若者のことを呼んだ「若気［にやけ］」という言葉が動詞化し、男性が女性のように色っぽい様子を指す。

ネガティブ
孤独→群れない ポジティブ
いつも一人でいるようなタイプは、自立していて群れないタイプともいえる。

おもしろくない→難解(なんかい)な
主に芸術分野でおもしろくないと感じたら、「難解な作品ですね」などと言って逃げるのが得策。

無趣味→家庭を大事にする
趣味もない人は、「家庭第一」だったり「仕事第一」だったりすることが多い。

非常識→斬新(ざんしん)
非常識な人は、場合によっては常識にとらわれない斬新な発想をして周囲を驚かせる。

ネガティブ
味気ない→シンプル ポジティブ
一見、味気ないものは、自分好みに変えられるよさがある。

ケチ→経済観念がある
ケチな人というのは、経済観念がしっかりしていて計画的に貯金していたりするもの。

緊張感がない→リラックスする
場所や雰囲気、また人にも使える言葉。「あの人は周りをリラックスさせる魅力がある」など。

困難→達成感が得られる
困難なことに挑戦してこそ、達成感や満足感が得られるもの。

語源 **うざい** 「うざったい」の略語で、東京の一部で使っていた方言が1980年頃から若者の間で広まった。若者言葉だが、そのルーツは江戸時代までさかのぼる。似た物が集まってうっとうしいという意味の擬態語「うざうざ」が形容詞化して「うざったい」となり「うざい」と略された。

3

依頼・承諾

こんなとき職場でどう言えばいい？①

頼みごとをするとき①

お手数をおかけしますが。

常套句（じょうとうく）として社内などでは日常的に使う言葉。近い上司や、隣の部署の人など、ある程度親しい人にお願いをするときに使いやすい。相手にとって本当に面倒な頼み事ではなかったとしても、礼儀としてひと言添えよう。

頼みごとをするとき②

お忙しいのは承知しておりますが。

催促を含んだ言葉で、目上の人にできれば今すぐ見てほしい、対応してほしい、意見が欲しいなどというときに使う。メールの返信が早めに欲しいときにも使えて、重宝する言葉。このひと言を添えると、「申し訳なく思っている」という気持ちを表すことができる。申し訳なさを強調するには「重々承知して～」と言うのもよい。

力を借りたいとき

お力添えをたまわりたく。

文書でも使えるていねいな言葉。大事な取引先やお客様、上司などの力を借りたいときに使う。もう少し親しい相手へのカジュアルな言い方としては、「お力を貸していただけないでしょうか」がある。

承諾をお願いするとき

なにとぞご了承のほどお願いいたします。

「なにとぞ」は「どうにか」にあたる副詞的な言葉で、例文は何とかわかってほしい、承諾してほしいという意味。「ご承諾いただければ大変ありがたく存じます」でもよい。「何とかお願いします」など、ただ押しつけるような言い方にならないようくれぐれも注意を。

漢字 **々**　「人々」や「益々」など、繰り返しに使う「々」という字、これだけをパソコンで入力したいとき、なんと打てばいいのか迷ってしまう。実はこの字、漢字ではなく「踊り字」という記号のため、それ自体に読みはない。入力したいときは「おなじ」「どう」「くりかえし」で変換できる。

教えてもらいたいとき

ご教示（きょうじ）ください。

ビジネスシーンで、取引先などに対して質問をするときに使う言葉。「教えてください」ということをへりくだって言い換えている。

参加してもらいたいとき

ご参加たまわりますようお願いいたします。

「ぜひ参加してください」という意味。前に「お忙しいところ恐縮ですが」「お忙しいとは存じますが」などをつけるとよい。

承諾するとき

かしこまりました。

相手の依頼などを承諾するときに使う。シンプルに「わかりました」と言うよりはていねいな言い方で好感がもてる。「承知いたしました」でもよいが、「了解しました」は目上の人に対しては使わないこと。

書類を確認してもらいたいとき

ご査収（さしゅう）ください。

書類を送ったり、メールに添付したりするときに使う。資料を送るので、「届いたら確認してください」「よく調べて受け取ってください」という意味。よって、調べることのないような簡単な書類を送るときには使わない。

お願いしますの代わりに

よろしくご指導ください。

目上の人に対して、「これから」または「これまでに引き続いてこれからも」よいおつき合いをお願いしますというニュアンス。「ご指導のほどお願いします」でもよい。

呼ばれたとき

ただいま、まいります。

上司など目上の人に、すぐに来るように呼ばれたときに使う。「いま、行きます」の「行きます」を謙譲語の「まいります」に言い換えている。

語源　にっちもさっちも　漢字では「二進も三進も」と書く。そろばん用語で「二進」は2÷2、「三進」は3÷3のことをいい、割り切れ計算できることを意味する。そこから、2や3でも割り切れないこと、どうにもやりくりがつかない様子を「二進も三進もいかない」というように。

4 断り・反論

こんなとき 職場でどう言えばいい？②

依頼を断るとき

まことに申し訳ございませんが、お引き受けいたしかねます。

「申し訳ございませんが」のほかに、「残念ですが」としてもよい。いずれにしても、残念という気持ちを前置きにして、できるだけていねいに断ることが大切。「見送らせていただきたいと存じます」「ご期待には添いかねます」という言い方をしてもよい。

無理な依頼を断るとき

そちらはいたしかねます。

無謀だと思えるようなお願いや、納期や金額が厳しすぎるような依頼を断るときに使いたいフレーズ。ビジネスシーンでは、「できない」という否定的な表現は使わないほうがよいので、「いたしかねる」は重宝する。

面会を断るとき

ただいま、手を離せない仕事がございまして。

アポなしで客が訪ねてきたり、急に用事を言いつけられて対応できないときなど、「いま、都合が悪い」というのを言い換える便利な言葉。「申し訳ございません」と付け加えるのも忘れないように。

断る理由を伝えるとき

あいにく先約がございまして。

「あいにく」には期待に添えない、都合が悪いなどの意味がある。また、「おあいにくさま」など相手をなぐさめる意味でも使われる。「あいにく予定が入ってしまいまして」「あいにく体調を崩しておりまして」など、断る理由の前につけると印象がやわらかくなる。

言葉 **がたぴし** 「風が強く、雨戸ががたぴしする」というように、音をたてて騒がしい様を表す。カタカナ表記されることが多いが、漢字もあり、「我他彼此」と書く。これは仏典に出てくる言葉で、我の他、彼と此が対立し、もめごとが絶えない様子を表す。実は奥の深い言葉である。

今回は断りたいとき①

お役に立てず残念です。

本当に自分が力不足で依頼を受けられないときなどに使う。できるなら受けたいけれどすみません、というニュアンスが伝わる言葉。

今回は断りたいとき②

これに懲りずに、また機会がありましたらぜひともよろしくお願いいたします。

今回は本当に事情があって断るが、相手との関係を断ち切りたくない、次回はなるべく依頼を受けたいというときに使う。もちろん言葉だけでは不足なので、その後のフォローは必要。

贈り物を断るとき

お気持ちだけありがたくいただいておきます。

贈られて迷惑な物を断る場合、「いりません」では失礼だが、このようにやんわり断れば、相手も悪く思わずわかってくれるはず。

反対意見を述べるとき

おっしゃることはよくわかります。しかし私は。

目上の人に反対意見を述べるときは、本音はともかく、まずは相手の言うことを肯定したい。ほかに「ごもっともです」は、反論のための前置きフレーズとして覚えておきたい。

納得できないとき

割り切れない気持ちが残ります。

本音では納得できない、不満足な気持ちが残るという意味。反論まではしないけれど、納得はしていないというときにも使えるし、反論するときの前置きにも使える。

反論するとき

お言葉を返すようですが。

反論をするときの前置き。感情的にならず冷静に、まずは「お言葉を返すようですが」と言えれば、相手も大人の対応と認めざるを得ない。

漢字 **仮名【かな】** ひらがなの「かな」を漢字で書くと「仮名」。「仮の文字」ということだ。では、本当の文字とは？ 「仮名」に対して「真名［まな］」と呼ばれたのが漢字だ。平安時代に誕生した仮名は、漢字を簡単にしたものだから「仮の文字」で、「真の文字」は漢字という認識だったのだ。

こんなとき 職場でどう言えばいい？③

上司の誤りを指摘するとき

私の勘違いでしたら申し訳ないのですが。

上司や先輩など目上の人が明らかに間違っていても、間違いや誤りを指摘するのには勇気がいるもの。例文のほか、「大変恐縮なのですが」などと言葉を濁したほうが賢明。また、「お手数ですが、再度ご確認いただけますか」など、再確認してもらうのもよい。

目上の人に指摘するとき

失礼かとは思いましたが。

相手は目上の人。明らかに勘違いなどをしていて、指摘してあげたほうが親切なのだけれど、おせっかいなようで気が進まない。そんなときに便利な言葉。「出すぎたまねとは存じますが」も同じような状況で使える。

ミスを指摘されたとき

申し訳ございません。以後、気をつけます。

書類の記入ミスなど、すぐにリカバリーできるような場合は、まずは謝罪を。短めに「以後、気をつけます」「以後、注意いたします」などと、今後は失敗のないよう気をつける気持ちがあることを伝える。

ミスを謝罪するとき

私（わたくし）の不注意でご迷惑をおかけして、まことに申し訳ございません。

比較的大きなミスのときにも有効な言い方。言い訳はせず、ひたすら心を込めて謝りたい。「私」は「わたくし」と言うほうが好ましい。相手の気持ちがおさまったら、今後どのように改善していくつもりなのかも伝えよう。

語源 ダメ　漢字で書くと「駄目」。これは囲碁に由来する言葉で、どちらの所有にもならない目のことを「無駄な目」＝「駄目」といい、役に立たないことや効果がないことを意味する。それが転じて、現代では「してはいけないこと」や「よくない状態にあること」といった意味を持つようになった。

やんわりと指摘するとき

河口さんらしくないようですが。

いつもはしっかりしているのに、きちんとしているのにというニュアンスを含んでいるので、相手も傷つくことなく指摘を受け入れやすい。

相手が約束を忘れたとき

うっかりされたのだと思いますが。

取引先の人と待ち合わせをしたのに、約束の時間に現れない。少したって電話をしてみると、約束を忘れているようで平然としている。そんなときに使いたい言葉。相手を責めてはいない、という気持ちを表すことができる。

同僚のミスを指摘された

一緒に改善策を考えます。

同僚がミスをしたのに上司に連帯責任のように言われた場合、「私のせいではありません」などと言うのは印象が悪い。ここは大人になって例文のように言えば、上司も一目置くはず。

目上の人に意見を言われたとき

貴重なご意見をありがとうございました。

自分とは違う意見を言われたときは、相手を立ててお礼を言いながら頭を下げる。「勉強させていただきました」と添えると、相手を敬っている気持ちが伝わる。

説明不足で相手がミスをしたとき

言葉が足りず申し訳ありませんでした。

相手のミスの責任が自分にもある場合は、いさぎよく謝罪をする。「次からはきちんと説明するようにいたします」と、今後の改善策の言葉を添えれば、相手の顔も立つ。

残念な気持ちを伝えるとき

今回のことはまことに遺憾（いかん）です。

相手の対応への不満をしっかりと伝えたい場合に使える言葉。遠回しな言い方では伝わらないと感じたら、ときには毅然（きぜん）とした態度も必要。

言葉　**T字路【ティーじろ】**　突き当たって左右に分かれる道のことを、アルファベットの「T」になぞらえて「T字路」と思っていないだろうか。本来は漢字の「丁」を使い「丁字路［ていじろ］」というのが正解なのだ。形も読みも似ているため、いつの間にかアルファベットを使うようになった。

こんなとき 職場でどう言えばいい？④

深く感謝しているとき

心から感謝いたします。

「心から」は便利な言葉。「感謝しています」につけることで、より深い感謝の気持ちを表すことができる。「心から反省しています」「心から感動しました」「心から喜んでいます」などバリエーションが豊富。

相手の協力に感謝するとき

ご尽力いただきまして ありがとうございます。

「尽力」とは「目的のために力を尽くすこと」で、ここでは相手が尽力してくれたことに対する感謝の言葉なので、ていねいに「ご」をつける。「お骨折りいただき」でもほぼ同じ意味になる。陰ながら応援してくれたときなどは「お力添えいただき」が適している。

知り合えてうれしいとき

またご一緒できれば光栄です。

会って知り合いになれたことや、一緒に仕事ができたことをうれしく思っていることを表現。縁を次の機会にもつなげたいときなどに使う。また、プロジェクトの初顔合わせなどのとき、初対面の相手に対し、「このたびはご一緒できて光栄です」とあいさつするのも好印象。

目上の人に対して感動したとき

感銘を受けました。

「今日のお話には感銘を受けました」「先生のご著書には感銘を受けました」など、具体的な事柄をほめるときによく使う言葉で、相手が目上であっても目下であっても使ってよい。一方、「感心しました」は目上の人に対して使うと失礼にあたるので注意を。

語源 **台無し**【だいなし】「台」とは、御釈迦様［おしゃかさま］が座っている台座のこと。御釈迦様の仏像の多くは、蓮の花の上に座っている。この台座がないと仏像の威厳がなくなることから、物事が形を成さなくなること、だめになることを「台無し」というようになった。

予想を上回ったとき

期待以上の□□です。

取引先が予想を上回る成果を上げてくれたので感謝したいときに、「期待以上の成果を上げていただき、ありがとうございます」などと使う。

贈り物を受け取るとき

ありがたく頂戴(ちょうだい)いたします。

「頂戴する」は「もらう」の謙譲表現。贈り物をもらったり、食事をごちそうになったときなど、相手の厚意に感謝しつつ差し出された物をいただきますという意味になる。

仕事を任せてもらえたとき

このような機会をいただき感謝しております。

プロジェクトへの参加を推薦(すいせん)してくれた上司や、仕事をまかせてくれた取引先などに使う。信頼してチャンスを与えてくれた周囲への感謝の気持ちを表現する言葉。

静かに感動を表したいとき

深く心にしみました。

しみじみと静かに感動したというニュアンスを表現したいときに適した言葉。ビジネスシーンでは、取引先の人の講話の中のエピソードに感動したなどというときに使える。

特別な配慮に感謝するとき

ご高配(こうはい)について感謝いたします。

「高配」とは「配慮」とほぼ同じ意味で、取引先などに特別な配慮をしてもらったときなどに使う言葉。「平素より格別のご高配をいただき感謝いたします」などと文書で伝えることが多い。

感謝の気持ちを伝えるとき

ここまでやってこられたのは村田さんのおかげです。

「おかげ」には「ほかから受ける恩恵」という意味がある。恩恵を受けたおかげで物事がうまくいったことを表したいときの感謝の言葉。

漢字 **画数の多い漢字** もっとも画数の多い漢字は何だろう。大漢和辞典での最大画数は64画。「龍」を上に2つ、下に2つ並べた「たつ」と読む漢字だ。しかし、さらに画数の多い漢字が存在する。「雲」を3つ「龍」を3つ組み合わせた漢字で「たいと」と読む。画数はなんと84画。

7 賞賛

こんなとき 職場でどう言えばいい？⑤

業績などを賞賛するとき

脱帽です。

自分がとてもかなわないと思えるほど、相手がすごいということを表現する言葉。仕事上の業績だけでなく、心配りの細やかさや判断の早さなどを含めてほめたたえるときに使いたい。対等か目下の人に対して使う言葉で、目上の人に対してはあまり使わない。

人望があることをほめるとき

それは、中村さんのお人柄のおかげだと思います。

人脈づくりがうまいことや、いつもチームワークがいいこと、また、運よく仕事上のよいパートナーに出会えた、などといったことをほめるときに使う。人を引き寄せる魅力があるという意味の表現。

重要人物であることを伝える

このプロジェクトは、鈴木さんでもっているようなものです。

プロジェクトのキーパーソンや、仕事上の無理を聞いてもらっている人、仕事ができて頼りにしている人などへの尊敬の気持ちを表す言葉。相手を持ち上げて気分よく仕事をしてもらいたいときに使える。

目上の人の趣味をほめるとき

意外な一面をお持ちですね。

趣味の広さや珍しさ、ユニークなライフスタイル、人として奥行きの深さなどをほめるときに有効なフレーズ。相手のプライベートな部分を知ることができて、親近感を感じたことも伝わる。笑顔で「へぇ」などの感嘆詞を前につけるとさらに効果的。

↘ many（いくつ）」を意味している。だから「何色？」と文字だけで問われると、「赤」と答える人と、「3色」と答える人がでるわけだ。ただし日本語は例外の宝庫で、「何曜日」は「なんようび」と読むが「What（どんな）」しか答えがない。

話のおもしろさをほめるとき

初めて聞きました。

ユニークな情報を伝えてくれたり、専門的な話をしてくれた相手を持ち上げるためのフレーズ。本当は知っている話だったとしても、相手が自分を喜ばせようとしてくれているのなら、ぜひ使いたい。

話の内容をほめるとき

勉強になります。

ちょっとしたアドバイスを受けたときや、酒席での先輩の自慢話を聞いたときなどに、相手に気分よくなってもらえるフレーズ。

外見をほめるとき

石井さんは変わりませんね。

久しぶりに会ったときなどに、体型なども以前と変わっていなくて若く見えることをほめる表現。相手が若さを維持するために努力している場合は、特に有効。

ほめられたとき①

今後も精進いたします。

成功におごることなく、今後も努力していくという気持ちの表明。ほめられたときにこのひと言が言えれば大人。引き続き指導をお願いしたいという、相手を尊敬している気持ちも込められる。

ほめられたとき②

おほめいただき恐縮（きょうしゅく）です。

思いがけず、目上の人からほめられたときに謙遜（けんそん）ぎみに言う言葉。「おほめにあずかり恐縮です」でもよい。この後に「いつもご指導いただいているおかげです」と続けると好感度アップ。

評価が高かったとき

身に余る光栄です。

自分が思っていた以上に上司や取引先から評価されたときに。重要な案件を任されたり、リーダー的な仕事を頼まれたとき、「努力させていただきます」という言葉とセットで使うとよい。

言葉 **何** 「何色」「何年」「何人」の読み方には、「なにいろ・なにどし・なにじん」と「なんしょく・なんねん・なんにん」と2種類ある。前者の「なに」と読むときは、色の種類・何の年・国籍、つまり「What（どんな）」を意味する。後者の「なん」と読むときは、は色数・年数・人数、つまり「How↗

8 ねぎらい・なぐさめ

こんなとき 職場でどう言えばいい？⑥

相手を気遣うとき

頭を痛めていらっしゃることがおありでしょうか。

相手が明らかに悩んでいるような様子のときに使う言葉。「何か悩んでいらっしゃるんですか」「困りごとがおありですか」よりもソフトな言い回しになる。

努力していることをねぎらうとき

なかなかまねができることではないと思います。

人知れずこっそり努力している人や、努力を継続している人をねぎらう言葉。相手が今の域に到達するまでに時間や労力がかかっているから、誰かが簡単にまねしようとしてもできないということが伝わる。「誰もができることではないですよ」も同様に使える。

失敗をなぐさめるとき

あの会社とは縁がなかったんだよ。

営業がうまくいかず取り引きにつながらなかったときなど、失敗をなぐさめる言葉の定番。ビジネスだけでなく、「あの人とは縁がなかったんだよ」というように、人間関係の喪失感をなぐさめるのにも使うことができる。この後はさっぱり忘れて次に進めるよう応援してあげよう。

なぐさめるとき

お気の毒です。

大人なら上手に使いたい、シンプルななぐさめの言葉。相手が失敗して落ち込んでいるとき、相手の仕事がうまくいっていないとき、またプライベートでつらいことがあったと報告を受けたときなど、さまざまなシーンで使える。共感の気持ちを込めることが大事。

語源 **月並み**【つきなみ】 元は「毎月行うこと」という意で「月並み会」などと使われていたが、明治時代、俳人の正岡子規が凡庸［ぼんよう］な俳句を「月並調」と批判したことから「平凡でつまらない」という意味を持つように。この造語を夏目漱石が作品の中で何度も使い一般にも広まった。

成果が出ない人をねぎらうとき

いつも一生懸命だね。

なかなか成果が出ないけれど努力をしているという部下に対して使いたい言葉。「努力していることは見ていてくれる」と思えれば、自信が持てて成果につながるかもしれない。

目上の人をねぎらうとき

お疲れの出ませんように。

「ご苦労さま」「がんばっているね」など、目上から目下へのねぎらいの言葉は多いが、逆はほとんどない。「がんばってください」を目上の人向けに言い換えるなら、このように言うのが無難。

援助を申し出るとき

私にお役に立てることがございましたら。

仕事のトラブルなどを抱えている相手をなぐさめると同時に、援助の手を差し出す言葉。「お力になれることがございましたら」でもよい。

相手に非がないことを伝えるとき①

相手がよくなかったですね。

問題があるような人とトラブルになったときに、なぐさめる言葉。「あなたが悪いのではないことはわかっているから」という含みがある。相手の悪口にならないよう気をつけて。

相手に非がないことを伝えるとき②

運が悪かったのですよ。

タイミングが悪かった、相手が悪かったなど「たまたまうまくいかなくて失敗しただけで、あなたに責任はない」というなぐさめの言葉。自分のミスに対し使うと言い訳になるのでNG。

相手に非がないことを伝えるとき③

とんだ災難でしたね。

うまくいかなかったけれど、決してその人の責任ではないという意味の言葉。進んでいた仕事の話が、相手の一方的な都合でなくなったときなどに使える。

漢字 **「笑」と「咲」** この二つの漢字、実は取り違えて伝わってしまったという説がある。なるほど、漢字をよく見るとなんとなく納得できる。「笑」は竹冠があることから「植物の花がさく」という意味が、「咲」は口へんがあるので「人がわらう」という意味があったと考えられる。

⑨ 会議

こんなとき職場でどう言えばいい？⑦

あいさつをするとき

本日はお忙しいなかお集まりいただき、ありがとうございます。

会議の冒頭で、司会者や会議の主催者が述べる定番のフレーズ。出席者は忙しい中、時間の都合をつけて集まっている。出席してもらったことへの感謝の気持ちを表明してから会議を始める。

会議を始めるとき

定刻になりましたので会議を始めます。

会議の開始を告げるフレーズ。「ではそろそろ始めましょうか」といった言い方では、締まりのない会議という印象を参加者に与えてしまう。きちんと時間通りに始めると宣言することで、ほどよい緊張感が生まれる。冒頭のあいさつはさらりとすませ、議題や概要などを述べて始める。

意見を言うとき

提案させていただいてよろしいでしょうか。

会議にもさまざまあるが、あらたまった場では「いい考えがあります」といった言い方では、失礼に感じられることもある。「提案させていただく」「ひと言述べさせていただく」といった表現がふさわしい。

意見を求められたとき

それでしたら、A案のほうがよろしいのではないでしょうか。

目上の人が多い会議では、「A案のほうがよいと思います」という断定的な言い方より、ソフトに言ったほうがいい場合もある。別の意見を持っている人もいるので、さまざまな立場の人に配慮した発言を心がけたい。

言葉 **御中**【おんちゅう】　会社などの宛名につく脇付けだが、読み方に注目。２字の熟語は音読みすることが多いが「御中」は上が訓読み、下が音読み。このような読み方を湯桶［ゆとう］読みといい、和語と漢語の混合語に用いられる。朝晩［あさバン］、雨具［あまグ］など。

流れを整理するとき

ここで意見を整理しておきますと。

活発な議論が交わされるうちに、議論の主題が見えなくなることがある。そんなときは「意見を整理する」という口実で、いったん意見を取りまとめて参加者に確認させ、改めて本題へと誘導。

意見を求めるとき

ぜひ、お考えをお聞かせください。

意見を聞くことで相手を重んじていることを伝える。発言者が偏っている場合、別の人の発言を促す場合にも使う。

資料を提示するとき

お配りした資料をご覧いただけますでしょうか。

配付した資料やプロジェクタなどに注目してもらいたいときの定番フレーズ。あらたまった会議では、「見てください」や「見ていただけますでしょうか」ではていねいさに欠ける。

話が脱線したとき

興味深いお話ですが、本題に戻しますと。

話題がそれたとき、本題に戻すための言い方。トーク番組の司会者などもよく使うフレーズだが、バカにした口調にならないよう注意を。

反論されたとき

もちろん反対の意見があるのはよくわかります。しかし私は。

反論に同意できない場合、こちらからすぐ反論するのではなく、相手の意見を受け止めてみせるのがルール。相手の発言も考慮しているという姿勢をみせる。

会議を終わらせるとき

本日は時間がございませんので。

時間制限があり、会議を終わらせなくてはならないときに使える。また、最後には「ありとうございました」というお礼の言葉も忘れずに。

語源 **破落戸【ごろつき】**「ならずもの」という読み方も。どちらとも漢字とまったく合っていない。古い時代に中国で使われた言葉で、日本に入ってきたとき「破落戸」が意味する日本語をそのままあてたようだ。住所や仕事を持たずうろついたり、おどしなど悪いことをする人という意味。

こんなとき 職場でどう言えばいい？ ⑧

冒頭のことば

ただいまより□□についてご説明させていただきます。

何についてプレゼンを行うのかを明確に述べてから本題に入ると、聞いている人もわかりやすい。司会者から名前を紹介されていない場合は、「開発部の石田から、□□についてご説明させていただきます」などと自己紹介も付け加えてから始めること。

説明するとき

□□について ポイントが三つあります。

話す内容をあらかじめ整理し、最初に「ポイントは三つあります」「メリットは二点あります」などと述べて明確にしておく。聞く側が話の内容を整理しやすくなる。

気を引くとき

みなさんは、□□のことをどうお思いでしょうか。

聞いている人の集中力が途切れ始めたときや、ここは絶対に集中してほしいというときなどに、問いかけてみるのも一案。プレゼンの内容によっては、自己紹介などの前にいきなり問いかけ、聞いている人の心をつかむ作戦も。

事実を話すとき

実際にはこんなことがありました。

実際にあったエピソードは、聴衆の関心を集めやすい。ストーリー仕立てのノンフィクションが、論理的な説明より説得力を持つ場合もある。「みなさんにも、こんな経験はありませんか」などと付け加えるのも、プレゼン上級者がよく使うテクニック。

漢字 **家【いえ】**「家」という漢字は「宀［うかんむり］」と「豕［ぶた］」から成る。うかんむりは家の屋根を表し、屋根の下にぶたがいる場所ということ。でも、ぶた小屋のことではない。昔は神への生贄としてぶたが供えられた。つまり「家」は神をまつる場所を表しているという。

理解度を確かめるとき

ご理解いただけましたでしょうか？

「わかりましたか」といった直接的な言い方はきつく感じられるので、しっかりとした敬語表現で。「ご不明な点はございませんか」でもよい。

相手が誤解しているとき

説明不足で申し訳ございません。こちらにつきましては。

相手がこちらの説明を理解していない場合や、ピントのずれた質問をしてきたときなどに使う。プレゼンした側に原因があるという言い方で、相手を傷つけないように配慮。

中だるみしたとき

この写真、おかしい点があるのにお気づきでしょうか。

一方的に話すだけでは、聞いているほうの集中力も落ちる。会話をやりとりするようなフレーズを盛り込むとよい。

長所を強調するとき

□□はすでに効果が実証されました。

10種類のうち1種類でもポジティブな成果があれば、そちらを述べる。「9種類はまだ効果が実証されていません」と、ネガティブなほうを前面に出さないこと。

反対の考えを述べるとき

□□という見方はできないでしょうか。

プレゼンの中で何かについて反対の考え方を主張するときに使いたい言葉。「○○はおかしい」「□□であるべきだ」とはっきり言いにくいときにソフトに伝えることができる。

断定するとき

私たちは□□しています。

プレゼンでは断定的な言い方がよい場合も。「□□しようと思う」や「□□しようとしている」ではNG。弱気な言葉は使わないように注意しよう。

語源 **青二才**【あおにさい】 未熟な男性を指す言葉。「青」は未熟を表す言葉だが、「二才」とは何だろう。諸説あるが、愛しい男性のことを「背」と読んでいたことに由来する説が有力。成人を「大背」、青年を「新背［にいせ］」と呼び、「にいせ」がなまって「にさい」になった。

こんなとき 職場でどう言えばいい？ ⑨

相手を呼び出すとき

10時から杉田さんとお約束している□□社の田中と申します。

受付に来訪を告げて約束の相手を呼び出してもらうときの決まり文句。アポイントメントがあることをはっきり伝えたほうが、取り次ぎもスムーズに。なお、訪問先が大きな会社などの場合は、「事業部の杉田さん」と相手の部署名を告げたほうがよい。

久しぶりに会ったとき

ごぶさたしております。

以前お世話になった取引先に、新しい案件で久しぶりに訪れたときなどは、まずはこの定番フレーズを。「お久しぶりです」では幼稚な印象を与えてしまう。「ごぶさたして申し訳ございません」と言えば、よりていねいに。

名刺を忘れたとき

あいにく名刺を切らしておりまして…。

本当は忘れたのだとしても、「名刺を忘れしまいまして」と正直に言うのは得策ではない。「名刺を切らした」を定番の言い訳と相手が思っていたとしても、定番フレーズを言える人間であるという印象を与えるほうがベター。

上司を紹介するとき

ご紹介いたします。弊社営業部長の上野です。

取引先の担当者に自分の上司やスタッフを初めて引き会わせるときは、まずは自分の身内のほうから紹介する。「上野さん」「上野部長」などと言わないように注意しよう。その後、取引先の担当者を「こちらが、□□社の近藤部長でいらっしゃいます」などと、身内に紹介する。

漢字 **大阪【おおさか】** 大阪の「阪」という漢字、江戸時代までは「坂」と書いていた。なぜ「坂」ではなくなったのか。実は単にげんを担いだだけなのだ。「坂」は「土に反る」まはた「士（武士）が反する」と読めるため、縁起が悪いとし、明治になり「大阪」と改められたそうだ。

話を切り出すとき

早速ですが、お願いがあります。

何か用件があって訪問した際、話を切り出すときの定番フレーズ。特に相手に面談の終わりの時間を示されている場合は、早めに本題に入りたい。

話のきっかけとして

新商品が発売されるそうですね。

話題に困らないよう、訪問前に相手企業のホームページなどをチェックしておくのは、できる社会人の常識。本題に入る前の雑談では、自分側の話より相手側の話を。

説明を終えたときに

何かご不明な点はございませんでしょうか。

商品やサービスについて説明した後、相手にこのように投げかけると親切。話が長くなるときは、途中で「ここまでのところで、ご不明点はございませんか」と区切りを入れるのもよい。

結論を求めるとき

先日ご提案させていただいた件はいかがでしょうか。

相手の考えを聞き出したいときや、取引開始の決断を迫るときに。ダイレクトな言い方だが、押しが強すぎる印象を与えないように配慮する。

相手の依頼を受けるとき

喜んでお受けいたします。

仕事の依頼や協力をお願いされたとき、ただ「お受けいたします」「やらせていただきます」と言うより、「喜んで」とつけたほうが好印象。

即答を避けるとき

社に戻りまして上司に相談の上、改めてご連絡させていただきます。

大幅な値引きなど、自分では判断ができないケースについて即答を避ける場合の言い方。社内で検討するという努力や誠意を強調するため、あえて即答しないという駆け引きの際にも使う。

語源 **お転婆**【おてんば】 活発な女の子という意味なのに「婆」とつくのが不思議だ。語源は諸説あり、オランダ語の「ontembaar［オンテンバール］」が元だとも、早足で歩く様を「てばてば」と言ったことから転じたともいわれる。何にせよ、言葉が定着した後、適当な漢字があてられたようだ。

打ち合わせに同行してほしいとき

次回の訪問の際、ご同席をお願いできますでしょうか。

取引先との打ち合わせに上司を参加させたいときなどに使う。自分の力量が足りなくて不安な場合や、重要な取引が行われる場合など、同行してほしい理由も告げること。「ご同席」でも「ご同行」でもどちらでもよい。

打ち合わせに誘うとき

すみませんが、ご足労(そくろう)いただけませんでしょうか。

「ご足労」は、その人にわざわざ足を運ばせることを敬っていう言葉。来てもらった場合は、「ご足労をおかけしまして恐縮です」「ご足労いただきありがとうございます」などと感謝の心を伝えること。

懇親会などに誘うとき

みなさまお誘い合わせの上、お越しください。

懇親会や新商品発表会、新店舗オープンなど、なるべく多くの人に来てほしい集まりへの参加をうながすときに使う。「お気軽にご出席ください」なども付け加えるとよい。案内状をメールする際にも使えるフレーズ。

会食などに誘うとき①

お会いできるのを楽しみにしております。

形式的な出席依頼ではなく、本当に来てほしいという気持ちが伝えられる表現。ある程度親しい相手や、すでに相手に参加の意志があることがわかっている場合の念押し、またもっとお近づきになりたいという意思表示に。

漢字 **毟る【むしる】** 漢字には中国伝来のものだけでなく、日本で作られたものもある。国産の漢字を「国字［こくじ］」といい、日本では「働」「畑」「峠」など約1500字あるといわれている。「毟」もそのひとつ。毛を少なくすると書くが、昔は「むしる」といえば、毛を毟るのが主流だったのだろうか。

会食などに誘うとき②

ご都合がよろしければ。

あまり無理にはお願いできないような状況のとき、付け加えると便利な言葉。相手に負担をかけないよう「ご面倒でなければ」という言い方も。

都合を聞くとき①

明後日（みょうごにち）はお忙しいですか。

相手の予定を聞くときに使える定番フレーズ。「お時間ございますか」でもよい。なお、「あさって」という言い方はビジネスでは使わない。「明後日（みょうごにち）」と改まった言い方をしよう。

都合を聞くとき②

ご都合のほど、お知らせください。

相手に日時などを伝えて、「後ほど、ご都合のほどお知らせください」と言うのもいいし、メールの文面にも使える。事前に出席をとらなくてはならない集まりの場合は、「□月□日までにお知らせください」と締め切りを提示すること。

会合などに誘うとき

池田さんがいないと始まりませんので。

ある会合に最初は「いらしてください」と誘った。しかし相手があまり乗り気ではなさそう、そんなときには、このくらいの殺し文句を使っても。

目上の人の誘いを受けるとき

喜んでお供いたします。

目上の人に食事などに誘われたときは、このように答えると好感度アップ。すぐ上の先輩くらいなら、「喜んでお供します」のほうが自然。

急な誘いを断るとき

あいにく、次の予定がありまして、ぜひ、また別の機会に。

「今夜、一杯いかがですか？」などの急な誘いを断るときは、「立ち寄るところがありまして」「社に戻らなくてはなりませんので」など仕事が終わらないことを理由にするのが無難。「別の機会に」というひと言も忘れずに。

語源 **マジ**　1980年代に若者中心に普及したが、言葉そのものは江戸時代からある日本語。「真面目［まじめ］」を略した言葉で、真面目、真剣、本気、本当にといった意味で、主に芸人の楽屋言葉として使われていたようだ。

指名するとき

それでは石原様より、乾杯の音頭をお願いしたいと思います。

接待の宴席で、乾杯の音頭をとる人を取引先から指名する場合のお約束の言葉。「音頭を頂戴(ちょうだい)したいと思います」でもよい。相手の立場もあるので、あらたまった席では、なるべく事前にお願いして了承を得ておきたい。

初対面の人に

一度、お目にかかりたいと思っておりました。

取引先の担当者の上司など、会ったことはないけれど、これまでの打ち合わせなどで名前は耳にしていたという人に使うと効果的な言葉。「ご一緒できるとは光栄です」などの言葉を添えるとなおよい。

遅れてきた人に

お待ちしておりました。いま始まったばかりですから。

すでに宴席が始まっているところへ、取引先の人が遅れてきたというときの気遣いのひと言。相手は焦って来ているだろうから、「始まったばかり」というひと言によって、少しは気持ちも軽くなるはず。

きっかけづくりに

ご出身はどちらのほうでいらっしゃいますか。

初対面の人や、日頃仕事だけの付き合いしかない人に対し、話題づくりのための定番の質問。そのほか、趣味や休日の過ごし方、好きな食べ物やお酒の話など、相手が答えやすい質問がきっかけづくりにしやすい。

言葉 **黒子** 役者や人形遣いの後ろで介添する人のこと。黒い衣装を着用しているため「黒子［くろこ］」という。そしてこの漢字はもうひとつ読み方がある。「ほくろ」だ。ほくろは、母体内でつけられたかすという意味で「母くそ」と呼ばれており、それが転じて「ほくろ」というようになった。

余興などを断るとき

お酒がまずくなってもいけませんので…。

相手に余興などを求められて気が進まないときの、断り文句。「例の話、また聞かせてよ」など、その場にふさわしくない話をふられたときにも。

お酒を断るとき

あいにく不調法なもので。

目上の人にすすめられたお酒を断るときの定番フレーズ。「不調法」は手際が悪いことなどを指すが、この場合は、お酒をたしなまないという意味。今日だけ事情があって飲めないという意味ではないので注意。

目上の人にお酒をすすめるとき

私にぜひ一杯つがせてください。

目上の人にお酒をすすめるときの決まり文句。自分がもう飲みたくないときに、「いえいえ、今度は私にぜひ～」と役割を逆転させるのもよい。

お酒をつがれたとき

ありがとうございます。斎藤さん直々に光栄です。

自分が接待する側なのに、取引先の目上の人などにお酒をつがれた場合は、「ありがとうございます」だけでは物足りない。「光栄です」とひと言添えて相手を持ち上げるのが大人の接待術。

感想をたずねるとき

料理はお口に合いましたでしょうか。

「おいしかったでしょうか」という直接的な言い方より、こんなソフトな言葉がけのほうが好印象。お礼を言われたら「お粗末様でございました」。

お店をほめるとき

一度、ここに来たかったんです。

接待される側で、有名店や人気店、話題のスポットに呼ばれたときに言いたいフレーズ。おそらく相手が一生懸命選んだり、予約をとったりしたのだろうから、ひと言でもふれるのがマナー。

語源 **ワイシャツ** 胸元が「Y」の字に見えるから「ワイシャツ」というのではない。「白いシャツ」を英語で言うと「ホワイトシャツ」。これが縮まり「ワイシャツ」に。ただ、英語圏の人に「ワイシャツ」と言っても通じない。英語では「ドレスシャツ」というので注意を。

こんなとき 職場でどう言えばいい？ ⑫

内容を確認するとき

復唱させていただきます。

社内の人に伝言を頼まれた場合など、復唱して内容を確認すること。特に電話番号や日時などはゆっくりはっきり確認しよう。相手もそのほうが安心できる。さらに、最後に自分の名前を名乗れば完璧。

電話でしか話さない相手に

いつも電話ばかりで失礼しております。

「本当はお会いしてお話しすべきところですが」というニュアンスを含む、お詫びの言葉。遠方だったり、時間が合わなかったりして、電話だけで話が進んでいるようなときは、このひと言で「決して軽く思っているわけではない」ということが伝わるはず。

相手からの電話で用件を話すとき

いただいたお電話で恐縮ですが。

相手からの用件で電話がかかってきた。その際、自分も用件があって電話しようと思っていたところだったり、話している途中で用件を思い出したりした場合、例文のように、ひと言ことわってから自分の用件を切り出す。もちろん、相手が話を終えるのが先。

あまり親しくない相手に

お電話いただきありがとうございます。

名刺交換はしたものの電話で話をするかどうか微妙な間柄の人から電話をもらった場合。おそらく相手も、「電話をしてもいいだろうか」と気にしながらかけているので、この気遣いの言葉でグッと距離を縮めることができる。

言葉 **外道【げどう】と邪道【じゃどう】** どちらも元は仏教語で、仏道に外れた考えや行動のこと。現代では、外道は「人の道に外れた人、行動」のことでののしりの言葉。また、釣りで目的の種類と違って釣れた魚をいう。邪道は「普通とは違う、王道でない」という意味で使う言葉。

相手がわからない場合

失礼ですが、どちら様でいらっしゃいますか。

相手が名乗らない場合の受け答え。相手のマナー違反とはいえ、「失礼ですが」と添えて対応しよう。語尾を上げて「どちら様?」はNG。

セールスなどを断るとき

何かありましたらこちらからご連絡させていただきます。

セールスの電話などを断りたいとき。相手は担当者につないでほしがっているが、こちらはつなぎたくないという場合などに、言いやすい断り文句。

詳細を聞きたいとき

差し支えなければうかがってもよろしいでしょうか。

要望やクレームなど、相手からかかってきた電話に対し、もっと詳しい話が聞きたい場合は、このようにやんわりとたずねる。

相手が急いでいるとき

お電話させるようにいたします。

相手が急いで連絡をとりたがっているのに担当者が不在。勝手に携帯電話番号を教えるとトラブルになりかねないので、このように言うとよい。

書類などを送った後で

ご覧になっていただけましたでしょうか。

ファックスやメール、郵送で書類を送ったけれど相手から連絡がないというときに使える言葉。なにかのミスで相手の手元に届いていないかもしれないので、まずは確認の意味で。

催促の電話をするとき

失礼かとは思いましたが、ご連絡させていただきました。

もうすぐ約束の日なので念を押しておきたいなどの理由で電話をかけるときに使いたい言葉。先回りすることを詫びてから、要件を言おう。

語源 **散髪【さんぱつ】**「散髪」は時代と共に意味が変化した言葉。江戸時代は髪を結ぶ紐(元結[もとゆい])で結ばない髪型のことをいい、明治時代に断髪令が出された後は、髪を襟元で切った「ざんぎり頭」のことをいった。現代は「髪を切り整える」という意味で使われている。

こんなとき 職場でどう言えばいい？⑬

電話しての第一声

今、お時間よろしいでしょうか。

携帯電話の場合、相手がどのような状況にいるかわからないので、必ず今話しても大丈夫かどうか確認してから用件を伝えること。目上の人だけではなく、同僚や部下に対してもまずは都合を聞くのが礼儀。また、相手にもよるが、携帯電話の場合はあいさつなどがあまりていねいすぎるのも考えもの。用件は失礼にならない程度にコンパクトにまとめよう。

電話に出られなかったとき

マナーモードにしておりまして ご連絡が遅れ申し訳ございません。

取引先から電話がかかってきたときに出られず、返信が遅れてしまったとき。気づくのが遅れたことを、きちんとお詫びしよう。

話ができない状況のとき

10分ほどしたら こちらからご連絡いたします。

移動中などタイミング悪くかかってきた電話には、かけ直せる時間を伝えて折り返すのがマナー。「今、移動中ですので」「今、打ち合わせ中ですので」「今、出先ですので」など、簡単に理由を述べるのもよい。

電話を切りたいとき

では、改めてこちらから お電話させていただきます。

出先で電話を受けてゆっくり話ができないとき、複雑な案件で即答できないときなどには、こんな言葉で切り抜けよう。「社に戻りましたら」「週明けには」など、具体的な目安を入れると、相手も安心する。

言葉 **みどり児【ご】** 生まれたばかりの赤ちゃんのことで一般的な漢字表記は「嬰児」だが、本来は「緑児」と書く。赤ちゃんがなぜ「みどり」なのだろうか。「みどり」は現在は色の名前だが、昔は「新芽」を指す言葉であった。若々しいという意味で使われていたため「みどり児」という言葉が残っている。

留守番電話だったとき

また後ほどお電話させていただきます。失礼します。

携帯電話にかけたら留守番電話だった場合、自分の名前と用件を告げ、自分から再度電話をかけると伝えるのがマナー。

メモがとれないとき

今、移動中ですので手短にお願いできますでしょうか。

簡単な話くらいならできるが、込みいった話やメモをとるような話は難しいという状況のときに便利。ただし、比較的親しい間柄にしか使えない。

ふだん携帯電話を使わない場合

外出先にまでお電話して申し訳ありません。

いつもは会社の電話で話しているが、相手が不在だった。急用だったので携帯電話にかけたという場合は、このようにお詫びするのが礼儀。

電波状態に不安があるとき

携帯電話から失礼いたします。

電波が不安定かもしれないとあらかじめわかっているときは、初めに携帯であることを断っておこう。急用でない場合は、電波の安定した落ち着いた場所でかけること。

夜、電話をかけるとき

夜分遅く申し訳ありません。

夜、携帯に電話をかける場合はひと言お詫びを。相手のライフスタイルにもよるが、20時か21時くらいまでが目安。対応してもらったら、「夜分遅くにありがとうございました」とお礼を。

休日に電話するとき

お休みのところ、まことに恐れ入りますが。

原則として、相手の休日に仕事の電話をするべきではない。急用でやむを得ずかけるときは、必ずこの言葉を添えよう。

語源 **麺麭【パン】**「麺麭」とは何のことだかわかるだろうか。「麺［めん］」という字があるので「うどん」などの麺類を思い浮かべがちだが、なんと「パン」のこと。「麺麭」は中国ではパンを表す文字。それにポルトガル語の「パン」という読みがあてられてできた。

特集 ご注意! 職場で使ってはいけないフレーズ

部下編

ていうか、□□ですね	「ていうか」はそれまでの話をやんわり否定できるような言葉だが、社会人の言葉としては不向き。無意識に使っている人も多いので気をつけよう。
□□的には	「自分的には」「私的(わたしてき)には」「俺的(おれてき)には」などと言う人もいるが、「私は□□と思います」とていねいに言う。
ぶっちゃけ	「打ち明け」が語源といわれる、典型的な若者言葉。「はっきり言って」と言い換えたとしても、好ましい言い方ではない。(下段参照)
やったことないので	できないときにこう返すと、いかにも言い訳という印象。「私は不慣れですので〜」と言い換えれば社会人らしい。
どうします?	上司に指示を仰ぐときは「いかがいたしましょうか」が正しい。上司の行動についてどうするか聞くときは「どうされますか」と言う。

↘形「打ち」の音便の形をとって「ぶっ」「ぶん」となった。「打ち明ける」がさらに「ぶっちゃける」に転じ、「ぶっちゃけ」は2000年代から使われ始めた。TBSのテレビドラマ「GOOD LUCK !!」(2003年)で木村拓哉の台詞として一般にも広まっていった。

上司編

要領が悪いな

仕事が遅い部下に向かっての言葉。「マイペースすぎるぞ」と言ったほうが相手も素直に聞き入れやすい。

自分でやるからいいよ

上司が部下にこう言ってしまうと、「きみは仕事ができないから無用だ」という意味にとられかねない。

だからきみはダメなんだ

悪いところを指摘するときは「何が」ダメなのかはっきりさせる。「きみはダメ」と言うと、人格そのものの否定になる。

なぜ、何度言ってもできないんだ？

疑問形は相手を問いつめることになるのでやめたほうがよい。また、言われた側は「できない理由」を無理にでも並べるしかなくなってしまう。

やる気ある？

相手にかなりショックを与える言葉。相手ができない場合は具体的なアドバイスを。

大野さんを見習ってよ

闘争心をたきつけるための作戦かもしれないが、人と比べる上司に不信感をもつ確率のほうが高い。

語源　ぶつ　ぶっ壊す、ぶっ千切る、ぶっかける、ぶっ飛ぶ、ぶっ放す…。これらの動詞についている「ぶっ」て何だろう。「ぶっ」は「打ち(ぶち)の音変化した接頭語で、動詞に付いて、動作を強調したり乱暴な言い方にする俗語をつくる。打つ(ぶつ)は叩く、殴るの意味で、その連用↗

16

あいさつ

こんなとき日常でどう言えばいい？①

初めて会う人に話しかける

はじめまして。よろしくお願いいたします。

初対面の人にはまず自分から話しかけるほうが好印象。ごく普通のあいさつの言葉だが、自分から笑顔でハキハキと言えば、「いい人そう」「きちんとしている」「話してみたい」などと思ってもらえる確率は高い。

会えた喜びを伝えるとき

とてもお会いしたかったです。

なかなかタイミングが合わずに会えなかった相手や、久しぶりに会う相手に対して、会えた喜びを伝える言葉。「ようやくお会いできましたね」「やっと会えてよかった」など素直な気持ちを表現すれば、ただのあいさつより、相手にグッと近づける。

最近の様子を聞くとき

最近、□□のほうはいかがですか。

□□には仕事や趣味に関することを入れて聞くと、「あなたに関心があります」という気持ちが伝わる。久しぶりの相手と会ったときは、まずは相手の話を聞くことが上手な会話のコツ。

知り合いの知り合いにあいさつ

はじめまして。私、谷口さんの高校の同級生の村田と申します。

知り合いに会ったとき、相手が自分が知らない人を連れていたら、自分がその知り合いとどのような関係なのかも含めて自己紹介したい。学校や仕事など、どんなつながりなのかがわかれば、みなで話を展開させやすくなり、場が盛り上がる。

語源 **ちんぷんかんぷん**　話している内容がわからないこと。江戸時代、儒学者が話す難解な漢語を聞いた人々が漢語の音をまねた造語で、当時は「ちんぷんかん」と言われていた。お尻の「ぷん」は語調をよくするためについたものだそうだ。

初めて会う人に話しかける

すみません、山下さんでいらっしゃいますか。私、前田と申しますが。

自分は相手のことを知っているけれど、会うのは初めてという場合のあいさつ。相手が不信に思うかもしれないので、自分も名乗ることも忘れずに。

見覚えがある人に

すみません。前にどこかでお会いしましたか。

顔を見たことはあるけれど、名前が思い出せない。そういう人に会ったり、話しかけられたりしたら、素直に謝って相手に聞いてみよう。

久しぶりのあいさつ

お変わりありませんか。

久しぶりに会った人への定番のフレーズ。相手のことを気遣っているという気持ちを表すことができる。特に目上の人に効果的。

話しかけるとき①

いいお天気ですね。

近所の人などに会ったときに無難(ぶなん)なのが天気の話題。ほかに「ひと雨きそうですね」「毎日暑いですね」「天気予報では午後から雨のようですね」など、そのときの天候に合わせて言ってみよう。

話しかけるとき②

釣り日和(びより)ですね。

以前に相手の趣味の話を聞いたことがあったら、それに関連することを話しかけてみよう。「最近は何かおもしろい映画はありましたか」など、相手の得意分野に関しておすすめを聞いてみるのもよい。

自己紹介のときに

ごあいさつが遅れましたが、私、坂井と申します。

パーティなどで自己紹介をしないまま雑談が進んでしまったときは、折りを見てこのように自己紹介をするとよい。

言葉 **チャキチャキ** よく「チャキチャキの江戸っ子」などと言うが、「チャキチャキ」の意味をご存知だろうか？　平安時代から使われていた古い言葉で、元は「嫡々［ちゃくちゃく］」と書いた。つまり、「血筋の正しい」「純粋な」「正真正銘」といった意味があるのだ。

目上の人に対して

お世話になっております。

目上の人にあいさつするときの定番フレーズ。よりていねいにしたい場合は「いつも大変お世話になっております」と言えばよい。メールや手紙でも使える。

送り出すとき

気をつけていってらっしゃい。よいご旅行を。

今から旅行に行こうという人に会ったときは、気持ちのよい言葉をかけて送り出してあげよう。軽い外出程度なら、「よい一日を」「よい休日を」などが適している。

話のきっかけづくりに①

田村さんのことをご存知ですか。

パーティや地域のイベントなどで、話のきっかけを作りたいときに。イベント主催者や地域の有力者など、キーパーソンとなる人を挙げて、そこから話をつなげてみよう。

話のきっかけづくりに②

確か先日、□□とおっしゃっていましたよね。

以前に会話をしたことある相手ともう一度話をしたいときに有効。その後、「もっと詳しいお話を聞かせていただけませんか」とか、「私も気になって調べてみました」などと続けると、話も弾む。

聞きたいことがあるとき

つかぬことをおたずねしますが。

これまでの流れとは関係ないことをたずねたいときの決まり文句。道で出会った近所の人に、突然だけれど聞きたいことがあるなどというときに使う。

お世話になっている人に再会したとき

その節は大変お世話になりました。

かつてお世話になったことがある人に再会したときには、改めてお礼の言葉をいう。つい最近のことだったら、「このたびは大変お世話になりました」と。

漢字 **鮪【マグロ】** 日本では「まぐろ」と読むこの漢字。中国ではチョウザメのことを指す。中国から漢字が伝わったころ「長いくちばしのある大きくて青黒い魚」といえば日本ではマグロが主流だったため、間違って解釈されたのだ。ほかにも、漢語で鮭はフグ、鮎［あゆ］はナマズという。

別れるとき①

今日はとても楽しかったです。

どんな相手にも有効な言葉。また会いたいと思ったら、まずはこんな素直な言葉で楽しかった気持ちを伝えよう。

別れるとき②

何かありましたらまたいつでもご連絡ください。

何か頼まれごとを引き受け、相手にお礼を言われたら、別れ際にこのひと言を。さわやかに笑顔で言えれば、気遣いのできる立派な大人。

お世話になったときに

いずれまた、改めてお礼にうかがいます。

何かを手伝ってもらったりお世話になったときのあいさつ。もちろんその場でお礼は言うものの、それだけでは足りないくらいの場合には、ひとまずこう言って、後日改めて正式なお礼を。

手伝ってもらったときに

これに懲（こ）りずに、またよろしくお願いいたします。

たとえば子どものイベントで物を運んでもらったなど、何かを手伝ってもらったときの常套句（じょうとうく）。ただし、あくまでも軽い手伝いに対しての言葉。

自分だけ帰るとき

お先に失礼します。

何人かで集まっていて、自分だけ先に帰らなければならないときのあいさつ。「名残惜しいけれど」「残念だけれど」という気持ちとともに。

次回のお誘い

次回はぜひ□□しましょう。

□□の中には、その日の話題に出た事柄や場所を入れると効果的。「飲みに行きましょう」「コンサートに行きましょう」「釣りをしましょう」など、また会いたいと思う相手には、なるべく具体的な提案をしよう。

漢字 **烏【からす】**「鳥［とり］」から一角取ると「烏［からす］」という字になる。どちらも象形文字だが、鳥にあって烏にないものとは何だろう？　実は、取られた一角が表していたのは、鳥の目。烏は体が真っ黒で目がどこにあるのかわからないため、目を表す「一」が取られたのだ。

17

招待

こんなとき 日常でどう言えばいい？②

来てもらったとき

お忙しいなか、お越しいただきましてありがとうございます。

自宅に来てもらったり、外で待ち合わせをして会ったりしたときに使えるあいさつ。特に自分や自分の身内の用事で呼び出したときには、必ずこのようにお礼を言おう。親しい間柄でも、「忙しいのにありがとう」と言えると好印象。

来てくれた人をねぎらう

寒かったでしょう。

「寒かったですか」と質問の形でたずねるより、「寒かったでしょう」と言うほうが、相手を気遣っている気持ちを表現しやすい。ほかに「暑かったでしょう」「遠かったでしょう」「お疲れでしょう」などの言葉で、来てくれた人をねぎらおう。話のきっかけづくりにもなる。

来客の手土産を出すとき

おもたせで失礼ですが、とてもおいしそうなので。

「おもたせ」は客が持って来てくれた土産物のことを表し、客を敬った言い方。お菓子や果物などの食べ物を来客にも出す場合は、必ず「失礼ですが」と断りを入れること。そのことに何も触れずに相手に出すのはマナー違反になるので、注意しよう。

料理を勧めるとき

ぜひ、温かいうちにどうぞ。

食べ物や飲み物を客に出すときに添えたい言葉。また、すでに出したものの客が遠慮してなかなか手をつけないときにも使える言葉。こんなふうに勧められると、遠慮しすぎるのも失礼な気がするはず。

漢字 **梟【ふくろう】** 木の上に止まっているふくろうの姿が思い浮かぶ「梟」という漢字。しかし、字の由来をたどると、木の上にあるのはふくろうの死骸だという。昔、ふくろうの死骸を木の上にさらして小鳥を脅したことが「梟」という漢字の元になっているそうだ。

おかわりを勧められたら

もうたくさんいただきましたので。

「おかわりはいかがですか」と聞かれたとき、お腹がいっぱいだったら、このように断ろう。「けっこうです」「もういいです」は、料理が口に合わなかったと勘違いされるかもしれないので注意。

送り出すとき

すっかりお引き止めしてしまって。

長居した来客に対する社交辞令。決まり文句なので、本当に引き止めて長引いたわけではなくても、使ってもよい。「そろそろ帰ってほしい」とは言えないときにも便利。

帰るとき①

そろそろ、おいとまさせていただきます。

「おいとま」は「別れる」という意味。相手の自宅に招かれたとき、「そろそろ帰ります」をていねいに言うとこのようになる。

帰るとき②

すっかり長居してしまいまして。ここら辺で失礼させていただきます。

相手の自宅などでもてなしを受け、ちょっと時間が長くなったと思ったときの定番フレーズ。話がひと区切りつきたときに切り出し、お礼を言ってスムーズに帰り支度をしよう。

招かれた先の家族に対して

お騒がせしました。

知人の家を訪ねたとき、帰る前にその知人の同居する家族に対してかける言葉。「おじゃまさまでした」でもよい。

次回のお誘い

今度はぜひ私どものほうにお越しください。

自宅に招かれ食事などのもてなしを受けたときは、「次回はこちらへ来てください」と言うのがスマート。家族ぐるみの付き合いで使いたい言葉。

漢字 **土竜【もぐら】** とても「もぐら」とは読めない漢字だが、もぐらが「土」を掘った跡のトンネルが「竜」のように見えたことから、付けられたという。しかし、中国では「土竜」はミミズのこと。日本に漢字が伝わったとき、誤って「もぐら」とあてられたようだ。

18 贈呈・お礼

こんなとき 日常でどう言えばいい？③

贈り物を渡してもらう

こちら、山本さんにお渡しください。

たとえば、近所の人に旅行のお土産を届けたけれど、届けたい本人が留守だったときなどに。渡したい相手は敬称で、「お子さんに〜」「ご主人様に〜」などとする。「奥様にさし上げてください」は間違った敬語。「さし上げる」は謙譲語なので相手の動作には使わない。

おすそわけをするとき

いただきものですが、よろしかったらどうぞ。

近所の人などにおすそわけをするときには、「よろしければ」「よろしかったら」などとつけると押し付けがましい印象にならない。相手が遠慮しているようなら、「たくさんいただいて食べきれないので」などと言葉を添えるのもよい。

贈り物をするとき

これ、気に入ってもらえるとうれしいんだけど。

ある程度親しい間柄で、その人の趣味や欲しい物をわかっていて贈り物をするときには、こんなふうに親しみを込めて言うのもよい。自分のことを考えて一生懸命選んでくれたと思えば、相手も快く受け取れる。相手が目上の人の場合は、「お気に召していただけたらうれしいのですが」という言い方が適切。

お世話になっている人に

ほんのお礼の気持ちです。

何かを手伝ってもらったお礼や、いつもお世話になっている人に贈り物をするとき。特に相手が遠慮しているときは、このひと言を添えると多少は負担感を減らすことができる。

語源 **鷲掴み**【わしづかみ】 鷲が獲物を捕るとき、足を大きく広げる。その姿のように、手の平を大きく広げて物をつかむ様を「鷲掴み」というようになった。鷲は空の王者として知られていることから、「荒々しい」とか「無理やり」といったニュアンスが含まれている。

贈り物のお礼を言う①

けっこうなお品をいただきまして、ありがとうございます。

中元、歳暮など、比較的あらたまった贈り物をもらったときのお礼の言葉。話し言葉で使ってもいいし、礼状に書いてもよい。

贈り物のお礼を言う②

貴重な物をありがとうございます。

手に入りにくい物や、その土地でしか買えない物などをもらったときは、きちんとそのことを強調してお礼を言おう。

贈り物のお礼を言う③

これ、ずっと欲しいと思っていた物なんです。

贈り物をする人は、それを相手が喜んでくれるかどうか気になるもの。こんなことを言われたら、相手も心から「贈ってよかった」と思うに違いない。

食べ物をもらったとき

これに目がないんです。

主に食べ物や飲み物をもらったときの感謝の言葉。食べたことがある物だったら、こんな言い方をすると相手もうれしい。食事をごちそうしてもらったときにも使える表現。

本・資料をもらったとき

ありがとうございます。さっそく、拝読いたします。

本や資料などをもらったときは、「拝読する」という言葉を使おう。「興味があるのですぐに読む」と伝えることが、相手への感謝の表現になる。

実用品をもらったとき

重宝(ちょうほう)しております。

実用品をもらったときは、少し時間をおいてから、「いただいたものをちゃんと使っている」ということをアピール。「使いやすいですね」「妻も喜んでいました」など、具体的な感想も添えたい。

語源　**お亀【おかめ】**　ぷくっと張り出した頬とおちょぼ口が特徴的な女性のお面。「お亀」といえば不細工の代名詞のように感じる人が多いだろう。しかし、昔は太った女性は魔除けになると信じられており、本来「お亀」は美人を意味していた。時代と共に美人像が変わり、意味も変化したのだ。

こんなとき 日常でどう言えばいい？④

ファッションをほめるとき

センスがいいですね。何を着てもお似合いです。

いつもおしゃれに気をつかっている人にかけたい言葉。「センスがいい」はファッションでなくても使えるので、持ち物や住まい、趣味などに気をつかっている人に言うのもいい。ライフスタイル全般に使える。

料理をほめるとき

こんなにおいしい□□をいただいたのは初めてです。

相手の家で料理をふるまってもらったときや、おすすめのレストランに連れて行ってもらったときなどに使う言葉。最上級のほめ言葉なので、ここぞというときに使おう。「こんなに楽しかったのは」「こんなに素敵な」などと応用できる。

人望があることをほめるとき

小野さんのお人柄のおかげですね。

相手に対して、「あなたが魅力的だから、みんなが集まったり、場が盛り上がったりしている」ということを言いたいとき、「人柄」を使えば端的に言い表せる。目上の人だったら「お」をつけよう。友だちや知り合いが多いことをアピールしたい人には、特に効果的なほめ言葉。

個性をほめたいとき

森田さんは、さすが違いますね。

自尊心がくすぐられる言葉で、人とは違う経歴の持ち主だったり、何かの分野に特別に秀でた才能がある人をほめるときにおすすめ。スポーツや芸術の分野で活躍している人や、起業して成功している人、「先生」と呼ばれるような人などに言うと効果的。

言葉 **姥桜【うばざくら】**「姥桜のような人」というように、女性を形容する言葉で、年増でも美しさや色気がある女性のことをいう。しかし、現在は「姥」の字に重点がおかれ、「年甲斐もなく若作りをする人」という意味に取られることが多い。本来はほめ言葉だが使うのは避けたほうがよさそう。

全体的な魅力をほめるとき①

魅力的ですね。

具体的なほめポイントは思いつかなくても、相手が素敵な人なのでほめたいというときには、「魅力的ですね」のひと言が重宝する。お年のわりにイキイキしている、いつもニコニコと明るい、そんな人に使いたい言葉。

全体的な魅力をほめるとき②

輝いていらっしゃいますね。

特に女性に対して効果的な言葉。「輝いている」という言葉からは、外見も中身も両方すばらしいというニュアンスが感じられるので、喜ばない人はまずいないはず。

話の内容をほめるとき

まったく知りませんでした。

相手が体験談やうんちくを披露したときに、このひと言を使うと効果的。「すごい」「びっくりした」などの後につけて使おう。

相手の身内をほめるとき

裕也くんは将来有望ね。

子どもや親戚など、相手の身内に対してのほめ言葉。頭がいい、スポーツができるなどの話を聞いたときにぜひ使いたい。

賢さをほめるとき

鋭いですね。

相手の発言に対して言う言葉。「鋭い」という言葉には「賢い」「頭がキレる」などよいイメージがついているので、言われた人は決して悪い気はしないはず。少し驚いたふうに言うと効果的。

自信のある人をほめるとき

堂々としていらっしゃいますね。

風格があり、すでに「先生」「師匠」などと呼ばれている人に効果あり。特に男性に対して使いたい。相手の存在感そのものをほめてもいいし、結婚式のスピーチなど、その人が人前で何かを行ったときにも使える。

語源 **玉の輿**【たまのこし】 元は高貴な人が乗る乗り物の名称。花嫁が高貴な人に嫁ぐとき玉の輿に乗ったことから、女性が結婚により裕福になることのたとえとなった。「玉」の由来は、玉のように美しいという美称、または八百屋出身で徳川家光の側室となった「お玉」からともいわれている。

こんなとき 日常でどう言えばいい？⑤

悲しいことをなぐさめるとき

お察しします。

相手が自分に対してつらい気持ちや悩みを打ち明けてくれたときに。目上の人には「お察しします」、友人には「それは大変だったね」など、まずは共感して相手の気持ちに寄り添う言葉を。その後は話を聞くことに集中し、多くを語らないほうがよい。

愚痴に対して

いやになることもあるよね。

仕事、家庭、子育てのことなど、相手がちょっとした愚痴を言い始めたら、こんなふうになぐさめると多少は場も和みやすい。相手を元気づけるつもりだとしても、「そんな小さなことで」「あまり悩むのはよくないよ」などと否定してしまうのは得策ではない。

落ち込んでいる人に

ちゃんと見ていたよ。よくがんばったね。

一生懸命がんばったけれど結果が出なかった人をなぐさめる言葉。がんばっている姿を自分はちゃんと見ていて知っているのだと伝えてあげよう。試合に負けた人、失恋した人、試験に不合格だった人などに。

立ち直りたいと思っている人に

気持ちを切り替えて再スタートしてみたら。

起きてしまった失敗に対してクヨクヨしている人にかけたい言葉。失敗した直後ではなく、少し時間が経ったころに言ったほうが効果的。もしかしたら相手も、背中を押してもらってそろそろ前を向いて進みたいと思っているかも。

語源 **馬鹿①【ばか】**「馬鹿」の由来は諸説ある。有力なのは、サンスクリット語で無知を意味する「moha［モカ］」が転じた説で、漢字はあて字のようだ。サンスクリット語を祖語とするバングラディシュの公用語、ベンガル語でも「バカ」という単語があり、日本と同じ「愚か者」の意味である。

失敗をなぐさめるとき

失敗は誰にでもあるから。

ミスをしてしまった相手に対して、負担をやわらげる言い方。「今回は運が悪かったんだよ」と、運のせいにしてしまっても。「私も同じ失敗したことがあるよ」とサラリと言うのもよい。

相手があきらめそうなとき

ダメだと決まったわけじゃないから。

まだやらなくてはいけないことがあるのに、たった一つのミスで絶望的な気持ちになっている人にかけたい言葉。もう一度がんばってほしいという気持ちを込めて声をかけよう。

がっかりしている相手に

それは残念でしたね。

楽しみにしていた旅行に行けなくなった、好きなチームが負けたなど、相手ががっかりしているときにかけたい言葉。「次に期待しよう」など、会話を明るくしめられればベスト。

悪口を言われた人に

言いたい人には、好きに言わせておきましょう。

悪い評判を立てられたり悪口を言われた人をなぐさめる言葉。「私は何を聞いても気にしないから」と、自分は味方であることも付け加えて。

叱られて落ち込んでいる人に

見込みがあるから厳しく言ってもらえるんだね。

家族や先生、上司などに叱られて落ち込んでいる人にかけたい言葉。「見込みがある」という言葉が、相手が立ち直るきっかけになるかも。

いつもがんばっている人に

あまり無理をしすぎないでね。

いつもコツコツと努力をしているような人をねぎらう言葉。いつも幹事役を買ってくれる友人や、影で支えてくれている家族などに、感謝の気持ちを込めて言ってみよう。

語源 **馬鹿②【ばか】**「馬鹿」の語源は中国の史記にあるとする説も。秦［しん］の時代、ある家臣が権力を示すため、皇帝に鹿を「馬」といって献上したことが由来だという。また、「若者」が転じて「馬鹿者」となった説、破産するという意味の「破家」を語源とする説も。

こんなとき 日常でどう言えばいい？⑥

道をたずねる

すみませんが教えてください。□□駅はどちらでしょうか。

知らない人に道をたずねるときも、「どっちですか」などという言い方はせずに、なるべくていねいな言葉づかいを心がけよう。また、「□□駅はこちらでよろしいですか」というときも、「こっち」ではなく「こちら」を使いたい。ていねいに聞けば、相手もていねいに答えたくなる。

聞き直す

恐れ入りますが、もう一度、おっしゃっていただけますか。

相手に質問されたことなどがよく聞き取れないときに言う言葉。また、何か頼むときにも「□□していただけますか」という質問の形にすると、相手に失礼な印象を与えないですむ。

お願いするとき

ぶしつけなお願いで恐縮ですが、□□していただけませんでしょうか。

初対面の人に何かを頼むときに使える言葉。席をかわってほしいとか、何か聞きたいことがあるなどというときに、「申し訳ない」という気持ちを込めてていねいに言おう。「厚かましいお願いですが」でもよい。

他人のそばを通るとき

すみません。ちょっと通していただけますか。

新幹線で窓側の席から通路に出たいときや、劇場の奥の席から通路に出たいときなどには、このように声をかける。スペースをあけてもらったら、「失礼します」と言いながら、なるべく素早く通ろう。

語源 **別嬪【べっぴん】**「べっぴん」とは、元は「特別に優れた品」という意味で「別品」と書かれていた。それが男女問わず優れた人に対しても使われるようになり、現在では美しい女性を表す言葉として定着している。女性に対して使われるようになってから「嬪」の字が使われるようになった。

親切にしてもらったとき①

ご親切にありがとうございます。

何かを教えてもらったり、席をゆずってもらうなど、公共の場で親切にされたときは、単に「ありがとうございます」よりも「ご親切に」とつけたほうがよい。

親切にしてもらったとき②

おかげさまで助かりました。

たとえば電車で席を譲ってもらったら、降りるときにもう一度、このように声をかけるのもよい。「おかげさま」は「あなたのおかげで」という意味なので、感謝しているという気持ちがストレートに伝わりやすい。

間違いを指摘するとき

間違っていたらごめんなさい。

飛行機の座席に着いたらほかの人が座っていたなどというときに。相手が初対面の場合、ワンクッション置いてから間違いを指摘しよう。

話しかけられたとき

はい、どのようなことですか。

「ちょっとすみません」などと話しかけられたときのていねいな答え方。目上の人の場合、「どのようなことでしょうか」と言えば、よりていねいになる。

謝られたとき

どうぞ、お気になさらずに。

初対面の相手に親切にしたり、逆にトラブルがあったりしたとき、相手があまりにも恐縮していたら、このような言葉をかけるとよい。

注文の品が出てこないとき

□□を注文しているのですが。

飲食店で注文の品が出てこないとイライラしてしまいがちだが、「まだなんだけど」などと明らかに不機嫌な様子では、同席している人や、周りのお客さんもいやな気持ちになる。なるべくていねいに確かめてみよう。

漢字 **自鳴琴【オルゴール】** さまざまな楽器も漢字で表すことができる。おもしろいのは、「琴」の字がよくつくこと。オルゴールは「自分で鳴る楽器」だから自鳴琴、ハーモニカは「口で風を送って音を出す楽器」だから口風琴、ちなみにチャイムは鐘琴。

22 お見舞い・快気祝い

こんなとき 冠婚葬祭でどう言えばいい？ ①

見舞いに行ったとき①

思ったよりもお元気そうでほっとしました。

見舞いに行ったときには、「やせましたね」「つらそうですね」「顔色が悪いですね」などのネガティブな言葉は言わないこと。「お元気そうで」「お顔の色がよろしいようで」など、少しでも明るく声をかけよう。

見舞いに行ったとき②

一日も早いご快復をお祈り申し上げます。

病院や自宅で療養中の人を見舞ったときの定番の言葉。目上の人にはこのようにていねいに、友人には「一日も早く治るように祈っているからね」と優しく声をかけよう。「がんばって」など、あまりプレッシャーをかけないよう注意を。

見舞いの品を渡すとき①

ほんの気持ちばかりですが。

花や食べ物などをお見舞いとして渡すときのひと言。なお、持って行ってもいい物かどうかは、事前に確認しておこう。食事制限や病院で花を禁止にしている場合は、タオルなどの品を渡すのもよい。現金を渡す場合は、「気持ちばかりですが、何かのお役に立ててください」と言う。

見舞いの品を渡すとき②

気晴らしになるのではないかと思いまして。

本やDVDなど、療養中の楽しみやひまつぶしになりそうなものを持参したときに添えたい言葉。親しい間柄で、相手がそれほど重病ではない場合は、本人に何がほしいかリクエストを聞いておくのも喜ばれる。

言葉 **神様の数え方**　人を数えるときは「一人、二人」、犬は「一頭、二頭」、では神様は？　神様は「一柱、二柱」というように「柱［はしら］」で数えるのが一般的。しかし、神様を数える助数詞が存在するのは、世界のなかでも日本だけ。神様を数えるという文化は多神教である日本独特のものだ。

見舞いに行ったとき③

この機会にゆっくり休んでくださいね。

ふだん忙しくしている相手などは、病気になり休んでいることを焦っているかもしれない。こんなふうに声をかけて、少しでも安心させよう。

二度目以降のお見舞いで

順調な快復のようで、ずいぶん、お元気になられましたね。

以前に見舞ったときよりも元気に見えるということを伝えよう。「安心しました」という言葉を添えてもよい。

家族に容態をたずねるとき

中山さんのご容態はいかがでいらっしゃいますか。

見舞いにいっても安易に会えないようなときや、家族に電話などで様子を聞くときは、「ご容態」という言葉が適切。

お見舞いに来てもらったとき

今日はありがとう。おかげさまで元気が出てきたよ。

見舞いに来てくれた人へ感謝の気持ちを述べる言葉。体の具合を聞かれたときに、このように答えれば、相手も安心できる。

看病している家族に

お疲れが出ませんように。どうぞお大事になさってください。

病気をしている本人だけでなく、連日看病している家族にもねぎらいの言葉をかけたい。親しい間柄なら、「お手伝いできることがあれば」と申し出るのもよい。

退院した人に

ご養生（ようじょう）のかいがありましたね。退院おめでとうございます。

退院したという連絡をもらったら、こんな言葉をかけよう。

言葉 **元日と元旦** 混同して使いがちだが、きちんと違いがある。「元日」とは、年の始まりの日、1月1日のことをいう。一方、「元旦」は元日の朝のこと指す。「旦」という字は、下の横棒が地平線を表しており、地平線から登る朝日を示した象形文字なのだ。

こんなとき 冠婚葬祭でどう言えばいい？②

遺族に対して①

このたびはまことにご愁傷さまでございます。

身内を亡くした人にかける言葉。「愁」は「愁える」、「傷」は「心の傷」という意味で、「ご愁傷」と併せて言うことで「気の毒に思います」という意味の言葉になる。「ご愁傷さまです」だけの素っ気ない言い方はかえって失礼にあたるので気をつけよう。

遺族に対して②

このたびのご不幸、お力落としのことと存じます。

家族を失った人などに対し、なぐさめるための言葉。「さぞ、お力落としのことでしょう」でもよい。「申し上げる言葉もございません」と付け加えるとよりていねいになる。

遺族に対して③

このたびは突然のことで。心からお悔やみ申し上げます。

通夜や葬儀のときに、身内を亡くした人にかける言葉で、「お悔やみ」は「人の死を弔う」という意味。会話だけでなく弔電でも使える。あまり自分からは余計なことは言わず、まずは定番の言葉をきちんと言うことが、こういった席でのマナーとなる。

遺族に対して④

中村様のご冥福をお祈りします。

意味は「死後の世界での幸福をお祈りします」ということ。弔電や手紙などで使うのに適している。あまり気にしなくてもよいが、キリスト教では使わない言葉。浄土真宗では「お悔やみ申し上げます」と言うのがよい。

言葉 **而立【じりつ】** 30歳のこと。孔子が生涯を語った論語「吾十五にして学を志し、三十にして立ち、四十にして惑わず。五十にして天命を知り、六十にして耳順［みみしたが］う」から誕生した年齢を表す言葉。十五歳は志学、四十歳は不惑、五十歳は知命、六十歳を耳順［じじゅん］という。

葬儀の受付で

ご霊前にお供えください。

葬儀の受付にいる係の人に香典を渡すときに添える言葉。相手が受け取り、うながされてから記帳をする。

香典を受け取ったとき

ごていねいにありがとうございます。供えさせていただきます。

受付を手伝い、遺族のかわりに香典を受け取ったときの言葉。シンプルに「お預かりいたします」でもよい。

故人と対面するとき

それではひと目だけお目にかかってお別れをさせていただきます。

遺族に故人との対面を勧められたときには、このように言って、合掌と一礼をする。故人と対面したら「安らかなお顔ですね」などのひと言を添えたほうがよい。

法事のとき遺族に①

本日はご遺族と一緒に故人を偲(しの)びたいと思い参りました。

法事の席でのお悔やみの言葉。ほかの参列者もいるので、長くならないようまずはひと言述べる。会食のときには、ゆっくり故人の思い出話を。

法事のとき遺族に②

久しぶりに山本さんに会いに来ました。

親しい親戚などふだんからよく行き来がある場合は、このくらいの言い方でもよい。しかし、故人と関係のない話はなるべく避けるのがマナー。

法事のとき

月日が経つのは早いものですね。

故人を偲ぶために集まっているのだから、話のきっかけを作って故人の思い出話をしたい。四十九日の法要のときでも三回忌以上のときでも使える言葉なので覚えておこう。

言葉 **還暦【かんれき】** 数え年61歳（満60歳）に生まれた年の干支に戻ることから、長寿であることを感謝し祝う。このほか長寿の祝いには、数え年で古稀［こき］70歳、喜寿［きじゅ］77歳、傘寿［さんじゅ］80歳、米寿［べいじゅ］88歳、卒寿［そつじゅ］90歳などがある。

こんなとき冠婚葬祭でどう言えばいい？③

結婚式の受付で

このたびはおめでとうございます。本日はお招きにあずかりありがとうございます。

結婚式の披露宴などおめでたい席に呼ばれたら、まずはこの言葉を言えるようにしておこう。定番フレーズなので、受付でご祝儀を渡すときに言おう。お祝いの席であれば、結婚式以外でも使える。

お祝いの言葉

ご両家のご多幸（たこう）とご繁栄（はんえい）をお祈り申し上げます。

新郎新婦やそのご両親に対するお祝いの決まり文句。相手の幸せを願う言葉で、祝辞を述べるときや祝電にも使うことができる。「多幸」は非常に幸せであること。多福を意味する。

同じテーブルの人に

初めまして。私は新郎の友人の川上といいます。

結婚式や披露宴は出席した人も楽しむというのがマナーのひとつ。たとえば披露宴で知らない人と同じテーブルになったら、自己紹介をして楽しく歓談しよう。少し恥ずかしくても、最初に自己紹介をしておけば、場も和み雰囲気はグッとよくなるはず。

新郎新婦の家族に

本日はおめでとうございます。和也さんの友人の川上と申します。いつもお世話になっております。

新郎新婦の家族に初めて会った場合は、あいさつと自己紹介をしよう。ただし、サッとすませることが大切。

語源 **地団駄【じだんだ】** 悔しがる様子を「地団駄を踏む」というが、これは腹を立てて地を踏みつける姿がある作業に似ていることからきている。それは、金属を錬金・加工する際に空気を送る道具、踏鞴［たたら］を足で踏む姿。「踏鞴を踏む」が「地踏鞴［じたたら］」→「地団駄」となった。

Part 2

21世紀になって広まった新語を使いこなしたい

1 新語

生活のなかの言葉

ミニマリスト

ミニマムは**最小限、最小**という意味。そこから派生したミニマリストとは、自分に**必要な最低限のものだけで暮らす人**のこと。

例文 ミニマリストなので洋服もシンプルなものを厳選して持つようにしている。

ノマド

nomadは英語で**遊牧民、流浪の民**の意味。オフィスや在宅だけでなく、**さまざまな場所で仕事をすること**をノマドワーク、仕事をする人をノマドワーカーという。

大人買い

個人が**大量に商品やサービスを買うこと**。また一度に買うこと。もともとは子ども向けの食玩（しょくがん）（玩具付き菓子）などを、コレクターの大人が一度に大量に買うことを指した。子どもには一度に買えないものも大人なら全部一度に買えるという意味で大人買いといわれるようになった。漫画を全巻一度に買うなども大人買いの一種。

ヴィーガン

完全菜食主義者のこと。ベジタリアンとは違い、卵や乳製品を含む動物性食品も摂取しない。革製品なども使わない人も。

おひとりさま

飲食店などで一人客のことをていねいにいう場合に使う。または婚期を逃した女性のこと。転じて、家族連れやグループ利用の多い施設を**一人で利用して楽しむ人**のことをいう。上野千鶴子『おひとりさまの老後』がベストセラーになった。

インスタグラマー

SNSのひとつであるインスタグラムのユーザーのなかでも、多くのフォロワー（登録している視聴者）をもち、発信する情報が注目され**世間に影響力をもつ人**。企業が契約してマーケティングや宣伝に協力してもらう例もある。美容、ファッション、料理、趣味などの専門分野をもつ場合が多い。

モンペ

モンスターペアレントの略。学校や塾、教員などに対して、**理不尽な要求をしたりクレームをつけたりする親**のこと。

例文 **自分の子どもを舞台の主役にしてほしいというのは、明らかにモンペでしょう。**

サバゲー

サバイバルゲームの略。おもにエアソフトガンとBB弾を使って戦いごっこをする大人向けの遊び。日本で登場した。

ソロキャン

ソロキャンプの略。**一人でキャンプ（野宿）する**こと。新しいアウトドアスタイルとして注目されている。

チートデイ

チートとは**だます、ズルをする、反則する**という意味。チートデイはダイエット中にズルをする日のことで、**好きなものを食べていい日**を指す。ストレスを軽減させる狙いがある。

聖地

本来は**宗教や信仰にとっての本拠地**となるところ。宗教の創始者にまつわる重要なところ。たとえば、エルサレムはユダヤ教、キリスト教、イスラム教にとって聖地となる。転じて、アニメなどの**作品で舞台となっている場所や作家に所縁のある場所**を聖地と呼ぶようになった。

例文 **姉は好きなアニメ映画の聖地巡礼をしてくるそうだ。**

ガラケー

スマートフォンが一般化する前に主流だった携帯電話のこと。**ガラパゴスケータイ**の略。ガラケーは日本独自で多機能に発達したため、独自の生態系を維持してきた**ガラパゴス諸島**にならってできた言葉。

陽キャ・陰キャ

陽気なキャラクターの人と、**陰気なキャラクター**の人の略。キャラクターは性格のこと。実際には、**スクールカーストの上位にいる人たち**のことを陽キャという場合が多い。スクールカーストとは学校のクラスの中の生徒の序列。おしゃれで明るくて友だちが多い陽キャが上位にいて、オタクっぽくて地味な陰キャが下層にいるというのがステレオタイプな図となっている。

置き勉

置き勉強道具の略。教科書類を**学校に置きっぱなし**にして家に持ち帰らないこと。年々重くなる登下校時の荷物が問題になり、２０１８年に文部科学省が置き勉を正式に認めた。

シングル

シングルは**独身者**のことだが、現在では**一人親**を指す場合が多い。**シングルファザー、シングルマザー**をまとめてシングルという。また、その家族形態を指すことも。

アラフォー（アラサー）

around fortyの略。年齢が**40歳前後**のこと。ドラマでaround40という言葉が使われ流行したが、アラサー（30歳前後）のほうが先に登場していた。還暦前後のことは**アラ還**という。

○○警察

マナー違反やルール違反を指摘する人のこと。コロナ禍においては、出歩いている人に一般の人が自粛を呼びかける**自粛警察**が話題になった。また、**着物警察**のように、その物事に詳しい人

（いわゆるベテランの人）が正統派ではない人や新しく始めた人、間違えている人を注意したり指摘するケースにも使われる。

上級国民

社会的な地位が高く、**特別な権利をもつ人**。特権階級。実際にそういった階級があるわけではなく、**富裕層や権力者、著名人などに対する俗語**。普通の人は**一般国民**となる。

リア充

リアル（現実）の生活が充実している人のこと。やりがいがある仕事をしていたり、恋人や友人と出かけるといった生活をしている人。リアルで活動するよりインターネット上での生活が中心になっている人を**非リア充**といったりする。

イクメン

育児を積極的に行うメンズ（男性）のこと。イケメン（イケてるメンズ）からの造語。

ポチる

スイッチを入れる（ポチっとする）という意味。転じて、インターネット通販で購入ボタンをクリックして**商品を購入すること**。

秒で

一瞬で。今すぐに。

例文 急用ができたので、秒で家に帰った。

過疎(かそ)る

過疎という名詞を動詞化した俗語。**物や人が少なくなること**をいい、特にインターネットの掲示板で投稿が少なかったり、オンラインゲームでプレイヤーが少ない場合などに使う。

○○住み

○○在住の意味。東京住みといえば東京在住のこと。世界中から参加できるインターネット上で「**どこ住み？**」という質問から広がった。

量産型

大量生産型の略。**大量にいるタイプの人**のこと。流行のファッション、髪型、メイク、または言動などでどこにでもいそうな人。**量産型女子**、**量産型オタク**などのいい方も。

神

すばらしい、**すごい**という意味。神がかり的な人やモノ。野球の神様などという場合の使い方に近い。対応が素晴らしい場合、**神対応**という。

例文 このタイミングで現れてくれるなんて神。

老害

わがまま、自己中心的、頑固な性格や行動によって、**周囲に迷惑をかけている高齢者**のこと。店で理不尽なクレームをつけている人、新しいことを取り入れない上司、政治家などに対して使われることが多い。

例文 仕切っているのが老害ばかりだからうまくかない。そろそろ世代交代すべきだ。

リアタイ

リアルタイムで視聴すること。テレビ番組やネット配信で録画して観るのではなく、その放送時間に観ることを指す。さらにインターネットの実況でみんなで盛り上がることまで含めていう場合もある。

ジェンダー

社会的・文化的な意味での性差。ジェンダー平等といえば、社会的な男女差別をやめて平等にすることを表す。男女平等主義者をジェンダーと呼ぶこともある。

転売ヤー

転売行為をする人のこと。インターネット上の販売サイトで行われる場合がほとんど。不用品のリサイクルではなく、実際の価格より高く設定したり、限定品や希少価値の高いものをわざわざ買い占めて販売したりと、**一儲けを狙う人**のことをいう。

富裕層

裕福な人たち。具体的には100万ドル、または1億円以上の保有資産のある層に限定する場合もある。

ハイブランド

かつては**高級ブランド**といわれていた、高級、高価なブランドのこと。今はハイブランドという呼び方が一般的。

よき

「よい」「いいね」という意味で使われる言葉。古語の「**よきかな**」という言葉を略したと考えられる。

いつメン

いつものメンバー(またはメンツ)のこと。いつも一緒に集まるグループのメンバー。

例文 5時ごろ、いつメンで集まろう。

イケボ

イケメンボイス。イケメンが発しているような**魅力的な声**のことで、普通は男性の声を指す。

胸熱(むねあつ)

胸が熱くなること。感動がこみ上げてくること。

例文 憧れの人に会えて胸熱すぎる。

ワンオペ

ワンオペレーションの略。**一人(ワン)で作業(オペレーション)をすること**。深夜にワンオペで営業する店や、配偶者のなどの協力なく一人で育児や家事をする場合などに使われる。

無茶ぶり

困難なことを**無理やり頼んだり押しつける**こと。返事に困るような問いや話題を投げかけること。

例文 あの芸人はいつも相手に無茶ぶりするところがおもしろいよね。

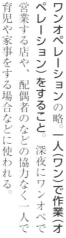

上から

上から目線の略。

例文 あの人はいつも上からな言い方をする。

かまってちゃん・察してちゃん

かまってほしい人、察してほしい人のこと。かなりネガティブな表現で、かまってほしくて迷惑をかける行動を起こす人、うっとうしい人のことを指す。察してちゃんは察してほしい人。あえて全容を伝えず、相手が気づいてくれるのを待つ人のこと。

例文 彼女がかまってちゃんすぎてつき合うのが面倒になってきた。

毒親（どくおや）

明確な定義はないが、**子どもにとって「毒」になる親**のこと。支配したり傷つけたりネグレクト行為をしたりなどが考えられる。過干渉やプレッシャーをかけるのも、過度な場合は毒親という。

地雷

触れないほうがいいことや、触れないでほしいこと。また迷惑な人や面倒な人を指すこともある。**地雷女**、**地雷臭**など。

例文 結婚のことは彼にとって地雷だから、話題に出さないほうがいいよ。

キャパ

容量を表すcapacityの略語。コンサート会場のキャパというように**物理的容量**の場合もあれば、**気持ちの許容範囲**を表す場合もある。

例文 今日はいろいろなことがありすぎたので、キャパオーバーで何も考えられない。

推し

応援するモノ・人、好きなモノ・人のこと。最初はアイドルグループのなかでいちばん好きなメンバーを指す場合に使われたが、現在は使い方が広がっている。ちなみに、グループ全体を応援する場合は**箱推し**という。

じわる

じわじわこみ上げてくること。通常は**おもしろさがあとからこみ上げて**きて笑ってしまうような場面で使う。

もってる

強運をもっていること。大事なとき、**肝心なときに活躍できること**。スポーツ選手などに使う。

ごちになる

ごちそうになるの略語。ただし、豪華な食事というより、気軽に一杯おごってもらうようなときに使う。

枯れる

歳をとること、**アイドルグッズなどが売り切れること**。新しいソフトウェアが市場に出てからしばらくたって、不具合も直りこなれることなど、隠語として多く使われる言葉。

ごりごり

「ごりごりの」「ごりごりに」などと使う。**圧倒的に**、**筋金入りの**、**すごく**、**めちゃくちゃに**といった意味になる。

例文 ごりごりの関西弁を話す人。

オノマトペ

擬音語、**擬態語**、**擬声語**のこと。ギーギー、ちゃかちゃか、すっきりなど。

○○活

活動のこと。**就活**（就職活動）、**婚活**（結婚相手を見つける活動）、**朝活**（朝に行う活動）、**保活**（ほかつ）（保育園を見つける活動）など。

2・5次元

2次元と3次元の間。ゲームやアニメなどの2次元の世界を実際の俳優で演じる**舞台やミュージカル**を指すことが多い。

コミュ力(りょく)・コミュ障(しょう)

コミュはコミュニケーションの略。コミュ力は**コミュニケーションの能力**、コミュ障は**コミュニケーションが苦手な人や状態**を指す。

例文 ぼく、コミュ障だから人前で話せない。

ツンデレ

いつもは**ツンツンとそっけない人**が、なにかに対して**デレデレした態度をとる**こと。またはそういう人。ギャップが魅力的として、比較的ポジティブに使われる。

例文 うちの猫ってツンデレなんだよね。

ワンチャン

ワンチャンス(one chance)の略。**まだ可能性がある**、ひょっとしたらあり得るなどという意味。「行けたら行く」の意味で「ワンチャン行く」などという。

例文 今度の日曜なら、ワンチャン遊べるかもしれないよ。

今日イチ

今日一番の略語。今日一番楽しかったことや嫌だったことなどを強調する場合に使う。

例文 さっきの○○さんの話、今日イチ笑ったわ。

抜け感

ファッション誌などでよく使われる言葉で、おしゃれをがんばりすぎず、ほどよく着くずしたりカジュアルな雰囲気を演出したりすること。**肩の力を抜いたおしゃれ**な雰囲気。

もふもふ

やわらかく、ふさふさ、もこもこしたようす。猫や犬など**愛らしい動物**を形容する場合が多い。また、その動物自体を指す。

例文 もふもふを抱っこできるなんてうれしい。

口(くち)コミ

口頭でのコミュニケーションの略と考えられる。

マスコミの反対で、人と人の口づてに伝わるコミュニケーション。

エモい

英語のemotional（エモーショナル）から派生した言葉。感情が動かされたときに使うが、エモーショナル本来の意味とはあまり関係なく、**切ない、なんともいえない、渋い**など、いろいろな意味で使う。

例文 この曲ってエモいよね。

まったり

現在では**ゆったりしたようす**を表すときに用いられる言葉。従来、やわらかさのなかにコクがあるという味覚を表す方言だった。

ドヤ顔

「ドヤ」とは**関西の方言で「どうだ」**の意味。ドヤ顔は**得意がっている表情**、また得意になって自慢すること。いばることを**ドヤる**ともいう。

ガン○○

はげしい、すごいという意味のガンガンから。まじまじと見ることを「ガン見」、徹底的に無視することを「ガン無視」、本気でキレることを「ガンギレ」などという。

黒歴史（くろれきし）

なかったことにしたい過去、なかったことにされていること。アニメから誕生した言葉。

告る（こく）

告白するの略。罪の告白のように悪い場面ではなく、通常は**愛の告白**のときに使う。

こじらせ

単純なことを複雑で面倒にしてしまうことや病気を長引かせることをこじらせるという。そこから、物事を面倒にする人を**こじらせ男子、こじらせ女子**などという。

2 新語

ニュースのなかの言葉

インバウンド

本来は外から中に入ってくるという意味だが、日本では外国人の**訪日旅行**や**訪日旅行客**という意味で使われることが多い。外国に出かけることはアウトバウンドという。

例文 インバウンド需要の高まりで経済が活性化した。

アンダーコントロール

鎮圧する、抑える。**制御下にある**という意味。

例文 昨夜発生したガス漏れ事故はアンダーコントロールされている。

エッセンシャル・ワーカー

人々の**基本的な生活やインフラを維持するために必要不可欠な職種の従事者**。医療や交通機関、運送、食料品販売などに携わっている人。

○○ハラ

「ハラ」は**ハラスメント**(嫌がらせ、いじめ、不快感を与える)の略。さまざまな語と組み合わせて使用される。たとえば**パワハラ**はパワーハラスメント、**セクハラ**はセクシャルハラスメント、**モラハラ**はモラルハラスメント、**マタハラ**はマタニティハラスメントのこと。

○○ファースト

「ファースト」は**もっとも優先される**という意味。都民ファースト、国民ファースト、顧客ファーストのように使われる。

アダルト・チルドレン

アルコール依存症や虐待などの問題がある**機能不全家庭**に育ち、大人になってもトラウマや悩みによって生きづらさを抱えている人のこと。

DV

domestic violence（ドメスティックバイオレンス）の略。家庭内暴力の意味だが、日本では配偶者や恋人など親密な関係にある（または過去にあった）者から振るわれる暴力という意味で使われることが多く、**デートDV**（交際相手の暴力）といった造語も生まれた。

LGBT

Lesbian（レズビアン）、**Gay**（ゲイ）、**Bisexual**（バイセクシャル）、**Transgender**（トランスジェンダー）という四つの言葉の頭文字をとり、セクシャルマイノリティを表す総称のひとつとなっている。最近ではさらにQuestioning（クエスチョニング）を加えＬＧＢＴＱという場合も。

ダブルインカム

インカムとは**収入のこと**。ダブルインカムは一世帯に二つの収入源があること。おもに**共働き世帯**のことを指す。

セーフガード

特定の輸入品が急増することで、その国の産業に重大な損害を与える場合に、輸入制限や禁止の措置を発動すること。つまり、**緊急輸入制限**のこと。

忖度（そんたく）

他人の心や考えを推測すること。**推測して相手の希望する行動をとる**こと。ネガティブなイメージとともに流行語となったが、本来、いい意味で使われることが多い言葉。

ダイバーシティ

多様性。さまざまな属性の人が集まった状態のこと。企業が国籍や人種、性別、年齢、信仰などにこだわらずにさまざまな人材を活用することを**ダイバーシティ経営**といい、アメリカで始まった。

デブリ

本来の意味は、壊れたり崩れたりしたことにより、散らばったり堆積したりした**残骸**のこと。ニュースで使う場合は**燃料デブリ**のことが多く、原子炉事故で溶け出した核燃料や構造物が混ざり合って冷えて固まったもののことをいう。

例文 **スペースデブリ（宇宙ごみ）の増加で除去方法が世界的な問題となっている。**

ブラック

悪いもの、不正、暗黒などの意味。**ブラック企業**や**ブラック校則**などのような使われ方をする場合が多い。

例文 ブラックな環境に耐えかねて会社を辞める人が続出した。

反社

「**反社会的勢力**」の略。暴力団、社会運動標榜ゴロ、総会屋などを指す。**反社チェック**といえば、企業が取引先に対して反社ではないかを確認し、反社の場合は契約前に排除する活動のこと。

ヘイト

憎む、嫌悪するという意味。おもには人種や民族、性別などに基づいて、個人や集団に対して攻撃や侮辱をすることをいう。ニュースでよく耳にするのは**ヘイトスピーチ**。憎悪する対象に対して、脅迫的言動や、地域社会から排除することを先導する言動を指す。

ルッキズム

容姿や身体的特徴で人を判断したり、偏見をもったり、差別すること。日本語でいえば**外見至上主義**。

ターミナル・ケア

終末期医療。回復の見込みがない患者に対して、心身の苦痛の緩和などを中心に行うケア。患者のストレスを和らげ、ＱＯＬ（クオリティ・オブ・ライフ＝自分らしい生活の質）を保つことを目的とする。

ヤングケアラー

本来大人が担うと想定されている**家族の介護や世話、家事**などを日常的に行っている18歳未満の子ども。学習に支障が出るなど問題があると指摘されている。

マネーストック

経済全体に供給されている**通貨の総量**のこと。国や金融機関が保有しているものは除く。この統計を作成している日銀は、マネーサプライ統計を２００８年にマネーストック統計という名称に変更した。

K字経済

経済の二極化のこと。富裕層と貧困層の経済の二極化が進むと、収入や貯蓄高などのグラフがK

の文字のようにだんだんと上下に開いていくことからこの名前がついた。格差が広がることを**K字化**するともいう。

ハードランディング

景気が急激に失速すること。元来は、航空機が衝撃を受けながら、強行着陸することを表した言葉。

リーマンショック

2008年にアメリカの投資銀行リーマン・ブラザーズが経営破綻。それをきっかけに**世界的な株価下落・金融危機**が発生したことを指す。低所得者向けの住宅ローンであるサブプライムローン問題に端を発している。日本も大きな影響を受け、経済危機を引き起こした。

デジタル課税

支店や工場などの拠点は持たないが、デジタル化によって海外でも経済活動を行っているグローバル企業に対し、その国が**課税できるようにする仕組み**のこと。経済の発展に税制が追いついていないとの指摘で、国際的なルール作りが進められている。

ファクトチェック

発信されて広がっている情報やニュースなどが事実に基づいたものかどうかを調べ、プロセスを記事化し、正確な情報を共有しようという行為。**事実検証**や**事実確認**ともいう。

ジョブ型雇用

職務内容を明確にして雇用する形態。必要なスキルなどを示して雇用し、成果によって評価する場合が多い。一方、日本企業で多いのはメンバーシップ雇用。まずは企業に合う人材を雇用し、職務内容や勤務地は入社後に決められる。

ワークライフインテグレーション

それぞれの人生観を軸に、**ワーク（仕事）とライフ（プライベート）のバランスを高い次元で融合させる**という考え方。生活の質を高め、充実感や幸福感を得ることが目標。従来もワークライフバランスの考え方はあったが、それをさらに進めた考え方で、ワークとライフを分けるのではなく、融合させる（インテグレーション）という点が特徴。

アラート

警報、警告の意味。誤った操作をしたユーザーに向けて、コンピュータが警告や確認のために発するメッセージのことを指す場合が多い。

アウトブレイク

病気の感染が突発的に**急激に広がること**。院内感染もこれにあたる。一方、感染症が世界的規模で流行した場合は**パンデミック**という。

クラスター

本来は**同種のものや人の集団、群れ**という意味の言葉。新型コロナウイルス関連のニュースでは**集団感染**という意味で使われている。

スクリーニング

選抜、選考、審査。医学においては、集団のなかから特定の病気にかかっている人を選別することを指す。

ロックダウン

安全のために、建物などを封鎖すること。感染症防止のために、**人々の外出や移動を制限**すること。新型コロナウイルスではヨーロッパ各国をはじめ多くの国で**都市封鎖**が実施された。

ソーシャルディスタンス

人と人との間の距離。本来は社会的な距離という意味で、孤立や心理的な距離などを示す場合に使う言葉だった。新型コロナウイルス関連では、感染症の拡大防止のために、人と人とが一定以上の距離を保つエチケットのことを表す。

ピークアウト

頂点に達し、そこからは減少に転じること。従来は経済分野で使われることが多かったが、新型コロナウイルスの感染者数の「波」について多用された。

ニューノーマル

新しい常態、新しい生活様式のこと。新しいを表す「ニュー」と標準や常態を表す「ノーマル」が合体してできた造語。

例文 コロナ禍によってニューノーマルが浸透し、働き方が大きく変わった。

オーバーツーリズム

観光地を訪れる**観光客が多すぎる**ことにより、自然破壊や交通渋滞、街の混雑、騒音、ゴミなどの問題が起きること。

カーボンニュートラル

二酸化炭素の排出量と吸収量が同じ（炭素中立）であること。何かを生産するときなどに排出される二酸化炭素と、吸収される二酸化炭素が同じ量であること。脱炭素によって、地球温暖化の原因となる温室効果ガスの増加を抑えられるという考え方。

サステナビリティ

持続可能性。自然や社会の良好な状態を長期にわたって維持しようという考え方。環境保護の分野で使用されるようになった言葉。

例文 企業のサステナビリティへの取り組みが加速している。

SDGs（エスディージーズ）

「Sustainable Debelopment Goals（持続可能な開発目標）」の略称。２０１５年の国連サミットで決められた国際社会共通の目標。２０３０年までの達成の指針として、17の目標と１６９のターゲット（具体目標）が掲げられている。

ゼロ・エミッション

産業活動による**廃棄物をゼロに**しようという試み。廃棄物を別の産業の原料として使うなどして実現を目指す。ゼロは数字のゼロ、エミッションは排出の意味。１９９４年に国際国連大学が提唱した。

スローフード

伝統的な食文化や料理法、食材を守り、よりよいものにしようという運動。インスタント食品やファストフードと対立する概念で、イタリアで発祥して世界に広がっている。

特定技能

２０１９年から始まった新しい在留資格。**一定の知識・経験をもち即戦力となる外国人を受け入れる**。介護、ビルクリーニング、素形材産業、産業機械製造業など14の特定産業分野が定められている。

3 新語

新しいモノ・技術・IT関連の言葉

セルフレジ

商品やサービスを購入した客が**自分で代金の清算を行うシステム**。商品のバーコードの読み取りから支払いまですべてを客が行う**フルセルフ**と、店員が読み取りを行う**セミセルフ**がある。

ドローン

遠隔操作や自動制御によって飛行できる機体（200グラム以上）の総称。娯楽用のものと産業用のものがある。

グランピング

テントがあらかじめ設営され食材や食事なども用意された**ホテルタイプのキャンプ**のこと。魅力的という意味のグラマラスとキャンピングを合わせた造語で、欧米から流行した。

コスプレ

コスチュームプレイの略。漫画やアニメ、ゲームなどのキャラクターの**衣装や髪型などをまねること**。

ジェネリック

通常は**ジェネリック医薬品**のこと。厚生労働省の認可を得て製造販売される後発医薬品。**新薬と同じ有効成分を含み価格は低い**。ジェネリックは一般的なという意味で、ジェネリック医薬品はブランド名ではなく一般名で呼ばれることが多いのでこう呼ばれる。

ゲノム解析

ゲノムとは**DNAのすべての遺伝子情報のこと**で、gene（遺伝子）とchromosome（染色体）から合成された言葉。生物のもつ**遺伝子情報を総合的に解析すること**をゲノム解析という。

ディープラーニング

人間の力ではなく、機械が豊富なデータから自動的に特徴を抽出するディープニューラルネットワークを用いた学習のこと。日本語では**深層学習**。

FCV（燃料電池自動車）

水素と酸素の化学反応によって発電する電気エネルギーで走る自動車。ガソリンスタンドではなく水素ステーションで水素を補給する。有害な排出ガスはゼロ、水のみ排出。

ノイズキャンセリング

ノイズ（騒音）をキャンセルする（打ち消す）技術のこと。この機能のついたイヤホンやヘッドホンを装着すると、**外部の音を遮断**して音楽などを楽しむことができる。

IoT（アイオーティー）

Internet of Things（モノのインターネット）の略。建物や車、家電製品などがインターネットに接続されることによって、**相互に情報交換するシステム**のこと。モニタリングや遠隔制御、データ連携など多くのことができる。

SNS

Social Networking Service（ソーシャルネットワーキングサービス）の略。登録した人同士が交流できる、**オンライン上のコミュニティサービス**のこと。

オープンソース

ソースコードを無償で公開し誰もが改良や修正、再配布ができるようにしたソフトウェアのこと。公開することによって信頼性や安定性などを高めることができる。フリーソフト（無料のソフトウェア）と似ているが、フリーソフトはソースコードが公開されていないものが多い。

スマートグリッド

次世代送電網のこと。従来の送電線は発電所から一方的に送電するため、需要のピーク時を基準とした容量設定ではむだが多く、少ない容量では停電が起きやすい。そこで、専用のソフトウェアなどを組み込み、電力の流れを供給側、需要側の両方から制御し最適化する送電網が考え出された。

クラウド

自分で大規模なインフラ（サーバーやネットワークなど）やソフトウェアをもたなくても、**インターネット上でサービスを利用**できる仕組み。

例文 撮影した膨大な画像はクラウド上に保存している。

サルベージ

本来の意味は遭難した船体や積み荷を海底から引き上げ回収する作業のこと。ＩＴの領域では、ハードディスクなどのデータストレージが破損した場合に**データを取り出す作業やサービス**のことを指す。

デバイス

装置や機械のこと。パソコン、スマホ、タブレット**本体**のほか、プリンターやスピーカーなどの**周辺機器**も含まれる。

バグ

バグは**悪さをする虫**という意味。コンピュータの**プログラム上の不具合**のこと。バグがあると、作った側の意図通りに動作しなくなる。欠陥や失敗などに対して比喩的に使う場合もある。

アップデート

コンピュータのソフトやスマホのアプリなどを**最新の状態へ更新**すること。新しい機能を加えたりバグを修正する。スマホのＯＳを最新バージョンに更新することも含まれる。

例文 アップデートでバグが修正された。

インターネットバンキング

銀行などの**金融取引をインターネット上で行えるようにした**サービスのこと。店舗に足を運ばなくても、パソコンやスマホを使って銀行などのシステムにログインして、残高確認や振込などが行える。

5G

5th Generationの略語でファイブジーと読む。第5世代移動通信システムのこと。2020年より、スマホなどに搭載されて発売されている。**高速、大容量、低遅延(リアルタイム)、多数同時接続**といった特徴がある。

eスポーツ

エレクトロニック・スポーツの略。おもには、**コンピュータゲームを使った対戦**をスポーツ競技として捉える際に使う名称。プロのことをプロゲーマーといい、世界各国で大きな大会が開催されている。

インカメラ

おもに自撮り(自分を撮影)をする際に利用する、スマホなどの**モバイル端末の内側に搭載されたカメラ**のこと。コロナ禍によってオンライン会議などでもよく使われるようになった。

ソシャゲ

ソーシャルゲームの略称。インターネット上のなかでもとくにSNS上で提供され、**SNSを通してプレイするオンラインゲーム**のこと。一方で、スマホ向けゲームアプリ全体のことを指す場合もある。

ボカロ

ボーカロイドの略。**メロディーと歌詞をコンピュータに入力**すれば、人間の声に近い音声で歌っているように合成される技術。ヤマハが開発した。その歌を歌うアニメやCGによるキャラクターを指す場合もある。

例文 ボカロのヒット曲をカラオケで歌う。

ストリーミング

インターネットに接続した状態で、映像、音声データなどを視聴すること。従来は一度、デバイスにダウンロードして再生していたが、ストリーミングでは動画配信サービス会社のサーバー上で再生されることになる。すぐに視聴できるのが最大のメリットで、ダウンロードしながらの再生も可能。

VR

Virtual Realityの略で、日本語では**人工現実感、仮想現実**など。**現実ではないが限りなく現実に近い体験**のことをいう。たとえばVR用のゴーグルをかければ、その場にいるような臨場感で映像やゲームを立体的に楽しめる。

サブスク

subscription（サブスクリクション）の略。**年間や月極の定額サービス**のこと。定期的に使用料を払って受けられるサービスを指す。従来は雑誌の年間購読・定期購読のことをいった。最近では、ネット上での音楽や動画、書籍、ゲームなどの見放題、使い放題といったサービスに使われることが多い。

クラウドファンディング

crowd（群衆）とfunding（資金調達）を合わせた造語。**インターネットを通じて資金を募る**ことをいう。個人的なことでもやりたいことを発信し、賛同してくれた人から広く資金を集めることができる。商品の開発資金から勉強のための資金、ボランティアの活動資金など、ジャンルは多岐に渡る。

リノベーション

中古住宅を新しく作り変えることを意味する。マンションでも**間取りを変えたり**、水・電気・ガスなどの**性能を更新したり**して、暮らしを向上させる。「リノべる」「リノべ」など発展形の言葉も。古くなったものをもとに戻すリフォームとは区別する。

フィッシング

ＩＴの分野では、金融機関などのウェブサイトやメールを装って、利用者の**暗証番号やクレジットカード番号、パスワードなどを盗む**詐欺。**フィッシング詐欺**ともいう。

民泊

一般の民家に泊まること。現在では、個人宅や投資用マンションを貸し出すビジネスを民泊という。インバウンド（➡Ｐ78）重要の高まりによって広まった。２０１８年に**住宅宿泊事業法**が施行され貸し出す側に届出が必要となった。

バリスタ

コーヒーやエスプレッソ、カフェラテなどをいれるプロで、カフェを開業したり従業員として働いている。コーヒーに関する知識を持ち、豆の選定から行うバリスタもいる。もともとはイタリア語で、バール（アルコールも提供するカフェ）でサービスする人という意味。

ファストファッション

流行を取り入れながらも低価格に抑えた衣料品を短いサイクルで大量に生産し販売するブランドや商品、そのファッションスタイルをいう。多くが世界規模で展開しており、日本ではユニクロが代表的。

パワースポット

超自然的なエネルギーが満ちあふれているとされる特別な場所のこと。エネルギースポット、気場ともいう。富士山周辺や明治神宮などが日本のパワースポットとして有名。

キュレーションサイト

ウェブ上にある多くのコンテンツを分類し読みやすいように編集、公開しているサイト。**まとめサイト**などとも呼ばれる。利用者にとっては便利だが、情報の信憑性や著作権侵害や無断転用などの問題もあり、閉鎖されたサイトも少なくない。

4 新語

ビジネス・教育関連の言葉

eコマース

electronic commerce（電子商取引）の略。**インターネット上で商取引を行うこと**。ネットットショッピングやネットオークションなどが含まれる。

トレーサビリティ

食品や工業製品などの生産過程や原材料、流通過程などをさかのぼって追跡できるようにすること。**履歴管理システム**。

コラボ

コラボレーションの略。**共に働く、協力する**という意味。企業と企業、または企業とアーティストなどが商品を一緒に開発したりする。ブランドがコラボしてショーを開催したり、新ブランドを立ち上げる場合も。

B to B

企業間取引のこと。**企業が企業に対してモノやサービスを提供するビジネスを指す**。一方、企業が消費者に提供する場合は、B to C、個人売買のように消費者同士の取引はC to Cという。BはBusiness、CはConsumerの略。

イニシャルコスト

初期費用。たとえば、事業を始めるときに導入する機械や設備の費用のこと。その後、継続して運営するためにかかる維持費用はランニングコストという。

コンプライアンス

直訳すると法令遵守で、企業などが**法令や規則を守ること**。

アンガーマネジメント

新しい言葉ではないが、日本では最近になってビジネス界で取り入れられるようになった概念。**怒りをコントロール**するための方法やスキルのこと。企業研修に取り入れることで、社内・社外トラブルを防ぐのが狙い。

ガバナンス

コンプライアンスのため、**企業自身が企業を管理**することを指す。governanceは統治、支配といった意味を持ち、従来は国が統治する意味で使われる言葉。

コア・コンピタンス

核となる能力のこと。得意分野とも訳す。企業活動においては**中核となる強み**。競合他社を圧倒的に上回るような分野、他社には簡単にまねできないような分野を指す。

アライアンス

複数の企業が協力体制を敷いて利益を生み出す経営スタイルのこと。通常の取引ではなく、おもに**異業種同士が提携**し、互いの経営資源を持ち寄ることで相乗効果を狙う。Allianceは直訳すると同盟。

フェアトレード

開発途上国の原料や製品を**適正な価格で継続的に購入**すること。対等な貿易で立場の弱い国の人たちの生活改善や自立を目指す。

例文 コーヒー豆はいつもフェアトレードの商品を購入している。

エシカル

直訳すると倫理的なという意味。法的に定められてはいないものの、人間の良心から自然発生的に生まれた**社会的な規範**のこと。人間、社会、地球などに配慮した考え方のことで、たとえば地球環境に配慮した商品を選んで購入することを**エシカル消費**などという。

アップグレード

一般ではよく、旅客機の座席やホテルの部屋を上位クラスに変更する場合に用いられる言葉。ビジネスでは、**性能を進歩**させること、**品質をよく**すること。

例文 コンピュータをアップグレードしたら不具合が改善された。

ダウンサイジング

小型化すること。コストダウンや効率化のために、大きな**機器を小型化**する、**組織をスリム化**するなどの場合に使う。

例文 コンピュータをダウンサイジングして効率が上がった。

ショービズ

ショービジネスの略。おもには観客の前で行われる興行や公演のことを指すが、芸能ビジネス全般を指す場合もある。

スピンオフ

spin（回転する）とoff（離す、離れる）から成り立つ言葉。**企業の一部を切り離して独立させること**をいう。ちなみに、映画やドラマのスピンオフ作品という場合は、もとの作品から**派生した作品**で、オリジナルでは脇役だった人物を主役にしたり、主人公の幼少期のエピソードで制作されるなどの例がある。

アンバサダー

英語では大使、使節、代表という意味。日本では**広報活動を行う人**のことをいい、**イメージキャラクター**を指すことも。**ブランドアンバサダー**といえば、そのブランドの顔となる人のこと。

クラウドソーシング

仕事を発注したい人や企業が、インターネットを通して**不特定多数の人に仕事を依頼**すること。プログラミングやウェブライティング、デザインなどの分野が多いが、経理やマーケティングなどを依頼するケースも増えている。

インフォグラフィック

情報やデータなどを簡潔にわかりやすく表現すること。**情報の可視化**のための表現。地図、標識、技術文書のほか、学問や教育の分野でも重要なツールで、数学などの概念をわかりやすく表現する場合に使う。

アフィリエイト

自分のブログサイトなどで企業の商品やサービスを宣伝し、**報酬が支払われる仕組み**。たとえば、ブログの記事にある商品のことを書き、リンクを貼る。ブログを読んだ人がそのリンクから商品購入サイトにアクセスして実際に購入すれば、決められた報酬がブログを書いた人に支払われる。

ステマ

ステルスマーケティングの略。ステルスとは**隠密**の意味で、**宣伝であることを隠して宣伝**することをいう。たとえば第三者を装って商品を口コミ評価したり、芸能人やインフルエンサーが金銭の授受はないように装って商品やサービスをほめるなどのパターンがある。

クロスマーチャンダイジング

商品の陳列法の一種。商品をカテゴリー別ではなく**テーマや生活場面に沿って同じスペースに並べる方法**。コーヒー豆とコーヒーカップ、カレールーとカレー用の肉や野菜など、組み合わせは無限にある。売り場の活性化や潜在需要の掘り起こしなどの狙いがある。

アウトソーシング

アウトは外、ソーシングは調達の意味。**業務の一部を外部に発注する**こと。

ブレイクスルー

革新的な方法、従来とはまったく異なる方法で解決策を見出すこと。

例文 創業以来のやり方をガラリと変えて、ブレイクスルーを生み出した。

シェアウエア

ソフトウェアを**まず無料で試用**してもらい、その後利用者が継続的な使用を希望した場合は対価を要求するライセンス形態。

エビデンス

根拠、証拠。きちんとした**裏付けがある**という意味で、医療分野などで使われていた言葉だが、最近はビジネス用語としても使われている。

例文 商品による効果をエビデンスを示して説明する。

リソース

資源の意味。**人材や資金、情報、モノ**など、ビジネス用語では企業価値を高めるための経営資源のこと。

リテンション

維持、保持という意味。**既存の顧客**と安定的に関係を維持していくためのマーケティング活動をリテンション・マーケティングという。また、企業が**人材の流出を防止**(退職防止)するための施策をリテンションということもある。

ユビキタス

遍在(いつでもどこでも存在する)という意味。おもに、情報ネットワークに**どこからでもアクセス**できる環境のことを指す。

グローバルスタンダード

世界規模で通用する基準のこと。ISOなどの国際規格に沿ったもの。民間企業が決めたり社会通念や技術なども含めてグローバルに広がったものは、デファクトスタンダードであるが、日本では明確に区別されていないケースがある。

キャズム

直訳すると溝のことを指す。市場に商品やサービスを普及させる際に**発生する溝(障害)**のことで、どうしても越えなくてはならないもの。キャズム理論ともいう。

ステークホルダー

企業組織における**利害関係者**のこと。株主、経営者、従業員、顧客、取引先など。多国籍企業の増加によって利害関係者の数やその影響が急拡大したため、ステークホルダーという言葉がよく使われるようになった。

アカウンタビリティ

アカウンティング(会計)とレスポンシビリティ(責任)の合成語で、**説明責任**のこと。自分が権限をもつ職務について関係者に説明すること。もともとは、経営者が株主に財務状況を説明する義務を指す言葉だった。

アサイン

仕事を**割り当て**たり、**配属**したり、**任命**したりすること。

例文 プロジェクトの立ち上げに彼をアサインする。

フェーズ

区切り、局面、時期といった意味。たとえば、**開発途中の各段階**をフェーズと呼ぶ。

スキーム

目標達成に向けた方法や枠組みのこと。計画を立てるという意味のプランニングとは違い、**具体的な方法や枠組み**という意味合いが強い。

ギミック

目を引くための工夫や仕掛け。ビジネスシーンでは商品広告の戦略などでよく使われる。

例文 このギミックで消費者に興味をもってもらう。

ソリューション

問題解決のこと。**問題解決のためのシステム**など。ITソリューションといえば、IT技術を使って企業の抱える問題を解決すること。

例文 顧客にソリューションを提供する。

テレワーク

テレ（Tele）とは離れたという意味で、テレワークは**時間や場所にとらわれない柔軟な働き方**を示す言葉。在宅勤務と間違えやすいが、**在宅はテレワークの中のひとつ**。在宅以外にモバイルワークやサテライトオフィスワークなども含まれる。リモートワークもほぼ同義。

インターバル制度

勤務間インターバル制度ともいい、従業員が**退社してから次に出社するまでの間**に一定の時間を空けることを義務付ける制度。たとえば、インターバルが11時間である場合、残業で23時に退社したら翌10時に出社すればよい。海外に比べまだ少ないが、日本でも徐々に取り入れる企業も出てきた。

レジュメ

要約したもの。セミナーや講演会、勉強会でなされる発表の内容を完結にまとめたものを事前に配布するケースが多いが、それをレジュメという。論文の内容を要約したものも同様。

リベラルアーツ

ひと言で教養と訳されるが、もう少し踏み込み、**人間を束縛から開放するための知識や生きる力を身につけるための手法**のこと。日本では大学教育の中でよく聞かれるようになってきた。ビジネスの世界でも研修に導入する企業が増加。専門性に特化することなく幅広い分野について本を読んだり話し合ったりレポートを書いたりする。もともと古代ギリシャで生まれた概念で、古代ローマで文法、論理、修辞、算術、幾何、天文、音楽の自由7科に定義された。

ポートフォリオ

書類入れという意味があり、**資料などをひとまとめにしたもの**を指す。たとえば自分の活動記録や成果物、能力、資格などをひとまとめにしたポートフォリオは就職や転職、大学のＡＯ入試で役立つ。また金融業界では、現金、預金、株式、債権、不動産など投資家が保有している資産の一覧を表す。

メンター

助言者、指導者を意味し、仕事などの手本になってくれる人を指す。ビジネスの分野では、若手や新入社員が仕事やキャリアについて幅広く相談でき、成長を促してくれるような社員。教育の分野でも、大学の新入生に対して助言をするメンターや、高校生の進路の相談に乗る大学生メンターなどの制度が導入されている。

リテラシー

本来は**読み書きの能力**の意味。現在では、**コンピューターリテラシー**といえばコンピューターについての知識や応用能力、**情報リテラシー**といえば情報機器を使って必要な情報を取捨選択し活用する能力のことを指す。

アクティブラーニング

生徒や学生が**能動的に学ぶ**ことができる授業の方法。具体的にはグループワークやディスカッションなどで生徒・学生が能動的に学び合い、教師は教えるのではなく学びのファシリテーター（促進者）として寄り添う。教師の板書を写して覚えるという受動的な授業スタイルと対極にあるともいえる。

シラバス

学校や教師が学生に示す**授業計画**のこと。大学のサイトに公開されるケースも増えている。学生は履修する際の参考にする。

探究

思考によって論証したり問題解決を図ったりすること。児童や生徒が**自ら課題を設定**して解決していく探求学習。この探究学習に取り組む学校は以前よりあったが、２０２２年度からは高校で正規の授業として**総合的な探究の時間**が導入される。

Part 3

敬語を使いこなせば恥ずかしい思いをしない

間違い敬語とは、さよなら

○休ませていただきます
×休まさせていただきます

「～させてもらう」の謙譲語は「～せていただく」。「さ」を入れた言い方は間違いで、「さ入れ言葉」と呼ばれる。「させていただく」からの連想で使う人が多いので注意を。

○おっしゃいました
×申されました

「□□さんが申されましたように」という、一見ていねいな言い方で敬語になっていると勘違いしないこと。「申す」は「言う」の謙譲語なので、相手を敬うことにはならない。また、「おっしゃられました」も過剰表現のためNG。

○ご一緒にいらっしゃいませんか
×一緒にまいりませんか

「まいる」は「行く」「来る」の謙譲語なので、相手の動作には使わない。丁寧語として「雨が降ってまいりました」といった使い方もするので、「まいる」を誤った形で使う人は少なくない。

○お目にかかりたい
×お会いしたい

「お会いしたい」もていねいな表現なので間違いではないが、相手が目上の人やまだ会ったことがない人の場合は、失礼な印象にとられることがある。「会う」の謙譲語である「お目にかかる」を使えば完璧。

言葉 **「お」と「ご」の使い分け** ていねいな言い方をするとき、言葉に「お」や「ご」をつけるときがある。基本的に「お」は昔から日本で使われている和語に、「ご」は漢語に使う。「お～」は元は宮中の女房言葉だったため、「お手紙」や「おひや」のように「お」がつくと女性的な感じがする。

○今、お時間よろしいでしょうか

×今、お時間よろしかったでしょうか

時間があるかどうか「今」現在のことを聞いているので、過去形にするのは間違い。「提出書類はこちらでよろしかったですか」なども同様の間違い。

○これでよろしいですか

×これで結構ですか

「よい」「問題ない」という意味で使う場合の「結構」は謙譲語に近いので、相手の気持ちを聞く場合には使わないほうがよい。

○いかがいたしましょうか

×どうしましょうか

「どうしましょうか」では相手への敬意が感じられない。「する」の謙譲語である「いたす」を使い、「どのようにいたしましょうか」などとしたい。

○何になさいますか

×何にいたしますか

「いたす」は「する」の謙譲語なので、相手の行為に用いることはできない。尊敬語の「なさる」を使うのが正しい。

○どうなさいましたか

×どうしましたか

「どうしましたか」はていねいな言い方ではあるが、敬意表現として不十分。「なさる」という尊敬語のほうがより敬意を感じさせる。

○お話しになる

×お話しになられる

「お話」と「なられる」というていねいな表現が重なっている「二重敬語」は、好ましくない言い方。同様の理由で「おいでになられる」などもNG。

語源 **貴様【きさま】**「貴」と「様」は、どちらも相手を敬う字だ。戦国時代までは文字通り「あなたさま」という意味で敬意を示す言葉だった。江戸時代後期に口語として広まると尊敬の意味が薄れ、明治～昭和初期には軍人が部下を呼び捨てるときに使ったため、相手を見下す意味へと転じた。

○お疲れさまでした

×ご苦労さまでした

相手の疲れをねぎらうとき、目上の人が部下などに対して「ご苦労」を使うのは可だが、逆の場合は失礼にあたるので注意したい。

○承知いたしました

×了解いたしました

「了解」は上位の者が下位の者に対して許可を与えるという場合に使う。また、軍隊や警察などで使われるイメージもあり、使わないほうがよい。

○この製品を存じています

×この製品を存じ上げています

「上げる」というのは人に対して使う敬語。製品は物なので「存じています」が正解。「上島さんを存じ上げています」はOK。

○たびたび恐れいります

×何度もすみません

「恐れ入る」は、目上の人に迷惑をかけたり、失礼なことをしたりして申し訳ないという意味がある。「すみません」では敬意表現として弱い。

○お名前をお聞かせ願えますか?

×お名前、頂戴できますか?

「頂戴」はもらうことをへりくだって言う語。したがって、後者の言い方では名前をもらうことになってしまう。名刺をもらうときなどはOK。

○失念しておりました

×忘れていました

忘れたことをストレートに言うのは失礼な印象。仏語(ぶつご)からきている「失念」を使い、「~を失念して失礼いたしました」などとする。

漢字 **難読苗字①** 「四月一日」これは何と読む苗字だろうか。答えは「わたぬき」さん。春の暦になる4月1日には、綿の入っていない着物に替わるため「わたぬき」と読んだ。また、「八月一日」という苗字もある。これは陰暦で稲の収穫が始まる日だから「ほづみ」さん。

○こちらにいらっしゃる松本様
×こちらにおられる松本様

「おる」は「いる」の謙譲語で、「れる」は尊敬語。相手をいったん引き下げてまた引き上げることになるので、誤用となる。

○私がいたします
×私がやります

「やる」は「殺る」を連想させたりと、乱暴に感じられる場合がある。「します」や、謙譲表現の「いたします」を使いたい。

○誠に申し訳ございません
×どうもすみません

謝るときや、相手の依頼を断るときの前置きとして、「誠に申し訳ございませんが」と言う。すみませんは多くの場合、敬意不足の印象に。

○お気をつけください
×お気をつけてください

「お申し付けください」などのような「お～ください」の形は尊敬表現。これに「～てください」という丁寧語が混ざってしまうと間違いとなる。

○海外へいらっしゃる
×海外へお行きになる

「お戻りになる」「お書きになる」は正しいが、「お行きになる」とは言わない。尊敬語の「いらっしゃる」「行かれる」「おいでになる」が正しい。

○ご自愛くださいませ
×お体をご自愛くださいませ

メールの最後につけることの多いフレーズ。「自愛」には「体を大事にする」という意味が含まれているため、「お体を」をつけるのは間違い。

漢字 **難読苗字②** 一から十までの数の苗字を紹介。一［にのまえ、はじめ、かず］。二［つぐ、したなが、やぬき］。三［みたび、かずえ］。四［あずま］。五［いさみ、かず］。六［むつ］。七［さとる］。八［わかつ］。九［いちじく］。十［つなし、つじ、もげき、もぎき、よこたて］。

2 なるほど！ 敬語のウチとソト

ケース①

登場人物　**自分・上司**（課長）

○ **先ほどの件、課長のおっしゃるとおりです。**

× さっきの件、課長の言うとおりです。

　敬語を使うときにいちばんシンプルな例で、上司と二人で話す場合は、上司の動作を尊敬語で表現する。この例文の場合、課長が「言う」という動作をしたので、これを尊敬語の「おっしゃる」に置き換えた。

　そのほか、「行く」「来る」の尊敬語は「いらっしゃる」、「見る」の尊敬語は「ご覧になる」、「食べる」の尊敬語は「召し上がる」など、よく使う尊敬語（➡Ｐ１０４）を覚えておくと便利。

ケース②

登場人物　**自分・身内の上司**

○ **いつも妻がお世話になっております。大変よくしていただいていると申しておりました。**

× いつも妻がお世話になっております。大変よくしてもらっていると言っていました。

　この場合、妻は「ウチ」の人、妻の上司は「ソト」の人。敬意を表したいのは「ソト」の人に対してなので、「よくしていただいている」という謙譲語を使う。そして「ウチ」の人である妻が言っているのだから、ここも「言う」の謙譲語「申す」を使う（謙譲語は➡Ｐ１０４。「ウチ」の場合の自分側の敬称は➡Ｐ１０６）。

言葉　**謦咳**【けいがい】　謦咳とは咳払いのこと。また、人が笑ったり話したりすることを意味する言葉だ。それが「謦咳に接する」となると、尊敬する人にお目にかかる、直接話を聞くという意味になる。咳払いを聞けるほど間近で会えるのがうれしいという意味が込められているのだ。

ケース③

登場人物　自分・取引先の竹内さん

○ **課長の中村は□□と申しておりました。竹内さんがおっしゃったことを申し伝えておきます。**

× 中村課長は□□とおっしゃっていました。竹内さんが申したことを伝えておきます。

この場合、竹内さんは敬意を表すべき「ソト」の人。中村課長は自分にとっては上司だが、「ウチ」扱いにすべき人。よって、竹内さんの動作は尊敬語である「おっしゃった」に、中村課長の動作は謙譲語である「申した」にするのが正しい。また、本来は「課長の中村」ではなく「中村」だけの呼び捨てでよいのだが、上司であることを示したい場合や、呼び捨てにすることに抵抗感がある場合は、「課長の中村」でよい。改まった場面では「弊社の課長」という言い方もできる。

ケース④

登場人物　自分・上司長谷川(部長)、上司山下(課長)

○ **長谷川部長、先ほど山下課長は、□□と言われていました。**

× 長谷川部長、先ほど山下課長は、□□とおっしゃっていました。

部長のほうが立場が上なので、原則としては課長に対する尊敬語「おっしゃっている」を使う必要はない。それどころか、部長に対して改まった表現をすればよいので、課長を「ウチ」扱いし「山下課長は□□と申しておりました」でもよい。ただし、このような複雑なケースでは考え方がいろいろあり、課長を立てればその上の部長を立てることにもなるということで「山下課長は□□とおっしゃっていました」でもよいとする考え方も。おすすめは、真ん中をとって、抑えめに尊敬表現をする「山下課長は□□と言われていました」。

言葉　**すみません**　「すみません」と「すいません」、どちらが正しいのか。「すいません」は「すみません」が口語的になった言葉。だから口語なら「すいません」、手紙やメールなら「すみません」を使いたい。

特集 敬語は5種類に分けられる！

かつて敬語は尊敬語、謙譲語、丁寧語の3種類だったが、二〇〇七年、文化審議会の答申により、現在は尊敬語、謙譲語Ⅰ、謙譲語Ⅱ（丁重語）、丁寧語、美化語の5種類に分類されている。

基本語	1 尊敬語【いらっしゃる・おっしゃる型】相手の行為やものごとなどに対して、尊敬の意を込める表現（主語は相手または相手の身内、もしくは敬意を表したい第三者）。	2 謙譲語Ⅰ【うかがう・申し上げる型】自分の行為やものごとなどを、へりくだることによって、相手を高め、敬意の意を込める表現（主語は自分または自分の身内）。	3 謙譲語Ⅱ（丁重語）【まいる・申す型】自分の行為やものごとなどを、へりくだって、丁重に述べる表現。高める相手がいない場合に使う（主語は自分または自分の身内）。
行く	いらっしゃる・おいでになる 例 部長がいらっしゃいました。	うかがう 例 明日、御社にうかがいます。	まいる 例 明日、お宅へまいります。
来る	いらっしゃる・お見えになる・お越しになる	うかがう	まいる
言う	おっしゃる・言われる	申し上げる	申す
聞く	お聞きになる・聞かれる・お耳に入る	うかがう・拝聴する・承る	

する	なさる・される		いたす
いる	いらっしゃる・おいでになる・おられる		おる
会う	お会いになる・会われる	お目にかかる	
見る	ご覧になる・見られる	拝見する	
読む	お読みになる・読まれる	拝読する	
知る	ご存じ・お知りになる	存じ上げる	存ずる
食べる	召し上がる・お食べになる・食べられる	いただく・頂戴する	いただく
あげる	くださる・賜る	差し上げる	

4 丁寧語 【です・ます型】

「です」「ます」をつけて、話し相手に対して、ていねいに述べる表現。

例 明日です、5階です、行きます、申します、おいしゅうございます、書庫にございます

5 美化語 【お酒・お料理型】

名詞の頭に「お」「ご」をつけて、話し手の上品さや美しさ、礼儀正しさを伝える表現。

例 お酒、お料理、お茶、お食事、お花、ご飯、ご飲食、ご祝儀、ご住所、ごゆっくり

特集 敬語の呼び方をマスターする

相手のことや、相手の身内のこと、相手が所属する場所のことなどは、敬称で言い表すのがマナー。

また自分側の呼称も覚えたい。よく使う言葉を一覧表にしたので身につけよう。

人に対する敬称

自分側の呼称	敬称	ポイント
私・当方	あなた様・貴殿	「□□様」というように名前で呼ぶのが一般的。
私ども	そちら様	自分の身内や会社を呼ぶときに「私ども」と言う。
両親・父母	ご両親・ご両親様	あまり使わないが「お二方様」という呼び方もある。
父	お父様・お父上	義理の関係の場合、「おしゅうと様」でもよい。
母	お母様・お母上	義理の関係の場合、「おしゅうとめ様」でもよい。
夫・主人	ご主人・ご主人様	自分の夫のことを「旦那さん」「旦那様」と言うのはNG。
妻・家内	奥様	自分の妻のことを「奥さん」「嫁」と言うのはNG。

自分側の呼称	敬称
息子・長男・次男	ご子息・ご子息様・ご令息
娘・長女・次女	ご令嬢・ご令嬢様・お嬢様
子ども	お子様・お子さん
兄	お兄様・兄上様
姉	お姉様・姉上様
親戚	ご親戚・ご親族
同行者	お連れ様
家族・一家・一族	ご家族様・ご一家・ご一族様
一同・私ども・手前ども	皆様・各位・諸氏

場所や物に対する敬称

基本	自分側の呼称	敬称
名前	名前	お名前・ご芳名
会社	弊社・小社・当社	貴社・御社
学校	当校	貴校・貴学
銀行	当行・弊行	貴行
店	当店・弊店	貴店
家	拙宅(せったく)・小宅	お住まい・お宅・貴邸・尊邸
品物	粗品・寸志	お品物・ご厚志(こうし)・佳品(かひん)
文書	書面・書中	ご書面・貴信・貴書

3 招待

日常でどう言い換えればいい？①

来客を出迎えるとき

○よくいらっしゃいました。

×よく来られました。

「られる」「れる」をつけると尊敬語になる場合が多いので間違えやすいが、「来る」の尊敬語は「いらっしゃる」。「お待ちしておりました」なども添えたい。なお、「よくお越しになられました」も間違いなので注意。

来客に上がってもらうとき

○どうぞ、お上がりください。

×どうぞ、上がってください。

「ご（お）〜ください」の法則で「お上がりください」と敬語にするとよい。前に「狭いところですが」「散らかっていますが」などをつけると、さらにていねいさが増す。

家に上がるとき

○お招きいただきありがとうございます。失礼いたします。

×上がらせてもらいます。

まずは招いてもらったことに対するお礼を。「お上がりください」と言われてから、「おじゃまいたします」などと言って上がる。

手みやげを渡すとき

○気持ちばかりのものですが。

×これ、どうぞ。

「お口に合うかわかりませんが」「心ばかりですが」でもよい。部屋に通されてきちんとあいさつをしてから渡すこと。すぐに冷蔵庫に入れたほうがいいものなどは、早めに渡してもよい。

食事を終えたとき

○お口に合いましたでしょうか。

×おいしかったですか。

「おいしかった」という表現は直接すぎるのでNG。ほかに「お料理はいかがでしたでしょうか」など、相手が答えやすい表現で。

その家の家族と会ったとき

○おじゃましております。

×こんにちは。

訪問先で、自分とは関係ない家族に会ったとき、「こんにちは」だけでは言葉足らずの印象を与える。「おじゃましております」が定番。

トイレを借りるとき

○洗面所をお借りしてもよろしいでしょうか。

×トイレを貸してください。

「トイレ」の上品な言い方は「洗面所」や「お手洗い」。「お借りしてもよろしいか」と許可を得るように言うとよい。

忘れものがないか確認するとき

○お忘れものをなさいませんよう。

×お忘れものをいたしませんよう。

「コーヒーになさいますか」と同じ例。「忘れものをする」の場合、お客さまが主語なので尊敬語の「なさる」を使う。

来客を送り出すとき

○またどうぞ、いらしてください。

×また来てください。

「お越しください」「お運びください」でもよい。来ていただいてありがとうという気持ちを込めて。

来客の家族を気づかうとき

○皆様に、よろしくお伝えください。

×皆様に、よろしくお伝えしてください。

「お伝えする」は謙譲語なので、「お伝えしてください」と相手に言うのは失礼。シンプルに「お伝えください」がよい。

4 身内の付き合い

日常でどう言い換えればいい？②

久しぶりに目上の人に
会ったとき

○ごぶさたしております。

×おひさしぶりです。

省略しているが、本来は「ごぶさたして申し訳ありません」と、長らく会いに行かなかった非礼を詫びる意味がある。子どもの頃世話になった親戚などに会ったときは、こちらを使いたい。

自分の近況を報告する

○おかげさまで、元気に過ごしております。

×元気でやっています。

謙虚(けんきょ)な気持ちを伝えるときには、「おかげさまで」が便利なフレーズ。「最近どう？」などと目上の人に聞かれたとき、ひと言添えるだけで改まった印象に。

相手が手助けを
申し出てくれたとき

○お言葉に甘えて。

×助かります。

人を紹介してくれる、情報を教えてくれるなど、自分の悩みに対して相手が手助けしてくれようとしているときは、「お言葉に甘えて、お願いします」などと言う。素直に甘えたほうが、相手の自尊心もくすぐられる。

大切な相談をしたいとき

○折り入ってご相談があります。

×大事な相談をしたいんですけど。

人生に関わるような相談をする場合は、重要度を表すために「折り入って」などの言葉を使うとよい。ほかに「特別なお願いごとがあるのですが」などの言い方も。

様子をたずねるとき

○お変わりありませんでしたか。

×最近、どうですか？

相手を気遣う表現。「お変わりございませんか」とすると、よりていねいな印象に。

病気の人についてたずねるとき

○叔母さまのお加減はいかがですか。

×叔母さまの具合はどうですか。

あまり騒ぎ立てたり根掘り葉掘り聞いたりせず、「お加減は」「お具合は」などとたずねる。失礼するときは「お大事になさってください」。

相手をねぎらうとき

○ご苦労なさったんですね。

×苦労したんですね。

目上の人が苦労話を始めた場合は、こんな相づちを。「ご苦労された」でもよいが、「なさった」のほうが敬意の度合いが高い。

食べ物を勧めるとき

○どうぞお召し上がりください。

×どんどん食べてください。

親戚の集まりで食事などにあまり手をつけていない人がいたら、このように言って勧める。「食べる」の尊敬語「召し上がる」を使う。

食事の誘いを受けるとき

○ありがとうございます。ぜひ、ご一緒させていただきます。

×いいですよ。一緒に行きます。

「ありがとうございます」「喜んで」など、感謝とうれしい気持ちを表したい。

家族へ伝言を依頼するとき

○叔母さまにもよろしくおっしゃってください。

×叔母さまにもよろしく言ってください。

会えなかった人への気遣いを忘れずに。「よろしくお伝えください」でもよい。

5 電話対応

職場でどう言い換えればいい？①

取引先からの電話を受けた場合

○いつもお世話になっております。

×どうも、お世話さまです。

日頃懇意にしている取引先なら多少カジュアルな受け答えも考えられるが、電話の場合は相手の様子もわからないのでなるべくていねいに。

相手の名前が聞き取れないとき

○恐れ入りますが、もう一度お名前をお聞かせいただけますか。

×ちょっと聞き取れないんですが。

「恐れ入りますが」「申し訳ありませんが」などをつけて、ていねいに聞き直すようにしたい。「お電話が遠いようでございます」も便利なフレーズ。

担当者に電話をつなぐとき

○ただいま田中に代わりますので、少々お待ちくださいませ。

×ただいま田中課長に代わりますので、ちょっとお待ちください。

身内に対して「課長」などの役職をつけるのはマナー違反。どんな場合でも「ちょっと」という言葉は失礼。「少々」に言い換えよう。

担当者が席にいないとき

○申し訳ございません。石川はあいにく席を外しております。

×石川は席にいないようです。

「席を外しております」は一つのフレーズとして覚えておきたい言葉。会議中や接客中と伝えるかどうかは臨機応変に。

担当者が外出中のとき

○ **鈴木は外出しておりまして、四時に戻る予定でございます。**

× 鈴木は外出中で、夕方戻ってきます。

「外出中で」と言うのもぶっきらぼうな印象。また、なるべく戻る時間も伝えたいもの。

担当者が欠勤しているとき

○ **木村は本日休みを取っておりまして、明日には出社予定でございます。**

× 木村は風邪でお休みです。

出社日は伝えても、休みの理由まで伝えなくてよい。また、身内に対して「お」をつけて「お休み」は間違い。

担当者がわからないとき

○ **折り返してもよろしいでしょうか。**

× わからないので、前田におつなぎします。

よくわからないまま電話をつながず、折り返しを約束して、いったん電話を切ること。

担当者に伝言を頼まれたとき

○ **打ち合わせの件、確かに加藤に申し伝えます。わたくし、上野が承りました。**

× はい、伝えておきます。

相手はきちんと伝わるかどうか不安なもの。最後に名乗ると安心感を与える。

代わりに用件を聞くとき

○ **もしよろしければ、代わりにご用件を承りますが。**

× ちなみに、何のご用件でしょうか。

「よろしければ」のほかに「お差し支えなければ」など、謙虚（けんきょ）な言葉で相手の希望を聞く。

上司の家族からの電話を受けた場合

○ **林課長は、ただいまいらっしゃいません。**

× 林課長は、ただいまおりません。

家族からの電話の場合は身内に対しても敬語を使う。「いつもお世話になっております」と付け加えれば、より好印象に。

6 接待
職場でどう言い換えればいい？②

接待した側として
あいさつするとき

○本日はお越しいただきまして、ありがとうございます。

×本日は来てくれてありがとうございます。

まずは時間を割いて来てくれたことへのお礼を忘れずに。「お忙しい中を」とつけると、よりていねいな言い方になる。

招待を受けた側として
あいさつするとき

○お招きにあずかりまして、ありがとうございます。

×本日はどうもありがとうございます。

×の例でも間違いではないが、接待の場を設けてもらったことに対する感謝の気持ちをなるべくていねいに。「このような席を設けていただきまして恐縮です」でもよい。

何を飲むのかを
たずねるとき

○ビールとワイン、どちらになさいますか。

×ビールとワイン、どっちにしますか。

「する」の尊敬語の「なさる」を使う。または「どちらにいたしましょうか」でもよい。選択肢を挙げない場合は「お飲物は何になさいますか」などとたずねる。

勧められたお酒を
断るとき

○申し訳ございません。ひと口だけ頂戴(ちょうだい)いたします。

×飲めないので結構です。

飲めない場合も、乾杯のときに形だけでも口をつけるのがマナー。どんな理由があるにせよ「申し訳ございません」のひと言を添えると場が和やかに。

料理を食べるかどうかたずねるとき

○こちらを召し上がりますか。

×こちらを食べますか。

「食べる」では失礼なので、「召し上がる」とていねいに。何を食べたいか聞くときにも「何を召し上がりますか」と聞く。

料理を先に食べるように勧めるとき

○どうぞお先に召し上がりください。

×どうぞお先にいただいてください。

「いただく」は一見ていねいなようだが、「食べる」の謙譲語なので相手の行為に使うのは間違い。

遅れたお客様の到着を伝えるとき

○山下さんがお見えになりました。

×山下さんが来ました。

お客様なので敬意を込めた言い方を。「お見えになりました」のほかに、「いらっしゃいました」「おいでになりました」でもよい。

支払いの意志を伝えるとき

○お会計はこちらでもたせていただきます。

×今日はこちらが払います。

「払う」「支払いをする」はビジネスでは使わない言葉。「こちらでもつ」が大人の言い方。

招待された側がお礼を述べるとき

○大変ごちそうになりました。ありがとうございました。

×今日はどうもごちそうさまでした。

「どうも」はカジュアルで失礼な印象。「すっかりごちそうになりました」でもよい。

締めのあいさつをするとき

○お楽しみのところ恐縮ですが、そろそろ締めさせていただきたいと思います。

×そろそろお開きにします。

一方的な言い方で場の雰囲気を壊さないように注意。「締めさせていただいてもよろしいでしょうか」とうかがいを立てるのもよい。

職場でどう言い換えればいい？ ③

来客にアポイントの確認をとるとき

〇恐縮ですが、お約束をいただいておりますでしょうか。

×お約束ですか。

約束をしていないと思っても、あまりストレートにたずねるのは失礼。勘違いかもしれないし、約束がなくても重要なお客様や重要な用件ということもあるのでていねいに。

来客の名前を復唱するとき

〇市村様でいらっしゃいますね。

×市村様でございますね。

「ございます」は「である」のていねいな表現だが、目の前の市村さんへは敬意を表していない。本人への確認は「いらっしゃいますね」が正しい。

来客に用件をたずねるとき

〇失礼ですが、どのようなご用件でしょうか。

×なんの用でしょうか。

いきなり「なんの用でしょうか」では、まるで不信に思っているような印象を与える。「失礼ですが」とひと言添えると柔らかな印象になる。

待たせていることを詫びるとき

〇お待たせして、申し訳ありません。

×すみません、お待たせして。

担当者がすぐに対応できそうにないときは、来客にひと言謝っておくべき。「すみません」はカジュアルな表現なので使わないほうがよい。

担当者がすぐに来ることを伝えるとき

○ **ただいま、まいりますので少々お待ちください。**

× ちょっとお待ちください

「行く」「来る」の謙譲語である「まいる」はよく使うのでマスターしたい。

席に案内するとき

○ **どうぞおかけください。**

× どうぞ座ってください。

応接室や打ち合わせスペースに通したら、必ず「おかけください」と椅子を勧める。

話をまとめたいとき

○ **本日の話をまとめさせていただいてよろしいでしょうか。**

× そろそろ結論に入りたいんですが。

「よろしいでしょうか」とたずねることで相手を立てることができる。先に「申し訳ございません」を入れられたら、なおよい。

来てくれたことに対してお礼を述べるとき

○ **おいでいただき、ありがとうございます。**

× 来てもらって、すみません。

わざわざ足を運んでもらったので、まずはお礼を。「来る」の尊敬語「おいでになる」を使う。「お越しいただき」でもよい。

次回は訪問することを伝えるとき

○ **次回はこちらからうかがいます。**

× 次回はこちらから行きます。

「行く」ではなく謙譲語の「うかがう」をしっかり使ってアピールを。

役職のある相手を呼び出してもらうとき

○ **部長の山脇様はいらっしゃいますか。**

× 山脇部長様はいらっしゃいますか。

役職に「様」という敬称をつけるのは間違い。「山脇部長」か、より敬意を表したい場合は「部長の山脇様」が適切。

訪問の用件を伝えるとき

○本日は□□の件でまいりました。

×今日は□□のことで来ました。

来たのは自分なので、「来る」の謙譲語である「まいる」を使う。または「□□の件でおうかがいいたしました」でもよい。

資料などを受け取りに訪問したとき

○資料を頂戴にあがりました。

×資料をもらいに来ました。

敬意を表したい相手に対して「もらう」という言葉は失礼。「頂戴する」に代えればていねいに。

相手に依頼をするとき

○□□していただけるとありがたいのですが。

×お願いできませんか。

無理なお願いの場合は、「心苦しいのですが」「大変恐縮ですが」など、よりていねいに。

次回の面会のアポをとるとき

○いつごろがご都合よろしいでしょうか。

×いつが空いていますか。

商談が進みそうなときは、なるべく次回のアポもとりたいもの。「いつが空いていますか」では失礼。ていねいに相手の都合を聞き出すようにする。

再訪を約束するとき

○改めて出直してまいります。

×改めて出直してきます。

再訪をしなくてはならないことがあったときは、「来る」の謙譲語である「まいる」を使う。

打ち合わせを終えるとき

○貴重なお時間をいただき、本日はありがとうございました。

×今日はありがとうございました

相手先を訪問した際は、時間をとってもらったことに対してきちんとお礼を。

Part 4

ユニークなルーツの言葉
語源を探ってみる

1 身近な言葉を語源として生まれた言葉

有難う

「有り難し」＝「有ることが難い」が語源。**有ることが難いは、希少価値があるということ。**そこから、めったにないほど優れているという長所を表す言葉になった。さらに、そのような状態を感謝する意味に変わり、「忝ない」に代わる言葉となった。

沢山

多いという意味の「さは」と、数が多いことを表す「やま」、つまり**「さはやま＝さわやま」に漢字を当てたのが始まり。**

嬉しい

女が喜ぶと書いて「嬉しい」。「喜」はごちそうと口を表しており、**女性がにぎやかに食事をしたり会話を楽しんだりする様子が「嬉」という字になった。**また「うれ(うら)」は「心」を表しており、羨ましい、恨めしい、憂い、など多くの感情表現の言葉となっている。

怖い・恐い

こわいは元々**「こはし(こわし)」**と書いていた。漢字で書くと**「強し」**になる。「強い」は従来「かたい」という意味だったが、そこから「強い」「強情」、また「恐ろしい」といった意味に広がっていった。

愛嬌

元々は慈しみ敬うという意味の**「愛敬」という仏教用語**だった。その後、濁りの取れた「あいきょう」に変わり一般的に使われるようになると、「敬う」という意味合いは薄れていった。そして、「可愛い」

言葉 **～です** 「～です」や「～ます」という言い方は、現在標準語として使われてるが、江戸時代は芸者の女性が使う言葉使いだったそうだ。当時は「～でござる」「～でございます」などの言い回しが主流で、「～です」が広まったのは明治の始めだという。

「愛くるしい」という意味をもつ「嬌」が当てられ、「愛嬌」になった。

例文 **あの犬は愛嬌のある顔をしている。**

玄関

「玄」は奥深いさまを表す。「関」は入口。元々、禅宗の言葉で、玄妙な仏道へ入っていく入口のことを「玄関」といった。その後、書院や方丈の入口のことを「玄関」と呼ぶようになり、江戸時代以降、普通の家の入口も「玄関」というようになった。

箪笥(たんす)

カタカナで書くイメージが強いが外国語ではない。古くは**中国で天秤棒の両端にかけた荷物を「担子(たんす)」**と呼んでおり、そこから持ち運び可能な箱を「たんす」と呼ぶように。江戸時代になると据え置き型のたんすが作られるようになり、漢字も「箪笥」に変わった。

勉強

今では学ぶことの意味だが、**元々は「強いて勉める(しいてつとめる)」と書くとおり、困難なことに一生懸命取り組むこと**という意味であった。

大切

「切」という字には、刃物などで切るという意味のほかに、差し迫る、身に迫るなどの意味がある。この場合は、後者の意味の「切」に、それを強める「大」をつけて、**大いに迫る=大切となった**と考えられる。

親知らず

乳歯は生後半年ごろから生え始める。永久歯は小学校に入る前ごろから生え始め、十歳を過ぎると永久歯の歯並びがほぼ完成する。だが、親知らずが生えるのは、思春期以降、四十歳くらいまで。**そこで、親の手を離れた年頃に親の知らないところで生える歯ということで、親知らずというように。**また、人間の寿命が五十歳前後だったころ、親が亡くなったあとに生える歯として親知らずという名がついたという説もある。

語源 **お局様【おつぼねさま】** 職場において勤続年数の長い女性を指す言葉で、皮肉交じりに使われることが多い。しかし、世が世なら「お局様」と呼ばれるのは名誉なこと。「局」とは宮中における個室のことで、江戸時代までは個室を与えられた身分の高い奥女中のことを呼んだのだ。

散歩

かつて中国で**「五石散（ごせきさん）」**という、今でいう麻薬のようなものが流行した。服用すると体が熱くなることを**「散発」**といい、熱くならないと毒素がたまってよくないとされたことから、**散発のために歩くことを「散歩」という**ようになった。これが転じて、今の意味の散歩になった。

土産（みやげ）

「土産」は「とさん」または「どさん」と読み、従来の意味はその土地の特産物ということだった。それに、別の言葉であった「みやげ」が当てられたが、「みやげ」の語源ははっきりしない。神社でもらう御札を貼る板である**「宮笥（みやけ）」説、人に贈る品物＝「見上げ」説**など、諸説ある。

暖簾（のれん）

元々は寒さをしのいだり、風や光が直接入らないようにするため、寺院の入口にたらした布のこと。簾（すだれ）のすき間を覆って暖めるという意味がある。それに似たものに屋号を書いて商家（しょうか）の店頭にたらして使ったことが、今の「暖簾」の始まり。

万歳（ばんざい）

語源は「千秋万歳（せんしゅうばんぜい）」という四字熟語。歳月が非常に長いという意味で、長寿を祝う言葉。それが、めでたいときに唱える「バンザイ」になった。「万歳」は「ばんぜい」とも「まんざい」とも読む。

内緒（ないしょ）

「内証（ないしょう）」という仏教語が変化した言葉と考えられている。「内証」とは、人それぞれの心の中の悟りという意味。心の中の悟りは、ほかの人にはうかがい知ることができないので、秘密という意味をもつことになったといわれている。

肩代わり

駕籠（かご）を担（かつ）ぐのを交代するという意味から転じて、借金や面倒な仕事をほかの者に代わって引き受けるという意味になった。

漢字 **玊** 「玉」をひっくり返したようなこの字、一瞬誤字かと思ってしまいそうだが、常用漢字外ではあるが確かに存在する。訓読みではこの一文字で「きずのあるたま」と読むそうだ。または、玉に加工をする人という意味で「たまのさいくにん」と読むともいわれている。

億劫（おっくう）

仏教用語で、従来は「おくこう」、「おっこう」と読んだ。**「劫（こう）」は、計ることができないほど長い時間のこと**。それが億もあるということから、時間がかかって大変、わずらわしくて気が進まないという意味に。

八百長（やおちょう）

明治時代に実在した**「八百屋の長兵衛」さんという人が由来**。八百長と呼ばれていた彼は、得意先の人と囲碁をさすとき、わざと負けて機嫌をとっていた。そのことから、わざと負けたり勝敗を示し合わせることを八百長というようになった。

村八分（むらはちぶ）

江戸時代、人の交際を冠（元服）・婚礼・出産・病気・建築・水害・年忌・旅行・葬式・火事の際の消火の十種類に分類していた。そのうち、付き合うのは十分の二（葬式と消火）だけ、**残りの十分の八は付き合わずにすませるという意味で、仲間はずれのことを村八分というように**なった。

便乗（びんじょう）

元々は、**人が乗っている車や馬に一緒に乗せてもらうという意味**。「便」という字には「よいついで」「よい都合」「たより」などの意味がある。

例文 消費税アップに便乗して値上げをした。

ご馳走様（ちそうさま）

食事を出して客をもてなすために、昔は馬を走らせて食材を集めることもあった。そこから、**走り回るという意味の「馳走」が使われた**。「ご」と「様（さま）」は、もてなされる側が感謝の意味を込めてていねいにつけたもの。

店

かつては「みせだな」といい、商品を並べて「見せる棚」の意味だった。それを略して「みせ」といったり「たな」といったりした。両方とも「店」という字を当てたため、現在でも「店子（たなこ）」などのように「たな」と呼ばせる用法も残っている。また、「みせ」は遊女を並べて客に見せる「遊女屋」のことを指していた時代もあった。

語源 **シカト** 若者言葉のように感じるが、実は任侠[にんきょう]の世界で生まれた言葉。花札で10月の10点札が鹿の絵柄なので「鹿の十[しかのとお]」と呼ばれるようになり、その鹿の絵がそっぽを向いていることから、無視をすることを「シカト」というようになった。

2 意外なルーツ

を語源としている言葉

挨拶（あいさつ）

「挨」は「他人の背中を押しのける」、「拶」は「押し合って進む」という意味がある。要するに挨拶とは元々は「大勢の人を押しながら進む」という意味であった。その後、禅問答で悟りの深さをおしはかることを「一挨一拶（いちあいいっさつ）」というようになり、それが省略されて相手の様子をうかがうことを「挨拶」というようになった。

沽券（こけん）

沽券とは、**土地や建物を売買するときに売主が作成した契約書のようなもの**である。**「沽却状（こきゃくじょう）」**ともいう。その後江戸時代の中頃には「売値」という意味が追加され、そこから「人の値打ち」「価値」という意味で使われるようなった。

例文 リーダーとしての沽券に関わる問題だ。

五月蠅い（うるさい）

うるさいの語源は、**心を意味する「うら」が「うる」に変化し、形容詞である「さし」がついたもの**である（うるさし→うるさい）。漢字では五月蠅いと書くが、これは漢字のとおり、五月に活動する蠅（はえ）が特にやかましいことから当てられたものであると考えられている。

稲妻（いなずま）

初秋、稲が実るころには雷が多く発生する。そこで、昔は雷光が実りをもたらすという信仰があった。一方、現代では「つま」といえば女性のことだが、昔は夫婦や恋人同士が相手を呼ぶときは性別に関係なく「つま」だった。そこから、**稲にとって大切なものが「稲のつま」となり、のちに「妻」の字を当てて「稲妻」というように**なった。

言葉 **松竹梅【しょうちくばい】** 松竹梅が縁起がいいとされるのは、それぞれ理由がある。松は葉が一年中緑濃く、勢いがあるため不老長寿を連想させる。竹はまっすぐ伸び、中が空洞になっていることから潔白や正直であることを表す。梅は冬に花を咲かせるため忍耐、努力の象徴とされてきた。

几帳面（きちょうめん）

室内で貴人の座るそばに立て、間仕切りや風除けに用いられた家具「几帳（きちょう）」に由来する。**几帳の柱の表面を削り角を丸くし、両側に刻み目を入れたものを「几帳面」といった。**細部までていねいに仕上げてあることから、江戸時代以降、きちんとしたさまを表す言葉として広がった。

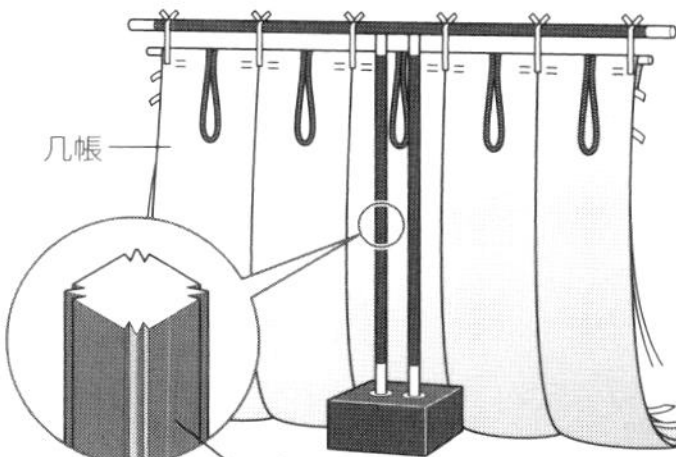

虚仮威し（こけおどし）

「虚仮（こけ）」は元々、仏教用語で「実在しない」「偽り（いつわ）の」といった意味をもち、見た目だけで実体のないものに対して使う言葉だった。そこから転じて、うわべだけで中身のない話、見えすいたおどし、思慮の浅い人の考えなどを「虚仮威し」というようになった。嘲笑（ちょうしょう）の意味が強いので使用には注意が必要である。

例文 **先生は虚仮威しで言っているわけじゃないよ。**

下戸（げこ）

律令制では、課税の負担や貧富の差によって、大戸（たいこ）、上戸（じょうご）、中戸（ちゅうこ）、下戸と等級が分けられていた。**下戸はもっとも貧しい家のことで、婚礼などのときに支度する酒の量が少ないこと**から、酒があまり飲めない人のことを下戸というようになった。

柏手（かしわで）

神様を拝むとき、両手の平を打ち合わせること。**「拍手（はくしゅ）」と字が似ていることから、間違えられて柏手と書かれ、それが訓読みされて「かしわで」となったという説が有力。**宮中の料理人「膳夫（かしわで）」と関連する説、掌（てのひら）の形が柏の葉に似ているという説も。

修羅場（しゅらば）

「修羅」は悪神「阿修羅（あしゅら）」の略。**仏教の守護神である「帝釈天（たいしゃくてん）」と「阿修羅」が戦う場所のことを「修羅場」**といった。歌舞伎や人形浄瑠璃、講談でも激しい戦いの場面を修羅場というようになり、現在の意味に通じている。

言葉 **田吾作【たごさく】**「田舎者」という意味で、農家の人をばかにしたり、農民が自分を卑下[ひげ]していう言葉。しかし、最近は店や会社の名前でよく使われている。農業の価値が見直されている現代、「田を吾が作る」という言葉は、誇りを持って使える言葉に変化しつつあるのかもしれない。

御託（ごたく）

「御託を並べる」などと使う。**御託とは「御託宣（ごたくせん）」を省略したもの。**御託宣とは元々は神のお告げ、ありがたい言葉であったのだが、次第に偉ぶった語り口が反発を呼び、**「もったいぶった傲慢（ごうまん）で中身のない話」**を御託というようになった。現在では、**「御託を並べる」**といえば、自分の言い分を勝手にただ並べるといったような意味に成り下がってしまった。

怪訝（けげん）

仏陀や菩薩が苦しむ者を救うために、いろいろな姿に変わって現世に現れることを「化現（けげん）」という。それが不思議なので、**不思議で納得のいかない様子を怪訝というようになった。**

例文 あの人は怪訝そうな顔をしてこちらを見ている。

虎の子

虎の子どもが貴重という意味ではない。**虎は自分の子どもをとても大切に育てるといわれることから、**秘蔵品や決して手放さないもののたとえとして生まれた言葉である。

例文 あの品物は虎の子として、誰も知らない場所にしまってある。

心中（しんじゅう）

心中は本来「しんちゅう」と読み、文字通り、心の中、心のうちという意味をもつ。そこから、まごころ、本当の心を意味するようになり、まごころを示す行為として情死を意味するようになっていった。なお、かつて遊郭の遊女が客に「心中箱」を渡す風習があり、そこには爪や髪の毛、また引退するときには指を切って入れるなどした。ここから、**遊女が客と情死することを心中というようになった**という説もある。

隠れ蓑（み）

着ると姿が見えなくなるという想像上の「蓑」のこと。鬼や天狗の宝物とされている。ここから、真実や実態を隠すための手段という意味になった。

語源 **フレーフレー** 運動会のとき、誰もが大声で「フレーフレー」と応援するものだが、意味を知っている人がいるだろうか。「フレー」の語源は英語の「hurrah［フラー］」だといわれている。英語でも「万歳！」というような意味で、元々は兵隊が勢いをつけるときに叫んだ雄叫びだったようだ。

金字塔

エジプトのピラミッドの訳語である。「**金**」**の字がピラミッドの形に似ていることから、**この訳がついた。そこから優れた業績をたとえていうようになった。

例文 彼は後世に残る金字塔を打ち立てた。

私語

「私の語」、つまり公の話に対する個人的な話という意味にとられがちだが、この場合の「**私**」**は**「**内密のこと**」「**ひそかに**」**などという意味。**私語は「ひそひそとささやく」が正しい意味である。

醍醐味

牛乳を精製する過程を五段階に分けたとき、もっともおいしいとされるのが最終段階の「**醍醐**」で、バターのように濃厚で甘みがあるものとされる。そこから醍醐味が、味だけではなく、なんともいえずおもしろい、楽しいという用法に広がった。ちなみに五段階は、乳、酪、生酥、熟酥、醍醐。

例文 ラストのどんでん返しがこの物語の醍醐味だ。

紅一点

中国の王安石が詠んだ、「**一面の緑の中に一輪だけ赤く咲く石榴の花が人の心を動かす**」**という意味の詩が語源。**つまり、昔は紅一点はたくさんの同じものの中で異彩を放つただ一つのものという意味で、女性のことを指すとは限らなかった。のちに、男性の中に女性が一人いることを、紅一点というように変化していった。「紅」という漢字のイメージで女性の意味が付加されたと考えられる。

例文 工学部のゼミで私は紅一点だった。

関の山

「関」は伊勢国の関町という地名。「山」は祭りのときに引いたり担いだりする「山車」のこと。**中世の時代、伊勢の関町の八坂神社の山車がとても立派だったことから、**「これ以上の山車はつくれない」という意味が派生し、「もうこのくらいが限界である」という意味の言葉になった。ちなみに、「山車」は関東圏では「だし」と読むが、関西圏では「やま」と呼ばれることが多い。

例文 私が残せる成績はこのくらいが関の山だ。

言葉 **鸚鵡返し**【おうむがえし】 鸚鵡[おうむ]のように、人の言ったことをそのまま繰り返すことをいう。あまりいい意味では使われないが、本来は和歌の読み方のひとつで、相手から読みかけられた歌の一部を言い換えてすぐに返歌することいい、技量のある人でないとできない手法。

大根役者（だいこんやくしゃ）

大根の色の「白」と、素人の「しろ」を掛けている。また、大根は食あたりを起こしづらいため、**「当たらない役者」**と掛けているという説も。

例文 あの男はセリフが棒読みの大根役者だ。

腰巾着（こしぎんちゃく）

巾着とは、口を紐でくくる袋のこと。腰巾着とは、腰につけて持ち運びするタイプの巾着。**腰巾着は常に肌身離さず持つ物であることから、権力者や地位のある人から離れず、そういった人のご機嫌取りを常にしているような人間のこと**を腰巾着というようになった。嘲笑（ちょうしょう）の意味が強い言葉であり、人前で使うには注意が必要である。

例文 あの部長はまるで腰巾着のようにぴったりと社長のそばについている。

如何様（いかさま）

如何様の「いか」の部分は「如何に」という意味を、「さま」は「様子」という意味をもつ。これらを合わせたものが「如何様」であり、**元々は「どのように、どんな感じで」**という意味だった。そこから**「どう見ても間違いない」「本物に違いない」という意味に転じ、**さらに**「どう見ても間違いではないが、実は間違っている」「本物に見えるが偽物である」**という意味に変わっていった。

例文 あいつは如何様博打をやるので気をつけろ。

水入らず

親しい者、うちわの者だけが集まっているところに他人は交えないということを、**油の中に水は混ざらないことにたとえた言葉。**

例文 親子水入らずで旅行に行こう。

言葉 海外で使える日本語 日本文化の広がりにより、海外で認知される日本語も増えている。寿司、すき焼き、天ぷら、富士山などはすでに有名だが、最近ではマンガ、おたく、かわいい、ひきこもり、カラオケなどという言葉も通じるとか。ちなみにフランスでは「弁当」も浸透しているそうだ。

鰻登り（うなぎのぼり）

諸説ある。一つは鰻を手でつかもうとすると、ぬるぬるしているためにどんどん上へ逃げてしまうこと。また一つは、鰻は海で生まれるのに、のちに川を遡って生活するようになること。そして、鰻は急流や水の少ない場所でもはい登ることができること。いずれにしても、**鰻の性質に基づいて生まれた言葉**である。

木偶の坊（でくのぼう）

木偶の坊とは、平安時代の「くぐつ」という木彫りの人形である。木の人形は人に操ってもらわなければ動くことができない。このことから、人の指示がなければろくに動けないような能力のない人、言いなりになる人を木偶の坊というようになった。**「木偶の棒」と書くのは誤り**。

極楽とんぼ（ごくらくとんぼ）

極楽とんぼの「極楽」は安楽で心配がなく楽しく暮らせる環境を、とんぼはそのまま昆虫のトンボを意味する。**トンボは自由気ままに飛んでいるように見えることから、何の不自由もなくのんきに生きる人を極楽とんぼというように**なった。

例文 引退して、極楽とんぼのような生活だ。

絶倫（ぜつりん）

よく精力的な意味として使われるが、本来は技術や力量が飛び抜けて優れているという意味である。**「倫」が仲間を表す言葉で、仲間と比べて並外れて優れているということ**。特に動物的な種の保存能力が優れていることを指す。

喉仏（のどぼとけ）

正体は軟骨が突き出ているものだが、仏様が座っている姿に見えることから、こういわれるようになった。中世までは「結喉（けっこう）」と呼ばれていたらしい。

例文 彼の喉仏に男らしさを感じた。

語源 ドタキャン　ドタキャンとは土壇場[どたんば]でキャンセルすることの略語。土壇場とは、字のごとく土を盛って作った壇(祭りなどの儀式を行う場所)のことだ。斬罪[ざんざい]の刑を執行するときに使われていたことから、最後の場面という意味で使わるようになった。

左団扇（ひだりうちわ）

一般的に右利きの人は、右手で団扇を使う。左手を使って仰ごうとすると、ぎこちなくしか使えない。**左手でゆっくりと団扇を使う人は余裕があり、あくせく働かなくても十分裕福に生きていける人**だけである。ここから転じて、余裕があり裕福なさまを左団扇というようになった。

一大事

今では、あまりよくない意味での重大な出来事を意味するが、本来は、**仏様が民を救うためにこの世に現れるという重大な出来事を表す言葉**。これが一般に広がって、徐々に今の意味になったと考えられる。

濡れ衣（ぬれぎぬ）

諸説あるが、もっとも有力なのは、**後妻が美しい先妻の娘を陥れるために、漁師の濡れた衣服を娘の寝室に置き漁師と密会しているように見せかけたという昔話が語源**であるという説。後妻の策略にはまった父親は、娘を殺してしまったとされている。

殿（しんがり）

列や順番の最後のことをいう「しんがり」は、**「しりがり（尻駆）」が変化したもの**と考えられる。「尻」は最後、「駆」は追い払うという意味で、列の最後尾で追っ手を追い払うということだった。「尻」は「臀」ともいうことから、同じく「でん」と読む「殿」の字が当てられた。

歯痒い（はがゆい）

歯がむずむずとしてかゆいのに、ほかの場所のようにかくことができない。そこから、じれったい、なんとももどかしいという意味の言葉としてできた。

例文 理由をはっきり言ってくれないから歯痒い。

若気る（にやける）

「にやける」は現代ではにやにやするという意味でも使うが、**本来は、男性が女性のように色っぽい仕草をしたり、なよなよとすることであり、「若気」を動詞化した言葉**。「若気」とは男色を売る若衆のことで、「にゃけ」と発音した。

言葉 **エテ公**　猿を「エテ公」と呼ぶのはなぜだろう。「サル」という発音が「去る」を連想させ、縁起が悪いと考えられた。「去る」の反対の意味である「得る」をあて「エテ公」と呼ぶようになっのだ。このように、縁起の悪い言葉は「忌み言葉」と言われ、言い換えられることがよくある。

鈍間（のろま）

平たい頭で青黒くまぬけな顔をしてこっけいな仕草をする、**狂言の「野呂松人形」に由来するという説が有力。**野呂松勘兵衛という人形つかいが演じた。一方で、動作が遅いという意味での「のろ」に、状態を表す設尾語の「間」がついたという説もある。

引っ張り蛸（だこ）

蛸の干物を作るときに、八本の足を広げて張りつけた状態にするため、蛸が広がったように見える。そこから、あっちこっちから手を引っ張られるように、多くの人から望まれることを意味するようになった。

例文 人気が出て引っ張り蛸の俳優。

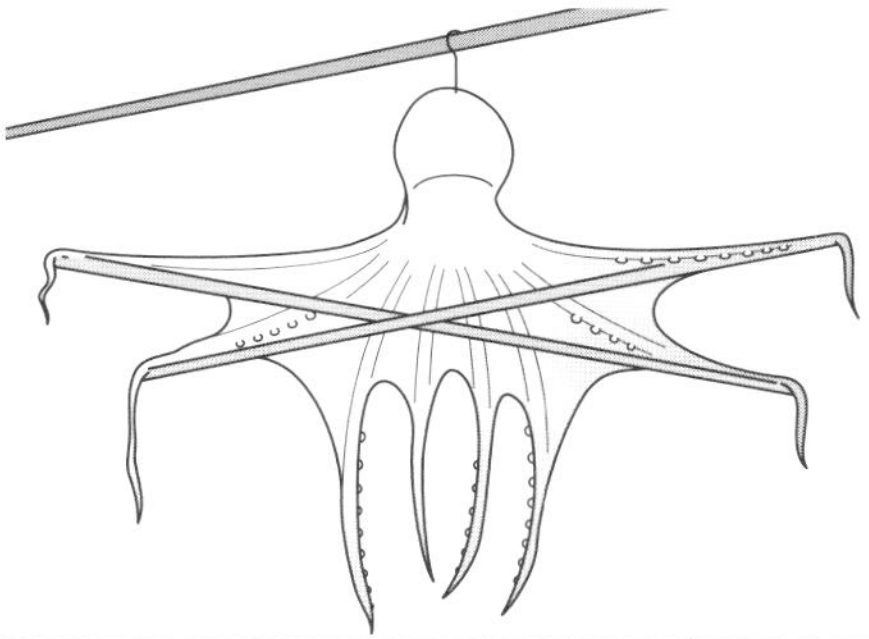

阿漕（あこぎ）

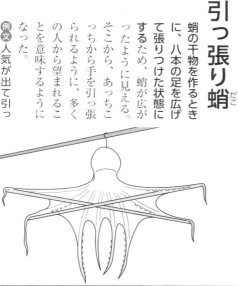

伊勢神宮に供える魚を捕るために、一般人の漁は禁じられていた**「阿漕ヶ浦」。そこで密漁を繰り返した男が有名になり、「何度も繰り返すこと」を揶揄して「あこぎ」というように**なった。そこから、しつこい、強欲であさましいという意味に変化した。

例文 相変わらず、阿漕な商売をしている。

蛮（ばん）カラ

「蛮」は「野蛮」から、「カラ」は「ハイカラ」からとって、組み合わせた造語。西洋風のおしゃれな様子を、英語の「high collar」からとって「ハイカラ」といったので、その反対語として明治時代に造られた。言動が粗野なことを表す。

飯事（ままごと）

「まま」は「うまいうまい」が語源。「うまいうまい」が「まんま」となり、「まま」という飯を意味する言葉となった。そこから「炊飯の事」をまねする遊びとして「ままごと」というようになった。

言葉 **破廉恥【はれんち】**「廉恥」は恥を知る潔い心のこと。それを「破く」のだから、道徳に反する様、恥知らずという意味。しかし、カタカナで「ハレンチ」と書き、まったく逆の「カッコいい」という意味で使われることもある。破廉恥な格好や行動を「大胆でイカす」と捉えたことから広まった。

4 生活・習慣を語源として生まれた言葉

朝飯前（あさめしまえ）

朝飯前とは読んでそのまま、朝飯を食べる前のことである。朝飯を食べる前は腹が減っているので、簡単なことしかできない。そこから転じて、**朝飯を食べなくてもできるような簡単なこと**を朝飯前というようになった。

例文 彼女にとって、こんな課題は朝飯前だろう。

能書き

薬の効能を書く「効能書き」から「効」の文字が抜けたもの。今のように医療が発達していない時代、能書きがあっても大して効き目のない薬が多かったことから、**自分に都合のいいことばかりをいったり、口先ばかりで行動が伴わないという意味**で使われるようになった。

例文 あなたの能書きは聞きあきました。

鱈腹（たらふく）

「たらふく食べる」などというときの言葉で、漢字では「鱈腹」と書く。**十分に足りるという意味の「足らふ」に、副詞語尾の「く」がついた**。そこに、**魚の**鱈のお腹が膨れているので「鱈腹」という漢字を当てたと考えられる。

お払い箱

元々は「払い」ではなく「祓い（はらい）」で、**伊勢神宮で信者に配られる、お祓いのお札や暦を入れておくための箱のこと**をいった。毎年、新しい札を入れた箱がきて、古いほうは不要になる。そのことから、処分するという意味をもつようになり「お払い」にかけて、解雇するという意味に転じたと考えられる。不用品を捨てるという意味も。

例文 あの選手成績では今年でお払い箱だろう。

言葉 **勿体ない** この言葉を世界共通語にという活動がある。「勿体ない」には「惜しい」の外に、「ありがたい」という感謝の気持が含まれる日本独自の言葉。環境分野で初めてノーベル賞を受賞した、ケニア人のワンガリ・マータイさんがこの言葉に感銘を受けたのがきっかけで、広がりつつある。

下馬評（げばひょう）

江戸時代、城や寺社に入るとき、下馬する場所が決まっていて「下馬先」と表記されていた。そこで**供の者が主人を待っている間、うわさ話をしていたこと**を下馬評というようになった。

例文 **次期取締役の下馬評に彼の名前が上がっている。**

畜生（ちくしょう）

人間に**「畜（やしな）われて生きている」**ものという意味。元々は人が飼っている動物のことを指したが、動物全般をいうこともある。仏教で「畜生道」といえば、現世の悪行の報いにより、死後、畜生となって苦しむ世界ということである。

蜜月（みつげつ）

ハネムーンや、親密な関係を意味する語。古代ゲルマン人の風習で、結婚して一か月の間、蜂蜜酒を飲んで精力をつけた。その間を**「honey moon」**といい、これを蜜月と訳した。もう一つ、新婚の時期は「蜜」のように甘く、「月」のようにすぐに欠けるということを表した英語の造語が元になっているという説もある。いずれにしても「honey moon」の訳語である。

相合い傘（あいあいがさ）

現代では傘にしか使わない言葉だが、江戸時代には「相合い井戸」（地域で共用で使う井戸）などのように、傘以外のものにも用いた。**「あいあい」は「合う」の連用形「合い」を二つ重ねたもので、一つのものを二人で一緒に使うという意味。**

お年玉

「玉」は「賜（たまわ）る」が変化したもので、新年の贈り物という意味。また、供えた鏡餅のお下がりを子どもたちに食べさせることを「お歳魂（としだま）」と呼んだという説もある。

御八つ（おやつ）

「八つ」は「八つ時」のことで、午後二時から四時の間。本願寺の太鼓が「八つ時」を告げたため、尊敬の意を表して「御」をつけた。のちに、その時間にとる間食のことを指すようになった。

語源 **つつがない** 「つつが（恙）」は病気や災難を表す。つまり「つつがない」とは、病気や災難がなく無事であるという意味で、平安時代から使われている言葉。一説には「つつが」は病気をもたらすダニの一種「つつが虫」を指し、「つつが虫がいない＝無事に暮らす」が語源ともいわれる。

台所

「台盤所（だいばんどころ）」が語源。「台盤」は食物を盛った盤を載せる台で、貴族の家などで使われた。台盤などの調理道具を置く場所が台盤所（だいばんどころ）となり、略されて台所となった。

折り紙つき

語源の「折り紙」は和紙を横半分に折った文書のこと。平安時代末期より、進物の目録や公式文書などとして使われていた。やがて、書画や刀剣などで由来や製作者が確かなものに鑑定書として「折り紙」がつけられたり、免許書として発行されたりした。そこから、人や物の価値を認めるという意味で、折り紙つきというようになった。

例文 彼女の実力は折り紙つきだ。

山の手

山の手の「手」は「行く手」や「裏手」の「手」と同様、方角を示す言葉。つまり**山の手は、山の方角という意味。**江戸の町では、下町は平地のことであり、それに対して山の手は高台のことである。

束の間（つかのま）

「束」とは長さ（幅）の単位。一握り（指四本分）ほどの長さのことで、これがのちにほんの短い時間のことを指すようになった。

例文 束の間の夢で終わった。

垣根（かきね）

「かき」は「構（か）く」「懸（か）く」の名詞形。「橋をかける」などというように、「かく」は一方から一方へ物をつなぐことを意味する。かいた結果できた構造物が「垣」となったと考えられる。「ね」を添えることで、土に接して立っているという意味とした。

親分

「分」は名詞について、「～に相当するもの」の意味を表す。つまり親分とは、**親に相当する人という意味になる。**かつては、縁談や奉公のときに仮の親としての役割を担ってくれる人のことを指していた。それが面倒見がよく頼りになる人という意味に広がった。また、博打打ち仲間の中の頭（かしら）のことも親分という。

言葉 **憮然【ぶぜん】**「憮然とした顔」とあると、怒っている表情を思い浮かべる人が多いかもしれないが、本来は、失望しぼんやりしている様子を表す言葉。だが、現在は大半の人が前者の意味で使っているため、国語辞典でも不機嫌な様などという意味を載せているものもある。

Column

都道府県名の由来①

47都道府県の名前の由来を調査。
諸説ある場合が多いので、その一部をご紹介。

北海道

蝦夷地探検家の松浦武四郎が考えた**「北加伊道」**に北海道の字を当てた。

青森県

現在の青森市本町附近に**青い森**があり、港に入る船の目印になっていた。

岩手県

鬼が岩に手形を残したという言い伝えから「岩手」の名がついたという。

宮城県

奈良時代の朝廷の出先機関が置かれて**「宮宅」**と呼ばれ、これが変化した。

秋田県

アゴに似た地形からついた**「齶田」**が転じた。

山形県

現在の山形市の南側（蔵王などの山がある）を**「山方郷」**と呼んだ。

福島県

豊臣秀吉の命により会津藩主となった蒲生氏郷が縁起をかついで城の名前を**「杉目城」から「福島城」**とした。

茨城県

常陸国風土記に出てくる**「イバラ」**などが由来。県の花はバラ。

栃木県

神社の**「千木」が10本**に見えた、植物の**「栃木」**がたくさん生えていたなど。

群馬県

奈良時代に郡名を**「車郡」から「群馬郡」に**改めた。

埼玉県

「幸魂」（幸福を与える神）、**「先多摩」**などからきたといわれる。

千葉県

数多くの葉が繁る土地（豊かな土地）を表すなどの説がある。

東京都

西の京都に対して、**「東の都」「東の京都」**という意味。

神奈川県

「神奈河」（または「神名川」「上無川」）に神奈川奉行所が置かれたことが由来。

※ほかの都道府県は➡P149、P173。

内弁慶（うちべんけい）

弁慶といえば、いうまでもなく平安から鎌倉時代にかけて活躍したとされる武蔵坊弁慶のことである。弁慶は剛の者の代名詞のような人物。そこから、**身内に対しては弁慶のように強くいばっている**という意味で、内弁慶という言葉が生まれ、外では途端におとなしくなる性質という意味も加わった。逆に、外では威勢がいい人のことは**「外弁慶」**という。

天邪鬼（あまのじゃく）

わざと人に逆らって言動する者という意の言葉だが、日本神話に登場する**「天探女」という神に由来する**。天探女は「天にいる人の心を探る女」という意味の悪神。この「あめのさぐ」が「あまのさぐ」になり、さらに「あまのじゃく」という音に変化したと考えられる。

土壇場（どたんば）

江戸時代の**「処刑場」**のこと。**打ち首にするために盛り土をしたのが「土壇」で、その土壇がある場所のことを「土壇場」**といった。土壇場まで連れて行かれたら、もう逃げられないことから、**ギリギリの状態のこと**を「土壇場」というようになった。**「どたキャン」**は「土壇場でキャンセル」の略。

お開き

「会をお開きにする」という場合のお開きで、終了する、閉会するなどの意味。**武士が戦いの場面で「落つ」「退く」という忌み言葉を使うことを嫌い、縁起をかつぐために「開く」といったのが語源。**「終わる」「閉じる」「帰る」なども忌み言葉なので、祝いの宴席などが終わる場合も「開く」というようになり、一般にも広がったと考えられる。

語源 **しゃもじ**　ご飯をよそう道具の呼び名だが、本来の名前は「杓子[しゃくし]」という。「しゃもじ」と呼ばれるようになったのは室町時代。宮中の女房たちの間で、言葉の頭一文字や二文字の後に「もじ」をつける言い回しが流行。杓子は「しゃもじ」、髪は「かもじ」などといわれるようになった。

上前(うわまえ)

上前とは元々「上米(うわまい)」のことであった。**上米とは室町時代には寺社に寄進された年貢米の一部**であり、江戸時代には年貢米を持ち運ぶ際の通行税の米のことを指していた。そこから転じて、**仲介手数料を取ることを「上米を撥(は)ねる」というように**なり、それが転じて「**上前を撥ねる**」になった。

血税(けつぜい)

明治時代初期に公布された徴兵令『太政官布告(だじょうかんふこく)』で、**兵役義務を「血税」としたことに由来**する。自分の血液、つまり身体を国のために捧げるという意味であるが、国民が血を絞り採られると誤解し、暴動も起こったといわれる。徴兵制度がなくなった現在では本来の意味は忘れられ、血の出るような苦労をして納める税金という意味で使われている。

牛耳る(ぎゅうじる)

本来「**牛耳を執(と)る**」**といったが、動詞化**した。中国の春秋時代、諸侯が同盟を結ぶため、牛の耳の血を順番に吸うことで組織への忠誠を誓ったという故事に由来。同盟の盟主となる者がいけにえの牛の耳を裂いたため、同盟の盟主となることを「牛耳を執る」というようになり、現在は組織を意のままに動かすという意味となった。

例文 新しく就任した社長が社内を牛耳っている。

圧巻

昔の中国で官吏登用試験である**科挙(かきょ)を実施した際、もっとも優れた答案用紙を一番上に置いた。そこから、ほかを圧する巻物という意味**で「圧巻」という言葉ができた。転じて、書物などの中で一番優れた部分のことをいう。

短兵急(たんぺいきゅう)

「兵」は武器のこと、「**短兵」とは長さが短い武器のこと**。長槍(ながやり)などの長い武器は「長兵(ちょうへい)」という。短兵急とは短兵を用いて急に攻めることが由来だったが、そこから転じて急な行動を起こすこと、という意味になった。

例文 **お父さんは短兵急な人で、家族はついていくのが大変だ。**

語源 ひもじい ひどくお腹がへっている様子を、古語では「ひだるい」という。しかし、これは庶民の間で使われていた言葉だったため、身分の高い女性はそのまま使うのを避け、頭文字の「ひ」だけをとり「ひ文字」というようになり、「ひもじい」と形容詞化した。実は上品な言い回しだった。

道具

元々は「**仏道の具**」といった。仏道修行するための、衣（ころも）や鉢（はち）、仏家の器具などのことを意味する。その後、武家においての槍（やり）や刀などを指した時代もある。そこから一般化し、現在の用法になっている。

往生（おうじょう）

元々は、**阿弥陀如来の極楽浄土に「往（い）って生まれ変わる」という意味**。平安時代末期から鎌倉時代にかけて、仏を信じていれば誰もが死後に安楽な世界に生まれ変わるという教えが広がった。そこから、死んだ人を「往生された」といって祝福する習わしも生まれた。その後、現在のように死ぬことや、非常に困ること、苦労することを「往生する」というようになった。

傾城（けいせい）

非常に美しい女性という意味。絶世の美女の色香におぼれ、城さえも傾く（滅びる）というたとえである。そこから遊女のことを指すようになり、**遊郭のことを「傾城町（けいせいまち）」**ともいった。

案山子（かかし）

「かかし」は「かがし」「かがせ」ともいうが、それは「臭いをかがせる」という意味。昔は田畑に、髪の毛や魚の頭、獣の肉などを焼いて串に刺したものを置いて鳥獣が近づかないようにした。その後、竹や藁（わら）で作った人形が使われるようになり、それを「かかし」と呼ぶようになったことから、「案山子」という漢字が当てられた。「案山」は山の中の平らなところという意味、「子」は人形のこと。

風呂敷

室町時代、足利義満（あしかがよしみつ）が自邸に大きな湯屋を造り、大名に開放した。そのとき、**衣服を間違えないよう、各大名の定紋（じょうもん）を染め抜いた絹布（けんぷ）を備えつけ、それぞれがそれで衣服を包み、湯上がりにはその上で身づくろいをしたのが風呂敷の始まり**とされている。なお、「大風呂敷を広げる」という慣用句は、風呂敷が何でも包めて便利なことから、非現実的で大げさなことをいう人のことをからかう意味で使うようになった。

天王山

京都にある山で、昔は交通の要となる場所だった。一五八二(天正十)年、本能寺の変を受け、羽柴秀吉軍が明智光秀の軍と激突した**「山崎の戦」において、天王山を占領したほうが勝つとした。この戦いは「天王山の戦い」とも呼ばれて**おり、ここから、天王山とは勝敗の重大な分かれ目という意味に転じた。ただし、現在の史実では、天王山の争奪戦があったかどうかは定かでないとされている。

忌々しい

平安時代、貴族は陰陽道という占いにはまり、占いに基づいてさまざまな行動をとっていた。そして、縁起が悪い出来事があると、何日も家に引きこもった。こういう行為を「忌む」といい、**「忌むべきことだ」から「忌々しい」という言葉に**なった。

告別式

「告別」はその名の通り、別れを告げるという意味で、元来は死に別れることではなく、単なる別れの儀式として告別式という言葉が使われていた。明治時代、自由民権運動の理論的指導者であった中江兆民が亡くなったとき、自分は無宗教だから葬式は不要という遺書があった。そこで遺された人たちが、宗派にとらわれない式として告別式を行い、そこから亡くなった人とのお別れの式という意味が広まった。

稽古

「稽」は考えるという意味。つまり、稽古は元来、古いことを考えて、現在の課題に取り組むということだった。そこから、勉強をする意味になり、さらに、踊りなどの芸事や武術などの練習をするという意味になった。

浴衣

元来は「湯帷子」といい、汚れを清めるために湯に入ったあとに着る着物のこと。室町時代には、「ゆかた」と略すようになったと考えられる。江戸時代には、今の銭湯のような施設も登場し、カラフルな浴衣も作られるようになって、夏場にはそのまま外を歩く者も現れた。浴衣は当て字。

漢字 **圀【くに】** 水戸光圀など人の名前に稀に使われる「圀」は、漢字の中でも少し特殊。中国の女帝、則天武后が作った「則天文字」と呼ばれる漢字で、中国では定着せず消滅したもの。しかし、人名に使われたことで「圀」だけが唯一日本で生き残った。

指南（しなん）

古代中国の「指南車」が語源。乗っている人形が常に一定の方向を指し示す車で、左右の車輪の回転の差から方位を特定する仕組みであったと考えられる。また、「天子は南に面する」という思想から、操作するときは南の方向を指すように設定したという。ここから、**指南といえば進むべき道を指し示す、手引きする**などの意味が生まれた。

餞（はなむけ）

餞は「餞別」のことで、人の門出や旅立ちに贈るものである。しかし**元来は「鼻向け」で、この場合の鼻は馬の鼻**。昔、旅立つ人を送り出す際、その人が乗る馬のくつわを取り、鼻先を進む方向に向けてあげるという風習があった。そこから、**旅立つ前に一緒に食事をしたり、贈り物をしたりすること**を「馬の鼻向け」というようになり、それが「はなむけ」に略された。

例文 独立する先輩に餞の言葉を贈った。

女房（にょうぼう）

平安時代、「房」は部屋の意味で、女房とは「女官の部屋」のことだった。のちに天皇や皇后に使える女官など、部屋を与えられた高位の女性を指すようになり、現代では一般的な妻という意味に落ち着いた。

秀才（しゅうさい）

元来は、**中国で行われていた科挙という官吏登用試験の科目、または合格者のこと**を指していた。日本でも七世紀後半から十世紀頃まで実施された律令制で、官吏登用の試験を実施しており、やはり試験科目や合格者のことを秀才といった。そのあと、学問などさまざまな分野で優れた才能を発揮する人を指すようになったといわれる。

七つ道具

元々は、**武士が戦場で使った、具足、刀、太刀、矢、弓、母衣、兜の七つの道具のこと**を指す。また、弁慶が背負った熊手、鎌、鋸、槌、鉞、鉄棒、長刀の七つを指すという説もある。

漢字 **篆書**【てんしょ】 紀元前221年、中国を統一した秦の始皇帝は、地方によってばらばらだった漢字の形も統一。そのときに作られた書体が篆書だ。現在の書体は楷書[かいしょ]だが、日本でも篆書がわずかに残っている。それが一万円札に押してある日本銀行の印。楷書に直すと「総裁之印」。

藪医者（やぶいしゃ）

本来の文字は**「藪」ではなく「野巫（やぶ）」**。「巫（ふ）」は神のお告げを聞く者で、つまり**野巫医者は呪術（じゅじゅつ）を使う医者のこと**である。いつの間にか「藪」という字にとってかわり、腕の悪い医者という意味になった。

泥棒（どろぼう）

諸説あるが、安土桃山時代、現在の**愛知県の土呂（どろ）地方の人たちが謀反（むほん）を起こし、世間から「土呂坊（どろぼう）」と呼ばれたという話**が残っている。「棒」は当て字で、元来は「泥坊」と書いたという。

上梓（じょうし）

昔の**木版印刷で、版木に「梓（あずさ）」の木を使ったことから**、出版するという意味になった。

寿司（すし）

元来は**形容詞「酸し（すし）」で、「酸っぱい」という意味**。魚を塩に漬けて発酵させた食品が由来になっていると考えられる。「寿司」は当て字。祝賀の意を述べる文章「寿詞（じゅし）」からという説と、縁起をかついで「寿を司る（つかさどる）」という文字を当てたという説がある。

郵便

一八七一（明治四）年、**「新式郵便」が開設されるにあたって「郵便」という言葉が誕生した**。「郵」の語源は、国境などに置かれた伝令などの中継所。「便」には差し障りなく物事が運ぶことや、手紙、交通や通信といった意味がある。それまでの飛脚とははっきり区別するため新たに作った言葉であり、「切手」という言葉も同時に作られている。

団地（だんち）

一団（ひとかたまり）の土地、一団の地域という意味。一九一九（大正八）年の都市計画法によってはじめて使われたが、一般化したのは一九五五年の「日本住宅公団」発足によるところが大きい。当時の団地は水洗トイレ、風呂、キッチン、ダイニングなどが一体になった先進的な住宅としてあこがれの的だったが、現代は老朽化が進み、住民が高齢化した団地も多い。

言葉 **あっかんべー** 下まぶたを下げ、舌を出して「あっかんべー」。この「あっかんべー」は、何かを訴える言葉ではなく、状態を説明している言葉なのだ。下まぶたを下げると見える赤い部分が「赤い目」で「あっかん」、口から出すベロが「べー」。合わせて「あっかんべー」である。

二枚目（にまいめ）

二枚目とは歌舞伎から生まれた言葉である。**歌舞伎の演目では**通常、三人の男が出てくる。一人目（一枚目）が主役、**二人目（二枚目）が男前**、三人目（三枚目）がコメディ担当である。このことから、**「二枚目＝男前」という意味**になった。おもしろい人のことを三枚目というのもここに由来する。いまでいうイケメンで、こちらは「イケてる面（men）」から。

茶番（ちゃばん）

茶番は、本来、お茶の用意をする人のこと。楽屋でお茶の用意をしていた下っ端の役者が、滑稽（こっけい）な寸劇や話芸を演じることを**「茶番狂言」**というようになり、略して「茶番」という言葉が生まれた。茶番は素人に近い役者が演じたことから、**ばかばかしい事柄**を「茶番劇」などというようになった。

裏目（うらめ）

裏目とは、サイコロの裏の目のことである。サイコロの目は通常、裏の目が1ならば表は6、裏が2なら表は5、裏が3ならば表は4になっている。言い換えれば、奇数の目の裏は偶数に、偶数の目の裏は奇数になっている。サイコロ賭博（とばく）で丁（偶数）にかけて半（奇数）が出たことを裏目に出るという。ここから転じて、期待していたことと反対のことが発生することを**「裏目に出る」**というようになった。

高飛車（たかびしゃ）

将棋用語で飛車を自陣の前に押し出す戦法のこと。守りを捨てて、攻撃に特化した戦法であり、江戸時代末期から、高圧的な態度のことを高飛車というようになった。

例文 彼はその言動から高飛車な男だと陰口されている。

漢字 **温と暖** 「あたたかい」という漢字、どちらを使うか迷うことがある。そんなときは反対の言葉に置き換えてみよう。「温かい」の反対は「冷たい」、「暖かい」の反対は「寒い」。「あたたかい飲み物」なら「冷たい飲み物」というが、「寒い飲み物」とは言わない。だから「温かい飲み物」が正解。

横綱

横綱とは、白麻で編んだしめ縄のことである。横綱を吉田司家（相撲司家）からつけることを特別に許された大関を、特例として横綱ということがあったが、本来横綱は綱そのものを指す言葉であり、地位を示す言葉ではなかった。番付に初めて横綱と明記されたのは明治時代に活躍した西ノ海嘉治郎であるが、彼は第十六代横綱である。それ以前の横綱はあくまでも地位ではなく名誉だった。

勇み足

相撲で相手を土俵際まで詰めておきながら、**勢い余って自分の足が先に土俵の外に出てしまうこと**を勇み足という。そこから転じて、有利に物事を進めていながら勢いで行動して土壇場で失敗することを勇み足というようになった。

盥回し

あおむけに寝そべり、足を使って盥を受け渡す曲芸を盥回しといった。盥を受け渡していくことから、役職などを身内だけで順に回すことや、問題を順繰りに送ることを盥回しというようになった。ちなみに、**盥は**顔や手を洗うための容器で、**手洗いが変化したもの。**

生半可

江戸時代、**おしゃれや粋な遊びについて知ったかぶる人のことを「半可通」と**いい、それが省略されて「半可」となった。それに、未熟、不十分などの意味をもつ「生」という字が加えられ、中途半端なことを生半可というようになった。

例文 あいつは生半可なことばっかりやっているから、誰からも認められない。

小説

取るに足らない意見、大した価値のない議論という意味で、「小さい説」という言葉が生まれた。その後、英語「novel」の訳語として小説が当てられた。

語源 **おなら** 「おなら」とは、実は「屁」をていねいに言った言葉。始まりは室町時代、「屁」を下品な言葉として使いたがらなかった女房たちが、ガスが出るときに音がすることから「鳴らす」に「お」をつけて「おなら」と表現した。

懐石（かいせき）

本来は、**正式な茶の湯の席で出される簡単な食事のこと**。「石」は禅宗の「温石（おんじゃく）」のことで、石を火で温めて布で包み、体を温める暖房具。温石で懐の中を温める程度、ちょっと空腹をしのぐ程度の軽い食事を意味する。主に飲食店で出される「**会席料理**」と明確に区別するため、「茶懐石」ということもある。

合の手（あいのて）・間の手（あいのて）

邦楽用語。「あい」は「間」のこと、「手」は「楽曲」のことで、歌と歌の間に楽器だけで演奏される間奏の部分をいう。ここから転じて、歌や踊りの調子に合わせて入れる手拍子や囃子詞（はやしことば）、掛け声、さらには会話の間に挟む言葉などまでをいうようになった。

段違い（だんちがい）

元来は、**囲碁や将棋の段が違うこと**。そこから、段がかけ離れている人同士が戦っても勝負にならないという意味に転じ、現在のように能力や技術などが比べものにならないほど違うという使われ方になった。

駄目（だめ）

元来は**囲碁の用語。白石、黒石、どちらが打っても勝敗に関係ない無駄なところ**。なお、駄目と「念押し」が混ざって、「**駄目押し**」という言葉が生まれたとされている。

合点（がってん）

和歌、連歌、俳諧（はいかい）などを批評する際、よいと思うものに印をつけることをいった。そこから、賛成したり納得したりする意味に。「**独り合点**」「**合点承知**」などの言い方がある。

猿芝居（さるしばい）

猿に衣装を着せて歌舞伎役者の真似をさせる見世物のことを猿歌舞伎、猿芝居といった。ここから下手な出し物をバカにして猿芝居というようになり、転じて**浅はかなたくらみのこと**をいうようになった。

派手

三味線組歌のなかでもクラシックなものを「本手組」といい、**型を破った新しい様式のものを「破手」と**いった。「破手」の曲はテンポに変化があり複雑、にぎやかで、のちに歌舞伎などを評する言葉としても使われるようになった。派手は当て字である。

挙句

鎌倉時代頃から始まった日本の伝統的な詩の形態である**「連歌」**。五七五、七七、五七五、七七と多人数が和歌を続けて詠むもので、その最初に出てくる句を「発句」、**最後の句を「挙句」**といった。そこから、最終的な結果や結末を意味するようになり、**「挙句の果て」**という慣用句も生まれた。

芝居

「芝」は芝草（雑草）のことで、芝の生えている場所に座ることを芝居といった。室町時代には、猿楽や田楽、曲舞などの興行があった際、きちんとした桟敷席のほかに、庶民向けの芝生にしつらえた見物席が設けられ、それを芝居というように。その後、歌舞伎などの演劇そのものを指す言葉になった。

封切り

江戸時代、**戯作**（読本、洒落本、人情本など）**の新刊本は袋に入れて売られていた。それを切って開けることを封切り**といい、そこから新作の意味に転じた。現在は新作映画の上映の意味になっている。

二の舞

舞楽の一つである「二の舞」が語源。すばらしい「安摩」の舞をまねて二人の老人が舞うが、失敗ばかりするという滑稽な演目。ここから、人のまねをして失敗することを**「二の舞を演じる」**というようになった。

黒幕

歌舞伎などで用いる黒い幕のこと。黒い幕は主に夜の場面の背景に使われたり、死んだとされる人物を隠したりもする。そこから陰で舞台を操る人を黒幕というようになり、広く**「裏で操る人」**という意味に。

言葉 **やおら**　「ゆっくりと」という意味で「やおら立ち上がった」などと使われる言葉だが、最近では「急に」「いきなり」と誤解して解釈している人が多いという。本来はゆっくりと動作を起こす、悠然と、おもむろにという意味なので正しく使いたい。

7 ビジネス・経済が語源となっている言葉

会社

「会」には集まる、「社」には団体という意味がある。会社は最初はグループや仲間といった意味だった。それが明治時代に入ってから、商業的な意味での団体を表す言葉になり、単なるグループとは区別されるようになった。英語はCompanyで、com（いっしょに）＋pan（パン）＋y（仲間）、同じ釜の飯を食べること。

株式（かぶしき）

株とは、木を刈ったあとに残っている根元のこと（切株ともいう）。株は切り取ったあとも残るものであることから、継続的に保持される地位や身分などを「**株**」というようになった。その後、商工業者が利益を得るために組んだ独占的な組合が「**株仲間**」と呼ばれるようになり、出資に応じて利益を得られる証券が「**株式**」と呼ばれるようになった。

現金

文字通り、**現にその場に持っているお金のこと**。昔は「ツケ」という制度が広く行き渡っていて、多くの家庭ではツケで物を買い、盆と暮れにまとめて店に支払いをしていた。商人にとってその場で支払ってくれる人は非常にありがたく、すぐに利益が出ることを現金というようになり、そこから、自分が得するならコロコロと態度を変えるような場合に使う言葉になった。

例文 あの人は現金な人だから、あまり信用しないほうがいいと思うよ。

赤字（あかじ）

簿記において不足額や欠損額を赤い文字で記入していたことから、支出が収入を上回った状態を赤字というようになった。なお、超過額は黒い字で記入し

漢字 **柿【こけら】** 「柿落し［こけらおとし］」などに使われる「柿」という漢字、一瞬、果物の「柿［かき］」と同じ字に見える。とてもよく似ているが、違う漢字なので書き方に注意したい。「かき」は木へんに「亠［なべぶた］」と「巾」、「こけら」は木へんに「一」と「巾」でできている。

ていたため、収入が上回っているときは「黒字」という。どちらも大正時代に広まった言葉。

出張

語源は「出張る（でば）」で、戦いのためにほかの地域に出向くこと。戦場で陣を張ることから「張」という字を使う。それが「出張り」と名詞化。しばらくは「でばり」「しゅっちょう」と二つの読みが併用されていたが、「しゅっちょう」が残った。

打ち合わせ

雅楽において、吹奏楽器や弦楽器と、太鼓などの打ち物を、呼吸を合わせて鳴らすことを「打ち合わせ」といった。それが、物事がうまく運ぶように前もって話し合うという意味に転じた。

看板

「看（み）る板」を音読したもの。室町時代の終わりごろから、板に職業や商品の名前を書いて人目につくようにすることが広まった。

書き入れどき

儲けをどんどん帳簿に書き入れる時期という意味。そこから商売繁盛しているときを表す言葉となった。

左遷（させん）

「遷（せん）」は移すという意で「遷都（せんと）」などと使われる。中国では古来、右を尊び左を卑（いや）しむ風習があった。そこで、**低い官職に落とすことを左に移す＝左遷と**いった。

老舗（しにせ）

「似せる」「まねる」という意味の「仕似す（しにす）」が名詞化したもの。親の仕事をまねして家業を続けるという意味。「しにせ」に、古くからという意味の「老」と、店という意味の「舗」の字を当てた。

為替（かわせ）

現金と手形を交わすという意味。「交（か）わす」の連用形「かわし」が変化して、為替という字が当てられた。日本の為替は江戸時代に現在の大阪で発展した。

語源 **十八番【おはこ】** 最も得意とするもの、得意芸のこと。鑑定書付きの美術品などを「箱書き付き」ということから、鑑定書が付くほど得意な芸という意味になった。「十八番」とあてるのは、市川家の秘蔵芸、歌舞伎「十八番［じゅうはちばん］」が得意芸の代名詞になったことから。

普請（ふしん）

昔、禅宗の寺院が建築工事をする際、人々から寄付を募った。そこで**「普（あまね）く請（こ）う（広く求める）」という言葉**になった。現在でも建築・土木工事のことを指すが、なかでも公共工事のことをいう場合が多い。「安普請（やすぶしん）」とは、お金をかけずに家を建てること、またはお金をかけずに建てた家のこと。

公僕（こうぼく）

「公の僕（しもべ）」という意味で、役人や公務員を指す。戦後、占領軍が「public servant（公衆に奉仕する者）」の考え方を広めようとし、それが「公僕」と訳された。

例文 **皆様の公僕として尽くします。**

社用族（しゃようぞく）

太宰治の小説『斜陽（しゃよう）』からきている。没落貴族の生活を描いたこの小説から「斜陽族」という言葉が流行した。それをもじって、社用族といったのが始まり。会社の経費を使って得をしている人たちのことを指すようになった。

折衝（せっしょう）

予算折衝、外交折衝などというように、利害が食い違う相手に対し、問題解決のために駆け引きすることを指す。**語源は、敵が突いてくる鉾先（ほこさき）を折るということ。**

商い（あきない）

古くは「あきなひ」で、動詞は「あきなふ」。農民の収穫物と織物などの物々交換が秋に行われたために、秋に行うという意で**「秋なふ」を語源**とする説が有力。

銀行

「bank」の訳語として明治時代から使われるようになった。それ以前は「両替屋」「為替屋」などと呼んでいた。**中国では店のことを「行」といい、日本より早く銀行**という訳語が広まった。日本では「金行」の案もあったが、中国と同じ銀行で落ち着いた。

両替屋

Column 〉〉〉〉〉〉〉〉〉〉

都道府県名の由来②

新潟県

県内に**潟(湖沼)**が数多くあったことから。**新しい「潟」**という説も。

富山県

「富める山の国」から。「外山」を縁起よく「富山」に変えた説などがある。

石川県

石が多かったため**手取川を石川と**呼ぶようになり、地名となった。

福井県

北の字が敗北に当たり不吉だとして**「北ノ庄」**から**「福居」**に改名。

山梨県

くだもののの**ヤマナシ**、山を平地にした**「山ならし」**など諸説ある。

長野県

扇状地などの**傾斜面につけられた地名**といわれる。

岐阜県

禅僧・沢彦宗恩(たくげんそうおん)が進言した**「岐山・岐陽・岐阜」の中から織田信長が選択**。

静岡県

駿府藩(すんぷはん)が考案した3案**「静・静城・静岡」のうちの1つ**。「シズ」は賤機山(しずはたやま)に由来。

愛知県

万葉集に出てくる、名古屋市南区の一帯「年魚市潟(あゆちがた)」の**「あゆち」が「あいち」**に。

三重県

倭健命(やまとたけるのみこと)が「わが足**三重**のまかりなして、いと疲れたり」と語ったことから。

滋賀県

石の多いところを意味する**「石処(しか)」**、砂州(さす)や低湿地を意味する**「砂処(すか)」**など。

京都府

東アジアで**「京」は天子の住む都**、首都を意味する。

大阪府

蓮如(れんにょ)が**「大坂御坊(おおさかごぼう)**(石山本願寺)」を建立。のちに大阪と書くようになった。

兵庫県

天智天皇の治世に兵の武器の倉庫**「兵庫(つわものぐら)」**があったことから。

奈良県

平らな土地を意味する**「なら(す)」**からきている。

和歌山県

「和歌浦」の和歌と**「岡山」**の山との合成語。

※ほかの都道府県は➡P135、P173。

8 故事成語になっているユニークな由来の言葉

人間万事塞翁が馬

【エピソード】昔中国北辺のとりでに住む老人（塞翁）が、飼っていた馬に逃げられたので隣人が気の毒がると「悲しむことはない。これはよいことの前触れだ」と言った。すると数カ月後、逃げた馬が駿馬を連れて戻ってきた。それを見て隣人が祝うと老人は「喜ぶことではない。これは悪いことの前触れだ」と言った。なんと乗馬が好きな老人の息子が馬から落ちて足を骨折してしまった。隣人が見舞うと老人は「悲しむことはない。これはよいことの前触れだ」と言った。一年後、戦争が起こり徴兵された多くの若者は命を落としたが、怪我をしていた息子は命拾いしたという。

【意味】人生はたえず変化するもので、幸不幸は予測できないこと。「塞翁が馬」ともいう。出典は『淮南子』。

例文 つらいことがあったら、人間万事塞翁が馬と思ってがんばろう。

蛇足

【エピソード】中国の其の国で、祭りが行われた。そのとき主人が召使いたちにさかづきについだ酒を与えた。召使いたちは数人で飲むには足りないが、一人で飲むには十分だから、地面に一番早く蛇の絵を描いた者が全部飲むことにしようと決めた。その中の一人がいち早く蛇を描き上げたのだが、それでもまだほかの者との差があり、「まだ足も描ける」と蛇に足を描き加えた。しかし、次に蛇を描き上げた者が、その者からさかづきをうばい、「蛇には元々足などありはしない」と言ってその酒を飲んでしまったという。

【意味】なくてもよいもの、あっても役に立たないむだなもの。また、余計なものをつけ足すこと。出典は『戦国策』。

例文 飲み会で「蛇足ながら」と言いながら、延々と自慢話を続けてひんしゅくを買った。

漢字 糎【センチメートル】 長さや質量などの単位にも漢字がある。よく使うところでは、米[メートル]、粍[ミリメートル]、瓦[グラム]、瓱[ミリグラム]、立[リットル]、竓[ミリリットル]など。米、瓦、立はすでにあった漢字をあてたものだが、粍や糎は新たに作られた漢字である。

紺屋の明後日

【エピソード】「こうや」は「こんや」が転じた言葉で染物屋のこと。紺屋の仕事は天気に大きく左右されるので、約束の期日に間に合わないことがままある。客に催促されると「明後日にはできます」と言うが、その日になればまた、「明後日には」と言い抜けたという。

【意味】約束の期日があてにならないことのたとえ。

例文 彼の「すぐ返す」は紺屋の明後日であてにしてはならない。

元の木阿弥

【エピソード】戦国時代の武将、筒井順昭がおのれの死の前に、わが子順慶がまだ幼いので、その死を隠すために順昭と声がよく似ている盲人の木阿弥を身代わりに立てた。しかし順慶が成人すると、順昭の死をあかし、身代わりの木阿弥は城主から元の市人に戻ったという。

【意味】一度よい状態になったものが、また元の悪い状態に戻ってしまうこと。

例文 せっかくのプランが元の木阿弥となった。

青は藍より出でて藍より青し

【エピソード】青色の染料はタデ科の一年草の藍から取るが、その青は原料の藍よりも鮮やかな青色になることから、もって生まれた本性を超えることができるという意味。この後に「氷は水これをなして水より寒し」と続く荀子の言葉。

【意味】先生よりも弟子のほうが優れていること、学識や技量を超えることをいう。出典は『荀子』。**出藍の誉れ**とも。

例文 青は藍より出でて藍より青しというが、弟子が世界デビューして先生もうれしいだろう。

水魚の交わり

【エピソード】中国の三国時代、蜀の王の劉備が、新参の諸葛孔明とあまりにも親密なため、古参の関羽や張飛たちが不満をもらした。それに対して劉備は、「私にとって孔明が大切なのは魚にとって水がなくてはならないのと同じだ」と言ったという。

【意味】水と魚の関係が切っても切れない関係のように、親密な友好や交際のたとえ。出典は『三国志』。

例文 これからもライバルではあるが、水魚の交わりといわれる関係を続けたい。

言葉 雪虫【ゆきむし】 日本情緒は虫の名前からも感じられる。たとえばアブラムシ科のワタムシ類は「雪虫」と呼ばれている。飛ぶ姿が粉雪のように見えるからだ。雪虫は雪の降る知らせともいわれている。羽が白黒模様の蝶「スミナガシ」は、水彩画を連想させるから「墨流し」。何とも風流だ。

浅瀬に仇波

【エピソード】川の流れは深い淵よりも、浅瀬のほうが波が立つ。それと同様に私のように思慮深い者は、軽々しく口にしないが、浅はかな者ほど、軽薄なご機嫌取りをするものだということを歌った和歌の「底ひなき淵やは騒ぐ山川の浅き瀬にこそあだ波は立て」から。

【意味】考えが浅い人にかぎって、小さいことにも大騒ぎするものだというたとえ。出典は『古今和歌集』。

例文 ニュースが出るたびに浅瀬の仇波のような書き込みがでてくる。

火中の栗を拾う

【エピソード】猿におだてられた猫が囲炉裏の中で焼けた栗を拾うが、栗は猿に食べられ猫は火傷しただけという寓話から。

【意味】自分の利益にならないのに、わざわざ他人のために危険をおかしひどい目にあうこと。出典は『イソップ物語』。

例文 彼に協力するなんて、火中の栗を拾うようなことはやめたほうがいい。

過ぎたるは猶及ばざるがごとし

【エピソード】孔子が二人の弟子、子張（師）と子夏（商）を比較して「水準を越した師も水準に達していない商もともに十全ではない。人の言行には中庸が大切である」と説いたという。

【意味】何事もやり過ぎることはやり足りないことと同じようによくない。物事はどちらか一方に偏らずほどほどがよいという教え。出典は『論語』。

例文 あまりのハードワークを続けて体を壊してしまい、過ぎたるは猶及ばざるがごとしと痛感した。

蝸牛角上の争い

【エピソード】「蝸牛」とはかたつむりのことで、かたつむりの左の角に触氏、右の角に蛮氏という者が構えた小さな国があって、角の上で領土を争い、数万の戦死者を出したという寓話から。世界を巻き込むような戦争も、視点を広大な宇宙に置けば、小さな世界の愚かな争いにすぎないと説いている。

【意味】小さくてくだらない争いごと。狭い世界でのつまらない争い。出典は『荘子』。

例文 そんなことで喧嘩するのは蝸牛角上の争いだ。

語源 **びびる** 現代語のようだが、平安時代末期から使われていた言葉。大軍が動くと鎧[よろい]が触れ合いビンビンと音が響く。この音を「びびる」といい、そこから怖がるという意味に派生。源平の戦いでは、平家が水鳥の音を源氏が攻めてくる「びびる」音と勘違いし逃げ出したという。

画竜点睛を欠く

【エピソード】昔中国の絵師が金陵の安楽寺の壁に竜の絵を描いたが、瞳を入れると飛び去るからと目には筆を入れなかった。しかし人々はそれを信じず瞳を描き入れると、竜はたちまち本物となり天に昇ったという。

【意味】物事を立派に完成させる最後の仕上げをしていないこと。「点睛」ではないので注意。出典は『歴代名画記』。

例文 よい企画だったが、コスト管理が甘く画竜点睛を欠いていた。

人を見て法を説け

【エピソード】釈迦が説法を説くとき、相手の知識や性格の違いに合わせて、その人が理解できるようにわかりやすく話していたということから。

【意味】人の過ちを正したり何かを説明するときは、相手の性格などを考え、その相手に最もふさわしい方法で対応しなさいということ。

例文 人を見て法を説けというように彼らの学力ややる気にあったテキストを使うべきだ。

風が吹けば桶屋が儲かる

【エピソード】大風が吹くと砂ぼこりがおこり、そのため目を病み盲人が多くなる。盲人は三味線で生計を立てるので、三味線に使う猫の皮の需要が増え猫が殺される。猫が減れば桶をかじるねずみが増えて桶屋が儲かって喜ぶという笑い話から。

【意味】ある出来事がめぐりめぐって、思わぬところに影響を及ぼすこと。また、あてにならないことを期待すること。

例文 そこにビジネスチャンスがあったなんて、まさに風が吹けば桶屋が儲かるって話だね。

鰯の頭も信心から

【エピソード】節分の夜に、鰯の頭を柊の枝にさして門口に置くと、悪い鬼を追い払うことができるという習わしから。

【意味】つまらないものでもそれを信仰する人にとっては非常にありがたく思えるものだということ。『上方いろはかるた』の「ゐ」にある。

例文 彼を信じるなんて鰯の頭も信心からだ。

漢字 **金字塔**【きんじとう】 この字にはもうひとつ読み方があり、「ピラミッド」。ピラミッドの形状から金字塔という訳語が生まれたのが先で、そこから偉業を成すという意味に派生。日本にもピラミッドがあるという説があり、葦嶽山[あしたけやま]などは人工的に作られた山だといわれている。

断腸（だんちょう）の思い

晋（しん）の武将桓温（かんおん）が船で蜀（しょく）に攻め入ろうとしたときに、従者が子猿をとらえた。母猿は子猿のあとを岸伝いに追いかけて、百里（約392㎞）ほど先でついに子猿の乗せられた船に飛び乗ったが、そこで力尽きてしまった。**従者が母親の身体を割いてみると、腸がずたずたになっていた。**そのことから、子どもが連れ去られるような、激しい悲しみという意味が生まれた。

烏合（うごう）の衆（しゅう）

烏合の衆という言葉が最初に使われたのは中国の『後漢書』であるといわれている。**烏合とはカラスの集団のこと**であり、カラスがいくら集まっても協調性にかけ、各々が好きに鳴いているだけだったため、数が多いだけでまとまりのない集団のことを指すようになった。なお、実際のカラスは鳥類の中ではかなり頭がよいほうであり、協調性も高い。

青菜（あおな）に塩

青菜とは、ホウレンソウ、スズナ、アブラナといった青い葉っぱをもつ野菜に対する総称である。こうした**葉物はみずみずしいが、塩をかけると途端に水分が失われてしおれてしまうこと**から、急に人がしょげ返るさまを青菜に塩というようになった。

赤の他人

赤とは元々、仏前に供える浄水「閼伽（あか）」「阿伽（あか）」のことであった。浄水は冷たい水であり、そこから「他人に冷たい」「縁もゆかりもない」という意味に転じたと考えられている。

例文 夫婦も元をただせば赤の他人だ。

語源 **サボる** 「サボ」はカタカナ表記が正しい。なぜならフランス語の「sabotage［サボタージュ］」が語源だから。フランスでは「仕事を意図的に行わない」という意味で、主にストライキで使う。1919年に神戸川崎造船所でサボタージュ作戦が行われたことで「サボ」が流行語となり動詞化した。

一か八か（いちかばちか）

元々は博打（ばくち）で使われていた用語。**一は「丁」の字の上部、八は「半」の字の上部で、要するに一か八かとは「丁が出るか半が出るか」と同じ**であり、そこから、どんなことが起こるかわからないがとりあえずやってみることという意味になった。

寝耳に水（ねみみにみず）

治水技術が発達していなかった時代は、よく川の水が氾濫し洪水が起こった。夜、**寝ているときに洪水の濁流音や洪水を知らせる声などを聞いてびっくりすることから**、「寝耳に水」という言葉が生まれた。寝ているときに耳へ水を入れられるくらいに驚くという説もあるが、前者が有力。

馬子にも衣装（まごにもいしょう）

孫ではなく馬子。かつて、**馬の背に人や荷物を載せて運ぶ仕事をしていた人やその仕事のことを「馬子」**といった。貧しい人の仕事だったこともあり、粗末な身なりをしていた。**そういう人でも、きれいな服を着て身なりを整えれば、立派な人に見えるということ**。「馬子にも衣装髪かたち」という言い方もある。

啖呵を切る（たんかをきる）

啖呵は元々「痰火」と書いていた。**痰火とは体内の火気で生ずると考えられていた痰のことであり、体内から出るとスカッとする**。そこから、歯切れのよい言葉で一方的にまくしたてることを「啖呵を切る」というようになった。

多生の縁（たしょうのえん）

この世だけでなく、前世や繰り返し訪れる来世など多くの生。その**多くの生の中で結ばれた縁ということ**。「多生」は「他生」とも書く。

親の七光り（おやのななひかり）

「七光り」といっても、具体的に七つのことがあるわけではない。「七変化」などと同じく、ここでの**「七」はたくさんという意味**である。**「光」は威光や威力のこと**を表す。

言葉 **痔を舐める【じをなめる】**「上司の痔を舐めたんだって？」なんて言われたら、何の事だか戸惑ってしまうが、これは皮肉。荘子［そうし］が権力を自慢する者に対して「王の痔を舐めてまで出世したいか」と言ったことに由来し、自分を卑しめてまで利益を手に入れることをいう。

逆鱗（げきりん）に触れる

「逆鱗」とは竜の喉の下にある、一枚だけ逆さに生えた一尺のうろこのこと。普段はおとなしい竜でもこのうろこに触れると怒り狂い、触った者は必ず殺されるという伝説から生まれた言葉。天子（皇帝や天皇）のことを竜にたとえることから、天子の怒りを買うという意味だったが、現在では身近な人を怒らせる場合も使われるようになった。

例文 仕事での失敗が上司の逆鱗に触れた。

手塩（てしお）にかける

「手塩」とは、それぞれの食膳に添えるほんの少しの塩のこと。食べる人がその塩で出された料理の味を調節することから、自分で大切に面倒をみる意味になったと考えられる。

手薬煉（てぐすね）を引く

「薬煉（くすね）」は松脂（まつやに）と油を練ったもので粘着力が強い。弓を射る際、弓手（ゆんで）（弓を持つほうの手）に薬煉をつけると弓が滑りにくくなり、すぐに次の矢の準備もでき、しっかりした態勢で待ち構えることができる。また、弓の弦を強くするためにも薬煉を塗った。そこから、準備万端で待ち構えるという意味になった。

お鉢が回る

「鉢」は、炊き上がったご飯を入れる「米櫃（こめびつ）」のこと。大勢で食事をするとき、米櫃が自分のところへ回ってくることを「お鉢が回る」といった。本来、喜ばしい意味なのだが、なぜ、嫌な役、面倒な役などが回ってくるといった喜ばしくない場面で使われるようになったかは不明である。

片肌（かたはだ）を脱ぐ

時代劇などでよく見る仕草で、**着物の片側だけ袖を脱いで一方の肌を見せること。**動きやすい格好をするということで、江戸時代から使われている。そこから、手助けする、加勢するという意味になった。

発破をかける

「発破」は鉱山の発掘作業やトンネル掘りなどの土木工事の際、**ダイナマイトを使って岩石などを爆破させること**。ダイナマイトのように荒々しく力強い言葉をかけて相手を激励するという意味に転じた。

相槌を打つ

「槌」とはハンマーのことで、木槌、金槌などという。ここでは、**鍛冶屋の師匠が鉄を打っているとき、弟子が間を置いて打ち、互いに打ち合っている様子**を表している。そこから、相手の話に合わせて同感の受け答えをする言葉や、その態度を示すように。

覆水盆に返らず

「覆水」とはこぼれた水。周の呂尚（太公望）が働かず読書にふけってばかりいたため、妻は愛想をつかして出て行った。のちに呂尚が出世して身分が高くなると、妻が復縁を求めるが、呂尚は盆の水をこぼして「この水を元に戻せたら復縁に応じる」といった。この故事から、失敗は元に戻せないという意味になった。

油を絞る

昔、**油を採るためには「しめ木」という道具で菜種を押し潰す工程があった**。そこから、無理やり苦労して利益を出すこと、財産を得ること、または他の者に苦労させて利益を自分のものにすることという意味になり、現在では相手の失敗や過ちを厳しく責める意味となった。

油を売る

行燈であかりをとっていた時代、**行燈の油を売る商人が家々を回っていた**。容器に油を移す際、油の雫が切れるのに時間がかかり、商人が家の者と世間話をしていた様子が、雑談で仕事をさぼっているように見えたので、この言葉ができたという説がある。

辻褄を合わす

「辻」は裁縫のとき、縫い目が十字に合う部分。「褄」は着物の裾の左右の両端の部分。どちらもぴったりと合うのが理想とされるところで、物事の道筋や理屈が合うことを辻褄が合うというようになった。

4 語源

語源 どんでん返し 物事がひっくり返ること。歌舞伎の舞台で、床が90度ひっくり返って場面がガラリと変わる仕掛けのことを「がんどう返し」といい、がんどう返しが行われるときは大太鼓が「ドンデンドンデン」と鳴ったことから「どんでん返し」といわれるようになった。

清濁併せ呑む（せいだくあわせのむ）

「清濁」とは、文字通り清いことと濁っていることで、ここには**大海が清流も濁流も分け隔てなく受け入れるという意味がある**。また「清濁」には善と悪、賢者と愚者などの意味もあり、併せて、善人も悪人も受け入れる心の広い人のことを指す。

先鞭をつける（せんべんをつける）

「鞭」は馬に入れるムチを指す。**馬にムチを入れて先頭に立つこと**から意味が転じ、ほかの人を制して物事を始めるという意味になった。

知らぬ顔の半兵衛（しらぬかおのはんべえ）

「半兵衛」は戦国時代に名を馳せた**竹中重治（しげはる）**、いわゆる軍師半兵衛のこと。織田信長と斎藤龍興（たつおき）の間に戦いが始まろうとしたとき、織田側が半兵衛を味方につけたいと考え前田利家を近づかせた。**半兵衛は知らぬ顔をして逆に利家を利用し、斎藤家の勝利に貢献した**という。そこから、何も知らないふりをして物事に取り合わないことを指すようになった。

閑古鳥が鳴く（かんこどりがなく）

「閑古鳥」は**カッコウのこと**。「カッコウ、カッコウ」という鳴き声が昔からさびしいものとされていたため、商売がはやらずさびしいという意味に転じたといわれる。また**「かっこうどり」の音が「かんこどり」に変わり**、この字が当てられたと考えられる。

溜飲が下がる（りゅういんがさがる）

「溜飲」は**食べものが胃の中にたまって酸っぱい胃液の出る不快な感じ。「下がる」はそれが消えてすっきりする**という意味。そこから、わだかまりが消え気分がすっきりするという意味となった。

図に乗る

ここでいう「図」とは現代の楽譜のようなもの。**仏教の法会などで僧が唱える声楽「声明（しょうみょう）」の転調の図表のこと**である。声明の際、**転調が間違いなく行われると「図に乗った」といった**ことから、昔は思うように物事が進むといういい意味で使われた。現在は調子に乗るという意味に変わっている。

漢字 **長い訓読みの漢字** 今まで作られた漢字総数はなんと5万字ほど。中にはおもしろい訓読みをするものがある。たとえば「覇」は訓読みで「つきのくらいぶぶん」と読む。「犴」は「とらをおういぬ」。ほかにも「あしのみじかいいぬ」「あしのみじかいうし」と読む漢字もある。

鎬を削る

「鎬」とは刀の刃と背の間の稜線が高くなっている部分。刀と刀で戦うとき、**その部分が激しくぶつかり合って削れ落ちることから、**激しく争ったり対立することのたとえとなった。

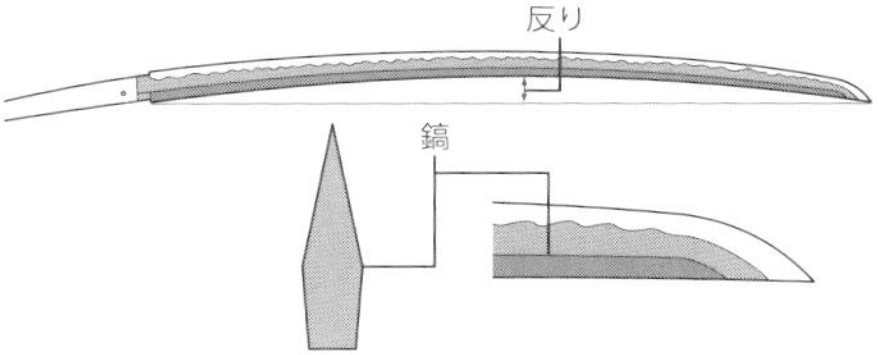

反りが合わない

「反り」とは刀の背の反っている部分。反りが鞘の曲がり具合に合わないと、刀を鞘に収めることができない。そこから気心が合わない、うまくやっていけないという意味になった。

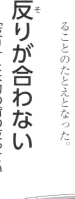

屁の河童

河童は水中にいるから、たとえ屁をしたところでくさくもなんともないという説が有力。そこから、まるで問題にならないという意味に転じた。元来、「河童の屁」だったが、「屁の○○」という表現が流行したことから、これも倒置されたと考えられる。

武士は食わねど高楊枝

「高楊枝」は食後にゆったりと楊枝を使うという意味。**名誉を重んじる武士は、貧しくて食事がとれなくても、気位高く楊枝を使って満腹を装っていた。**気位を高くもって生きるという意味のほか、やせ我慢をする、見栄を張るという意味もある。

舌の根の乾かぬうちに

言葉を言い終わるか終わらないうちにという意味。「舌の根」は「舌根」といって、眼根、耳根、鼻根、身根、意根と並んで六種の感覚器官「六根」の一つとされる。元々は味覚器官を表すものだったが、現在の意味は「舌」そのものとなっている。

耳に胼胝ができる

よく聞く言葉だが、正しい漢字は「蛸」ではなく「胼胝」。**胼胝は皮膚の角質層が厚くなったもので、**いわゆる「ペンダコ」や「ウオノメ」がそれにあたる。同じことを**繰り返し聞かされていれば耳に胼胝ができる、**と比喩的にいったものである。

語源 すっぱ抜く 「すっぱ」は漢字で「透っ破」や「素っ破」と書く。これは戦国時代の忍者のことで、忍者のように素早く情報を収集することを「すっぱ抜く」というようになったといわれている。また、スパッと刀を不意に抜くことから、秘密を出し抜いて暴くという意味もある。

白河夜船（しらかわよふね）

「白河」は京都の地名。京都見物をしてきたふりをしている人に、「白河はどうでしたか」とたずねたところ、その人は川の名前と勘違いして「夜船で通ったからよく見ていなかった」と答えた。そこから、**ぐっすり寝込んで何が起こったかわからないこと、また知ったかぶりのこと**をいうようになった。

例文 酒を飲み過ぎて白河夜船だったね。

他力本願（たりきほんがん）

仏教用語の一種。他力とは阿弥陀仏様の力のこと、本願とはすべての生命を極楽浄土に導こうとすること。つまり本来の他力本願とは、**阿弥陀仏の力によって成仏すること**である。ここから「他人の力で自分の願いをかなえる」という意味に転じた。現在では成り行きに任せるという意味も。

自然淘汰（しぜんとうた）

「淘」は水で洗って選り分ける、「汰」は水ですすぐことを意味する。そこから、**不要なものを取り除き、必要なものを残すという意味**の「淘汰」という言葉になった。のちに、イギリスの自然科学者チャールズ・ダーウィンが進化論の中で唱えた「natural selection」を自然淘汰と訳した。

例文 変化しない会社は自然淘汰される。

興味索然（きょうみさくぜん）

「索然」は心ひかれるものがなく空虚な様子、なくなって尽きてしまう様子。つまり、**興味が失われ、おもしろくなくなっていく様子を表した言葉**で、「興味津津（きょうみしんしん）」とは逆の意味になる。

例文 あれだけ好きだった作家だけれど、最近マンネリ気味で私も興味索然だ。

言葉 **胸三寸【むねさんずん】** 胸の内、心の中の考えという意味。「胸三寸におさめる」は、胸の内にしまっておくということ。「内密にする」と同じ意味だが、それよりはやわらかい印象を与える大人的な言い回し。

虎視眈眈（こしたんたん）

「虎視」は**虎が獲物を狙い見ること**、「眈眈」は**見下ろすこと**。ここから、形勢を眺めながら、相手に隙がないか機会を狙うことを表すようになった。とどめを刺す機会を虎視眈眈と狙っている。

有象無象（うぞうむぞう）

元々は仏教用語の「有相無相」に由来している。「相」とは形や姿を現し、**有相無相とはすべての形があるもの、あるいは形がないもの**を含んでいる。つまり、この世の森羅万象すべてである。その後「相」という概念は理解しづらいということで、より形や姿という意味に近い「像」にとって代わられ、さらに「象」に変化したといわれている。

傍若無人（ぼうじゃくぶじん）

「傍に人無きが若し」という意味で、人前であるにもかかわらず、まるでそばに人がいないかのように勝手気ままにふるまうこと。

例文 **新人の傍若無人な態度に腹が立った。**

比翼連理（ひよくれんり）

「比翼の鳥」と「連理の枝」を合わせてできた四字熟語。「比翼の鳥」は雄雌の二羽が一体となって飛ぶという想像上の鳥。「連理の枝」は二本の木の枝がつながったもの。ここから、**男女の仲がとてもよいこと**のたとえとして使われる。

呉越同舟（ごえつどうしゅう）

『孫子』より。**中国春秋時代の宿敵同士、呉と越の両国の人が同じ舟に乗り合わせ、大風に襲われたなら、恨みも忘れ互いに助け合うだろうという故事**から。仲の悪い者同士が同じ場所に居合わせること。また、敵味方が共通の困難や利害のために協力すること。

一衣帯水（いちいたいすい）

中国の隋の文帝が陳の国を攻めたとき、両国の間にある揚子江を「大した隔たりではない」といったときの言葉。「衣帯」は帯のことで、**「一本の帯のように幅の狭い水（川、海峡）」という意味**。幅の狭い川などの隔たりがあるだけで極めて近接している様子をいう。

漢字 **「ネ」と「衤」** 「ネ［しめすへん］」と「衤［ころもへん］」どちらを使うか迷ったとき、書き分けるポイントがある。「ネ」の元の漢字は「示」で神を祭る台を意味し、神に関係する漢字につく。たとえば祈や禅。一方「衤」の元の漢字は「衣」で衣服に関係する漢字につく。たとえば袖、袴。

後生大事（ごしょうだいじ）

仏教語から。「後生」とは「来世」の意。**来世での安楽を願い、信心を忘れず善行に努め仏道に励むこと**をいった。転じて、物事を大切にするという意味に。

五臓六腑（ごぞうろっぷ）

「五臓」は心臓、肺、脾臓、肝臓、腎臓の五つの臓器のこと、**「六腑」は大腸、小腸、胃、胆、膀胱、三焦の六つの器官のこと**。つまり心身全体のことを指している。ちなみに三焦とはリンパ管のこと。

四苦八苦（しくはっく）

仏教で**四苦は「生」「老」「病」「死」、八苦はそれに「愛別離苦」「怨憎会苦」「求不得苦」「五陰盛苦」**を合わせたもの。元はあらゆる苦しみを表していた。

没分暁漢（ぼつぶんぎょうかん）

「没」は無の意味、「分暁」はわかること、さとること、「漢」は男。つまり、ものわかりが悪い男という意味。

天衣無縫（てんいむほう）

天人の衣装は針や糸で作るものではなく縫い目もないという言い伝えからできた言葉。工夫したあとがなく、自然で、美しい文章や詩、また素直で天真爛漫、無邪気な性格を表すときにもいう。

例文 彼女の美しい舞は天衣無縫の極みだ。

岡目八目（おかめはちもく）

当事者より傍観者のほうが物事がよく見え、判断力もあるという意味。「岡目」は第三者の立場でわきから見ていることで、「八目」は囲碁の八手先の目。囲碁を横で見ている人のほうが、実際に勝負をしている人より、先まで読めているということから。

波瀾万丈（はらんばんじょう）

「波」は小さな波、「瀾」は大きな波のこと。万は数字の万で非常に数が多いことを表す。丈は長さの単位で一丈は約三メートル。つまり、大小の波が寄せ、波の高さが一万丈にも達するということから転じて、**ものごとの変化が激しいこと**をいう。

言葉 **三種の神器**【さんしゅのじんぎ】「三種の神器」とは日本天皇が代々継承してきた宝物、鏡、剣、玉のこと。現代ではそれが転じて「物事を象徴する３つのアイテム」を指す言葉として使われるようになった。有名なところでは、白黒テレビ、冷蔵庫、洗濯機が1950年代の三種の神器といわれた。

Part 5

読み間違え、誤読をする人が多い漢字

1 誤読

常識が問われる、読めないと恥ずかしい漢字

非力〈○ひりき ×ひりょく

力が弱いこと。権力がないこと。

例文 非力な若者ばかりだ。

憂目〈○うきめ ×ゆうもく

苦しいこと。つらいこと。悲しいこと。

例文 選挙で落選の憂目にあう。

細雪〈○ささめゆき ×ほそゆき

こまかい雪。まばらな雪。谷崎潤一郎の代表的な小説の題名。

例文 急に冷え込んで、細雪が降ってきた。

反故〈○ほご ×はんこ

不要なものとして捨てる。約束を破ったり、取り消す。

例文 約束を反故されたので、クレームを申し入れた。

面持(ち)〈○おももち ×めんもち

感情や思いが表れている顔つき。

例文 不安げな面持で出かけた。

独擅場〈○どくせんじょう ×どくだんじょう

一人が思いのままに活躍できる場。「擅」が「壇」と間違えられ、「独壇場（どくだんじょう）」も使われるように。

例文 演説会は彼の独擅場だった。

語源 **とどのつまり** 「とど」とは出世魚のボラに由来するという説がある。ボラは成長に応じて、「オボコ→スバシリ→イナ→ボラ→トド」と名前が変わる。最後が「トド」なので、「結局」という意味で使われるようになった。ちなみに「つまり」は、強調のため同じ意味の言葉を重ねたもの。

幼気〈○いたいけ ×おさなげ

いたいたしくて、いじらしい様子。

例文 怪我をしてもがんばっている子どもが幼気だ。

功徳〈○くどく ×こうとく

現世・来世で幸福になるためのよい行い。ご利益。

例文 善行功徳を積むことが大切だ。

四方山〈○よもやま ×しほうざん

世間のさまざまなこと。

例文 四方山話をして長い夜を過ごした。

凄絶〈○せいぜつ ×そうぜつ

非常にすさまじい様子。そうぜつは「壮絶」と書く。

例文 凄絶な争いを繰り広げた。

怪訝〈○けげん ×かいげん

不思議で納得がいかないこと。

例文 手品の種を明かしたのに怪訝な顔をされた。

野点〈○のだて ×やてん

屋外で茶をたてて楽しむ会のこと。

例文 野点とは和風ピクニックともいえる。

完遂〈○かんすい ×かんつい

最後まで完璧にやり通すこと。やり遂げること。

例文 与えられた任務を立派に完遂した。

台詞〈○せりふ ×だいし

演劇などで発せられる言葉。決まり文句。

例文 クライマックスの決め台詞がかっこいい。

言葉 **鉄面皮**【てつめんぴ】 恥知らずな人のことを指していう言葉。類義語に「面の皮が厚い」「厚顔」があり、厚かましさをたとえる言葉には「顔」が度々使われる。恥ずかしいと顔が赤くなるものだが、恥知らずの人は顔の皮が分厚いため赤くならないという理論からきているようだ。

頒布 〇はんぷ ×りょうふ

不特定多数の相手に、物などを幅広く配ること。

例文 小冊子を無料で頒布する。

境内 〇けいだい ×けいない

境界の内側。神社や寺院の敷地内。

例文 神社の境内で子どもたちが遊んでいる。

香華 〇こうげ ×こうか

仏前に供える香と花。

例文 香華を手向けて、手を合わせる。

巣窟 〇そうくつ ×すくつ

住む場所。特に悪人の住む場所や隠れ家。

例文 犯罪者の巣窟となっている。

従容 〇しょうよう ×じゅうよう

あわてず、ゆったりと落ち着いている様子。

例文 従容とした立ち振る舞いが手本となっている。

曲者 〇くせもの ×まがりもの

怪しい人。一筋縄ではいかない人。油断できないもの。

例文 あの人は曲者で、周囲から浮いている。

造詣 〇ぞうけい ×ぞうし

ある分野について深い知識や技量をもっていること。

例文 先生は美術に造詣が深い。

暫時 〇ざんじ ×ぜんじ

しばらくの間。しばし。

例文 暫時、別件に専念します。

語源 **正念場**【しょうねんば】 歌舞伎や人形浄瑠璃の世界の言葉で、役の本心を「性根」といい、それを表現する最も重要な場面を「性根場［しょうねば］」という。「性根」を仏教語の「正念（邪念を払い仏道を思う心）」に置き換え、強い信念が必要な大事な場面を表す言葉として一般化した。

一矢〈○いっし ×いちや

たいていは「一矢報いる」と使う。自分に向けられた攻撃や非難に対して、少しでも反撃、反論すること。

先途〈○せんど ×せんず

勝負や運命の分かれ目。行き先。行き着くところ。

例文 ここを先途と踏ん張る。

有り体〈○ありてい ×ありたい

ありのまま。うそがないこと。また、ありきたり。

例文 有り体に言えば、反省しています。

健気〈○けなげ ×けんき

しっかりしていて殊勝な様子。

例文 まだ小さいのに健気にがんばっている。

厭世〈○えんせい ×えんせ

世の中を嫌うこと。人生を無価値だと思うこと。

例文 つらいことがあり、厭世的な気持ちになっている。

漸増〈○ぜんぞう ×ざんぞう

だんだん増えること。対義語は「漸減」。

例文 工場の生産量が漸増する。

流布〈○るふ ×りゅうふ

世の中に広まること。広く知れ渡ること。

例文 芸能人のうわさが流布する。

下手物〈○げてもの ×へたもの

粗雑な安物。風変わりなもの。

例文 あの人は下手物趣味だ。

漢字 **春夏秋冬** それぞれの文字に「きへん」を付けると、その季節の植物になる。椿［つばき］、榎［えのき］、楸［ひさぎ］、柊［ひいらぎ］。平安時代の漢学者、小野篁［おののたかむら］も「春つばき　夏はえのき　秋ひさぎ　冬はひいらぎ　同じくはきり」と歌を読んでいる。最後の「きり」は「桐」。

逆鱗 〈 ○げきりん ×ぎゃくりん

目上の人の激怒（⬇P122）。

例文 うそをついて上司の逆鱗に触れた。

逝去 〈 ○せいきょ ×いきょ

人の死を敬っていうときに使う。

例文 先生が逝去されたと聞いた。

凡例 〈 ○はんれい ×ぼんれい

書物や地図、辞書、事典などの巻頭にあり、使用法などを記したもの。

脆弱 〈 ○ぜいじゃく ×きじゃく

身体や器物などが、もろくて弱いこと。

例文 地盤が脆弱で家が建てられない。

定石 〈 ○じょうせき ×ていせき

何かを行うとき、最適とされる方法。決まった方法。

例文 こういった問題の解決には定石がある。

弛緩 〈 ○しかん ×しだん

ゆるんだり、たるんだりすること。

例文 ときには気持ちを弛緩させるのもよい。

時化 〈 ○しけ ×じか

海が荒れること。景気が悪いこと。

例文 今日は時化で船が出せない。

泡銭 〈 ○あぶくぜに ×あわせん

働かないで得たお金。苦労しないで得たお金。

例文 どうせ泡銭だから、パーッと使ってしまおう。

言葉 **幾星霜**【いくせいそう】 星は一年で天を一周して元の位置に戻り、霜は毎年冬に降りる。それを幾度も繰り返してきたということで、長い歳月を意味する言葉だ。「長い年月を経て」と言うより「幾星霜を経て」のほうが、時間の重みを詩的に表現できる。

Question

どちらが正しいかな？ ①

正しいほうに○をつけましょう。間違った読み方が定着した例もあるので、本来の読み方を選んでください。

Q1 間髪（を容れず）　□ かんはつ　□ かんぱつ

Q2 ご利益　□ ごりえき　□ごりやく

Q3 続柄　□ ぞくがら　□ つづきがら

Q4 奥義　□ おくぎ　□ おうぎ

Q5 読点　□ どくてん　□ とうてん

Q6 一段落　□ ひとだんらく　□ いちだんらく

Q7 依存心　□ いそんしん　□ いぞんしん

Q8 官吏　□ かんし　□ かんり

Q9 帰依　□ きい　□ きえ

Q10 他人事　□ たにんごと　□ ひとごと

5 誤読

解答 Q1:かんはつ、Q2: ごりやく、Q3: つづきがら、Q4: おうぎ、Q5: とうてん、Q6: いちだんらく、Q7: いそんしん、Q8: かんり、Q9: きえ、Q10: ひとごと

杜撰＜○ずさん ×とせん

いい加減なこと。雑なこと。

例文 管理が杜撰だから事故が起きた。

殺生＜○せっしょう ×さっしょう

生き物を殺すこと。むごいこと。非道なこと。

例文 殺生をしたからには、感謝していただく。

礼賛＜○らいさん ×れいさん

すばらしいとほめたたえること。ありがたく思うこと。

例文 先生の偉業を礼賛する。

極彩色＜○ごくさいしき ×きょくさいしょく

多くの色を使い、鮮やか、華やかであること。

例文 極彩色の鳥を見にいく。

成仏＜○じょうぶつ ×せいぶつ

悟りを開くこと。死んで仏となること。

例文 ご先祖様が成仏できますように。

市井＜○しせい ×いちい

人が多く集まり住むところ。市街地。

例文 市井の人のために働く。

凋落＜○ちょうらく ×しゅうらく

落ちぶれること。衰えること。しぼんで落ちること。

例文 あの事件以来、凋落の一途をたどった。

生蕎麦＜○きそば ×なまそば

そば粉だけで打ったそば。または小麦粉などの混ぜものが少ないそば。

語源 **麒麟児**【きりんじ】 この「麒麟」は動物園で見るキリンではなく、中国の伝説上の霊獣を指す。麒麟は獣類の長であり、顔は龍、体は鹿、尾は牛、蹄［ひづめ］は馬に似ていて、角を持つ。王道が行われるときに現れるということから、秀でた才能を持つ子どもを「麒麟児」と称するように。

言質　○げんち　×げんしち

あとで証拠とされるような言葉。

例文 交渉相手の言質を取る。

体裁　○ていさい　×たいさい

外から見た様子。他人の目に映る自分。一定の形式。

例文 企画書の体裁を整える。

端役　○はやく　×はしやく

主要でない役をする人。

例文 端役だけれど舞台でデビューできた。

壊死　○えし　×かいし

体の組織や細胞の一部が死ぬこと。

例文 ただの骨折ではなく骨（こつ）壊死していた。

自重　○じちょう　×じじゅう

行いを慎み、軽はずみなことをしないこと。「じじゅう」と読んだ場合、車体や機械の重さという意味に。

出帆　○しゅっぱん　×しゅつほ

船が出航すること。

例文 私の乗った船は時間通りに出帆した。

黴菌　○ばいきん　×びきん

人体に有害な微生物。汚いもの。

例文 手に黴菌がつく。

酌量　○しゃくりょう　×はいりょう

事情を汲みとって、手加減すること。

例文 情状酌量の余地がある。

語源 **いたちごっこ**　同じことを繰り返し、きりがないことをいうが、「いたちごっこ」とは、元々江戸時代に流行った子どもの遊びの名前。「いたちごっこ」といいながら相手の手の甲を交互につねるという、終わりのない遊びだったようだ。遊びは消えたが、名前と特徴だけが現代に残った。

罹患＜○りかん ×らかん

病気にかかること。

例文 今年流行の伝染病に罹患する。

鍼灸＜○しんきゅう ×はりきゅう

鍼（はり）や灸を用いた医療技術。

例文 母は腰痛で鍼灸院に通っている。

臨む＜○のぞむ ×いどむ

その場に直面する。その場に行く。面する。

例文 危険を承知で臨む。

戒める＜○いましめる ×いさめる

間違いのないよう注意する。禁止する。

例文 絶対に遅刻しないよう戒めた。

快い＜○こころよい ×ここちよい

気持ちいい。さわやか。好ましい。

例文 快い風が吹いている。

潜む＜○ひそむ ×しずむ

隠れている。潜在する。

例文 言葉の裏に本当の理由が潜んでいる。

滞る＜○とどこおる ×しぶる

順調ではない。支払わない。流れが停滞する。

例文 家賃の支払いが滞っている。

著す＜○あらわす ×しるす

書物を書いて出版する。世に出す。

例文 恩師が自叙伝を著した。

語源 襦袢【じゅばん】 和装のときに着る下着の名前。日本の伝統的な着物の名前なのに、実は外来語だということをご存知だろうか。ポルトガル語の「ジバゥン」に漢字をあてたものだ。ほかにも、天ぷら、カルタなど、日本を代表するようなものの名前も外来語のものがけっこうあるのだ。

Column ››››››››››

都道府県名の由来③

鳥取県

白鳥を捕獲して朝廷に献上する人たち「**鳥取部**（ととりべ）」に由来。

島根県

島または島国の意味で、根は島につく接尾語。八束水臣津野命（やつかみずおみつぬのみこと）が名付けたという。

岡山県

岡山城が築かれた丘の名前。城周辺の丘を岡山と呼んだとも。

広島県

朝臣（あそん）、**大江広元**（おおえのひろもと）**の「広」**と、僧侶、**福島元長**（ふくしまもとなが）**の「島」**を合わせた。

山口県

阿武郡（あぶぐん）にある「**山の入り口**」に由来。

徳島県

蜂須賀家政（はちすかいえまさ）**が城を築き、そこを徳島**と改称。

香川県

樺（かば）**の木の香りを移して流れた川**が「香川」になった。

愛媛県

古事記に出てくる神名、「**愛比売**（えひめ）」**が「愛媛」に**なった。

高知県

「**河中山城**（こうちやまじょう）」**が高智山城、高知城**と変わり、地名も高知となった。

福岡県

筑前国域を治めていた黒田氏の発祥の地である**備前福岡**に由来。

佐賀県

逆流する川「さか川」が「佐嘉川」に転じ、「佐賀」も使われるようになった。

長崎県

長い岬（長い崎）のある地が由来。

熊本県

「**隈本**（くまもと）」という名を加藤清正が熊本に変更。「くま」は地形に由来すると思われ、諸説ある。

大分県

「**多き田**」が「大分」となった。

宮崎県

神武（じんむ）天皇の住まい、高千穂宮の前に広がる土地を「**宮前**（みやさき）」と呼んだ。

鹿児島県

古くは**桜島のことを鹿児島**と呼んだ。鹿の子が住んでいたなどの説がある。

沖縄県

「沖」と、漁場を意味する「なば」が合わさったもの。

※ほかの都道府県は➡P135、P149。

押さえておきたいビジネス必須の漢字

遊説〈○ゆうぜい ×ゆうせつ

意見や主張を説いてまわること。

例文 総選挙前に全国を遊説している。

約定〈○やくじょう ×やくてい

約束して決めること。契約。株式取引などの売買が成立すること。

例文 約定どおり返済してほしい。

破綻〈○はたん ×はじょう

成立しないこと。物事が修復できない状態になること。

例文 大企業の破綻は影響が大きい。

更迭〈○こうてつ ×こうそう

ある役目の人を、ほかの人に代えること。

例文 失言で大臣を更迭される。

馘首〈○かくしゅ ×しゅしゅ

首を切ること。転じて解雇、免職のこと。

例文 景気が悪いので馘首される。

弾劾〈○だんがい ×だんかく

犯罪や不正をあばき、責任をとるよう求めること。公務員の罷免（ひめん）・処罰手続きの一つ。

例文 不正を犯した大統領を弾劾する。

言葉 **帰国子女【きこくしじょ】** 海外生活を経て日本に帰国した子どものこと。「女」とつくのに男の子にも使うのを不思議に思う人もいるだろう。それは「女」の前の「子」は子どもではなく、男の子を指しているからだ。「王子」の「子」が男の子を指すのと同じ。

乱高下〈○らんこうげ ×らんこうか

相場が短期間で激しく動くこと。乱調子。

例文 政権交代で株価が乱高下している。

頒価〈○はんか ×りょうか

売るものではなく、頒布（はんぷ）する物の価格。

例文 非売品の頒価を計算する。

措置〈○そち ×しゃくち

手続きをしたり、取り計らって始末をつけること。

例文 適切な措置をしたので大丈夫だ。

反収〈○たんしゅう ×はんしゅう

一反当たりの収獲高。反は田畑の面積を表す単位で、一反は三百坪（約九百九十平方メートル）。

出納帳〈○すいとうちょう ×しゅつのうちょう

入出金を記入した帳簿。

例文 預金出納帳に記入する。

恪勤〈○かっきん ×かくきん

まじめに勤めること。職務に励むこと。

例文 精励恪勤な態度の部下をほめた。

補填〈○ほてん ×ほしん

不足・欠損部分を補って埋めること。

例文 銀行からの融資で赤字を補填する。

月極〈○つきぎめ ×げっきょく

月単位で契約すること。

例文 月極駐車場を借りている。

語源 **鞘当て【さやあて】** ささいなことが原因で起こるケンカのことをいうが、元々は武士の言葉。すれ違うときなど、刀の鞘が当たってしまうのは周囲を意識できていないとうこと。武士の世界ではとても無礼で恥ずべき行為だった。だから、鞘が当たっただけでもケンカになったのだろう。

未曾有〈○みぞう ×みぞうゆう

歴史上、起こったことのないこと。

例文 未曾有の災害に人々は立ちすくんだ。

工面〈○くめん ×こうめん

手段を考えて準備すること。お金を用意すること。

例文 起業のための資金を工面する。

誤謬〈○ごびゅう ×ごしん

記帳、計算、会計処理などの誤り。間違い。

例文 新人に任せたら誤謬があった。

詐取〈○さしゅ ×さくしゅ

金品をだまし取ること。労働問題などでよく登場する「搾取（さくしゅ）」と間違えやすいので注意。

賃借〈○ちんしゃく ×ちんたい

賃料を支払って、物などを借りること。

例文 商品の保管場所が足りず、倉庫を賃借する。

下値〈○したね ×しもね

証券用語では、現在の相場より安い値段。

例文 着実に下値を切り上げる。

潤沢〈○じゅんたく ×じゅんさわ

潤い。儲け。豊富。つやがあること。

例文 潤沢な資金を用意している。

経綸〈○けいりん ×けいろん

国家を治め、秩序を整えること。

例文 経綸の才が備わっている。

語源 **すばる** 1610年、ガリレオ・ガリレイによって発見されたプレアデス星団の和名。外来語のような響きだが、『枕草子』でも「星はすばる、ひこ星、明星」とあるように平安時代から使われている日本語だ。古代人の玉飾り「美須麻流之球［みすまるのたま］」が語源だといわれている。

総高〈○そうだか ×そうこう

全部を合わせた数、量、金額。

例文 思ったより総高が低い。

雑役〈○ざつえき ×ざつやく

主要な業務以外の雑多な仕事。

例文 雑役を一身に引き受けている。

便宜〈○べんぎ ×べんせん

都合がよいこと。その場に適した処置をすること。

例文 取引先のために便宜を図る。

相対売買〈○あいたいばいばい ×そうたいばいばい

当事者同士、一対一の売買取引のこと。

例文 相対売買で取引価格を決める。

前場〈○ぜんば ×まえば

証券・商品取引所の午前の取引。午後の取引は「後場(ごば)」。

例文 前場で大きく値が動いた。

引見〈○いんけん ×ひっけん

地位の高い人が、目下の人を呼び入れて対面すること。

例文 国王が使者を引見した。

聴聞〈○ちょうもん ×ちょうぶん

行政機関が行政行為をする場合に、利害関係者の意見を聞くこと。

仕る〈○つかまつる ×つかさどる

「する」「行う」の謙譲語。目上の人のために何かをすること。

言葉 **独り舞台と檜舞台** 似たような言葉だが微妙に意味が違うので使うときには注意したい。独り舞台とは、一人だけで演じること、または大勢の中で一人だけ優れている人を評していう言葉。檜舞台［ひのきぶたい］は、腕前を披露できる場、晴れの舞台という意味だ。

漢字パズル

次の漢字を組み合わせて、二字熟語を作りましょう。

① 文＋色＋糸＋寸＝

記入欄

② 舌＋頁＋言＋是＝

記入欄

③ 糸＋青＋小＋者＝

記入欄

④ 少＋可＋女＋大＝

記入欄

⑤ 刀＋見＋立＋木＋八＝

記入欄

⑥ イ＋口＋口＋十＋人＝

記入欄	

⑦ 斗＋木＋里＋王＋ノ＝

記入欄

⑧ 目＋又＋小＋日＋四＋ノ＝

記入欄

⑨ ノ＋ノ＋口＋口＋土＋一＝

記入欄

⑩ 糸＋日＋日＋日＋口＋士＝

記入欄

解答 ①絶対、②話題、③情緒、④奇妙、⑤親分、⑥個人、⑦理科、⑧自慢、⑨告白、⑩結晶

僥倖 〈○ぎょうこう ×ぎょこう

思いがけずに得る幸せ。偶然の幸運。

例文 旅先での僥倖のおかげで今日がある。

長閑 〈○のどか ×ちょうかん

静かでのんびりとした様子。天候が穏やかな様子。

例文 長閑な正月を迎えた。

乃至 〈○ないし ×のし

数量を示すとき、中間を省略する場合に使う。ほかに、あるいは、または、という意味もある。

例文 英国か、乃至はドイツに出張する

灰燼 〈○かいじん ×はいじん

灰。燃え殻。焼けて跡形もないこと。

例文 山火事で小さな集落が灰燼した。

嗤笑 〈○ししょう ×ちょうしょう

嘲（あざけ）り笑うこと。嘲笑。

例文 友人からの嗤笑に傷ついた。

巧詐 〈○こうさ ×こうさく

巧みにあざむくこと。中国戦国時代の思想家、韓非子の「巧詐は拙誠（せっせい）に如（し）かず」とは巧詐は拙（つたな）くても誠意があるのには及ばないという意。

語源 **三昧【ざんまい】**「読書三昧」「ぜいたく三昧」というように、あることだけに集中すること、好き放題にやることを意味する接尾語として使われているが、元は仏教語。精神を集中させ瞑想的な境地に達した状態のことを表す言葉で、「三昧堂」「三昧僧」などと使われている。

雑沓〈○ざっとう ×ざっすい

「雑踏」とほぼ同じ。大勢で混み合っていること。

例文 雑沓の中を歩いたので疲れた。

阿吽〈○あうん ×あぎゅう

宇宙の始まりと終わり。息の出入り。

例文 阿吽の呼吸で挑む。

囲繞〈○いじょう ×いきょう

周りを取り囲むこと。「いにょう」とも読む。

例文 囲繞地なので活用が困難だ。

斟酌〈○しんしゃく ×じんしゃく

手加減すること。事情を汲むこと。

例文 彼の経験が浅いことを斟酌する。

禽獣〈○きんじゅう ×もうじゅう

鳥や獣。人の道や恩義を知らない者。

例文 まるで禽獣にも劣るやり方だ。

瘋癲〈○ふうてん ×つうてん

精神状態が正常ではないこと。定職につかずぶらぶらしている人。片仮名で「フーテン」とも書く。

山賤〈○やまがつ ×やません

山での仕事をしたり、山里に住む身分の低い人。人をあざけったり、自分を卑下した言葉。

剽軽〈○ひょうきん ×ひょうけい

おどけた感じ。おもしろく気軽な感じ。

例文 先生は意外と剽軽者だ。

言葉 **「時々」と「一時」** 天気予報で使われる「時々晴れ」と「一時晴れ」。このふたつは、日照時間によって使い分けられている。予想する時間内のうち、晴れている時間が1/2以内なら「時々晴れ」、1/4以内なら「一時晴れ」。ちなみに晴れている時間が1/2以上なら、ただの「晴れ」となる。

蘊蓄 ○うんちく ×おんちく

本来は、その人が長年蓄えた知識、学問のことを指すが、最近では雑学という意味で使われることが多い。

亨通 ○こうつう ×きょうつう

順調に物事が運ぶこと。

例文 万事亨通なので安心してください。

朦朧 ○もうろう ×もうりゅう

ぼんやりしていて、はっきりしないこと。

例文 事故当時は意識が朦朧としていた。

謬見 ○びゅうけん ×さんけん

間違った考え。間違った意見。誤解。

例文 きみの言ったことは謬見にすぎない。

軽侮 ○けいぶ ×けいかい

軽んじて、侮(あなど)ること。見下すこと。

例文 決して軽侮しているわけではない。

内訌 ○ないこう ×ないてい

国や組織の内部が乱れて戦うこと。内乱。内紛。

例文 天文の内訌とは「稲村の変」のことだ。

颯颯 ○さっさつ ×そうそう

音を立てて風がやや激しく吹く様子。また、さっぱりとさわやかな印象であること。

隘路 ○あいろ ×あいじ

狭くて通りにくい道。支障をきたすもの。

例文 隘路を切り開いて、計画通りに進める。

語源 **がさつ** 「がさつ」とは、「ガサガサ」という擬音語から生まれた言葉だとか。「ガサ」に動詞の「つく」が付いて「がさつく」となり、それが形容動詞化して「がさつ」となったといわれている。

屢次 〈○るじ ×るいじ

たびたび。しばしば。

例文 世界では屢次に及ぶ自然災害が起こっている。

就中 〈○なかんずく ×しゅうちゅう

とりわけ。中でも特に。

例文 就中、今週は忙しい。

蕭蕭 〈○しょうしょう ×しゃくしゃく

雨や風の音がさびしい様子。ものさびしい感じ。

例文 晩秋の雨が蕭蕭としている。

肖る 〈○あやかる ×けずる

影響を受けたり感化されて、同じようになる。

例文 尊敬している人に肖った名前。

呷る 〈○あおる ×うなる

酒や毒を一気にぐいぐいと飲む。

例文 やけ酒を呷る。

懇ろ 〈○ねんごろ ×むしろ

親切な様子。親密な様子。男女の深い仲。

例文 あの二人は懇ろな間柄だ。

恍ける 〈○とぼける ×ぼける

しらばっくれる。間抜けな表情や仕草をする。

例文 事の真相を聞くと、いつも恍けられる。

唆す 〈○そそのかす ×さす

その気になるように仕向ける。悪事に誘い入れる。

弟を唆して詐欺を手伝わせる。

語源 **半畳を入れる** 「半畳」とは、一人が座れるくらいの小さなござのこと。江戸時代、歌舞伎などを見る芝居小屋では座布団代わりに敷かれており、役者が下手な芝居をするとこの「半畳」が舞台に投げ入れられた。そのことから、他人の言動を非難したりやじることをいうようになった。

Question

どちらが正しいかな？ ②

正しいほうに○をつけましょう。間違った読み方が定着した例もあるので、本来の読み方を選んでください。

Q1 訥弁　□ とつべん　□ のうべん

Q2 見做す　□ みはなす　□ みなす

Q3 嘶く　□ なげく　□ いななく

Q4 暢気　□ ようき　□ のんき

Q5 刀自　□ とじ　□ とうじ

Q6 刮目　□ かつめ　□ かつもく

Q7 旦夕　□ こんせき　□ たんせき

Q8 途轍もない　□ とほうもない　□ とてつもない

Q9 斑入り　□ ふいり　□ まだらいり

Q10 遡及　□ さっきゅう　□ そきゅう

解答 Q1: とつべん、Q2: みなす、Q3: いななく、Q4: のんき、Q5: とじ、Q6: かつもく、Q7: たんせき、Q8: とてつもない、Q9: ふいり、Q10: そきゅう

Part 6

書き間違え、誤字をする人が多い漢字

1 誤字 大人なら絶対に間違いたくない漢字

うちょうてん　○有頂天　×有頂点

舞い上がるほどうれしい様子。天にも昇る気持ち。

例文 子どものころからの夢が叶って有頂天になった。

とうしんだい　○等身大　×当身大

飾ったり、卑下したりしていない、ありのままの姿。

例文 等身大の人間ドラマ。

てんけい　○典型　×典形

同類の中でもっとも特徴的なもの。代表的なもの。

例文 彼女は典型的な日本人のタイプだと思う。

なんこう　○難航　×難行

物事がうまく進まないこと。嵐などによって船の航行が困難になること。

かたがわり　○肩代わり　×方代わり

他人の負担や債務などを代わって引き受けること。

例文 友人の借金を肩代わりする。

かみわざ　○神業　×神技

超人的な技術。「神技」の場合は「しんぎ」と読む。

例文 大谷翔平の二刀流は神業だ。

けぎらい ○毛嫌い ×気嫌い

特に理由もないのに嫌うこと。

例文 父はロックを毛嫌いしている。

したうけ ○下請け ×下受け

人や会社などが引き受けた仕事を、別のものが引き受けてやること。また、それを行うもの。

かんだかい ○甲高い ×感高い

声や音の調子が高く鋭い。

例文 子どもの甲高い声が耳に響いた。

ほうようりょく ○包容力 ×抱擁力

相手の欠点も含めて受け入れる心の広さ。

例文 課長は包容力があるので部下から慕われる。

もくひ ○黙秘 ×黙否

取り調べなどで何も言わず黙っていること。

例文 犯人が黙秘して真相がわからない。

しゅうしゅう ○収集 ×集収

あちこちから集めること。ある一定の物を集めること。

例文 彼女は好きな作家の絵を収集している。

さくいてき ○作為的 ×作意的

わざと行うさま。不自然さが目立つさま。

例文 作為的な印象を与える記事。

どろじあい ○泥仕合 ×泥試合

相手の秘密や欠点を暴くなどする、醜い争い。

例文 権力争いが泥仕合になり決着がつかない。

ばんぜん〈○万全 ×万善

完全なこと。手落ちのないこと。

例文 万全の態勢で望む。

きゅうきゅう〈○救急 ×急救

病気や事故による怪我など、急な難儀を救うこと。

例文 適切な救急処置。

いわかん〈○違和感 ×異和感

いつもと違ってしっくりこない感じ。

例文 枕が変わって違和感があるので眠れない。

さいそく〈○細則 ×細測

法令・規則などで定めたことについて、さらに細かく決めた規則。

きまじめ〈○生真面目 ×気真面目

非常にまじめで融通がきかないこと。また、その様子、そのような人。

なかば〈○半ば ×中ば

半分くらい。中間くらい。

例文 志(こころざし)半ばで挫折した。

しゅこう〈○趣向 ×趣好

意向や趣。おもしろくなるよう工夫すること。

例文 趣向を凝らした演出で楽しんでもらう。

おうおうにして〈○往往にして ×応応にして

同じようなことがしばしばあるさま。

例文 残念ながらこういうことは往々にして起こる。

かえだま　○替え玉　×換え玉
本人だと偽(いつわ)って別人を使うこと。また、その別人。
例文 替え玉受験がばれて大騒ぎになった。

たちうち　○太刀打ち　×立ち打ち
太刀で戦うことから、物事を張り合って競争すること。
例文 若者の才能には太刀打ちできない。

まいきょ　○枚挙　×毎挙
いちいち数えること。一つずつ数えること。
例文 同じことがありすぎて枚挙にいとまがない。

かごうぶつ　○化合物　×加合物
二種以上の元素の原子が結合してできた物質。
例文 人類にとって有用な化合物。

しきい　○敷居　×式居
門や戸などの開口部の下の溝のついた横木。
例文 敷居を踏むのは行儀が悪い。

しまつ　○始末　×仕末
締めくくること。処理すること。整理すること。
例文 きちんと後始末をしてから帰る。

かひ　○可否　×可非
よいか悪いか。よしあし。賛成と反対。
例文 ダム建設の可否を論じる。

さぎ　○詐欺　×詐偽
だまして金品を奪ったり、損害を与えたりすること。
例文 振り込め詐欺の被害者が増えている。

ふぜい〈○風情 ×風勢

様子。気配。独特の趣や味わい。

例文 どことなく風情のある建物だ。

きょういてき〈○驚異的 ×脅威的

驚くほど。びっくりするほど。驚くべき。

例文 彼は驚異的な記録を打ち立てた。

しゅくしょう〈○縮小 ×縮少

大きさや規模が小さくなること。縮めること。

例文 予算が足りないので規模を縮小する。

れんたいかん〈○連帯感 ×連体感

一体感。仲間意識。

例文 僕たちのチームは連帯感がある。

かくしん〈○確信 ×確心

信じて疑わないこと。信念を固くすること。

例文 目標通りにやり遂げると確信している。

きおくれ〈○気後れ ×気遅れ

相手の勢いやその場の雰囲気に押され、恐れや恥ずかしさから心がひるむこと。

あんぴ〈○安否 ×安非

無事かどうかということ。

例文 遭難者の安否を問う。

こっぱみじん〈○木端微塵 ×木葉微塵

細かく粉々に砕け散ること。「木端」は木くずのことで、取るに足りないものという意味。

Question

穴埋め問題 ①

□に漢字を入れて、正しい熟語を完成させましょう。

Q1 ほうべん→方□　ヒント：うそも方□

Q2 おんこう→温□　ヒント：温□な人物・あの人は温□だ

Q3 かいしん→□心　ヒント：□心の作・□心の微笑み

Q4 しんまい→新□　ヒント：新□社員・勉強中の新□

Q5 ぜんごさく→□後策　ヒント：□後策を考える

Q6 ほうこ→□庫　ヒント：図書館は知識の□庫

Q7 きけつ→帰□　ヒント：論理的帰□・そろそろ帰□させたい

Q8 はちょう→波□　ヒント：波□が合わない

Q9 ぶっしょく→物□　ヒント：デパートで物□する・泥棒が物□した

Q10 なざし→名□し　ヒント：名□しで非難された

6 誤字

解答 Q1：便　Q2：厚　Q3：会　Q4：米　Q5：善　Q6：宝　Q7：結　Q8：長　Q9：色　Q10：指

じゅんふどう〈○順不同 ×順不動

並べ方に一定の基準がないこと。順序不同の略。

例文 参加者一覧(順不同)。

そえん〈○疎遠 ×疎縁

手紙や電話、訪問などが途絶えて久しいこと。

例文 疎遠になっている人と連絡をとる。

あいことば〈○合言葉 ×相言葉

あらかじめ打ち合わせておく合図の言葉。モットー。

例文 前もって合言葉を決めておく。

えいき〈○英気 ×栄気

積極的に働こうとする気力。優れた気性、才気。

例文 休暇をとり、英気を養うことができた。

さいくん〈○細君 ×妻君

同輩以下の人の妻を指す語。自分の妻の謙称。

例文 彼の細君は東京生まれの東京育ちだ。

あくたい〈○悪態 ×悪体

悪口。憎まれ口(をきくこと)。

例文 彼女は私に悪態をついた。

かんぺき〈○完璧 ×完壁

まったく欠点がなく優れていること。語源は「傷のない玉(円形の宝玉)」。

こうぎ〈○講義 ×講議

学問や研究対象について内容などを説明すること。

例文 大学で有名教授の講義を受ける。

ちゅうこく〈○忠告 ×注告

相手の欠点や悪い部分を指摘し、直すよう勧めること。

例文 忠告に従って努力する。

おかん〈○悪寒 ×悪感

発熱時のぞくぞくとする寒気。「悪感」は悪感情という意味で「あっかん」と読む。

さんさく〈○散策 ×散索

散歩をすること。

例文 下町の散策を一人楽しむ。

いせき〈○移籍 ×移席

結婚などでほかの戸籍に移ること。所属を移すこと。

例文 ライバルチームに移籍した。

しょうみ〈○正味 ×正身

物事の本当のところ。実際的な部分。

例文 正味五時間もかかってしまった。

じろん〈○持論 ×自論

自分の意見。自分が主張する説。

例文 人の意見を聞かず、持論だけで行動する。

じゃくしょう〈○弱小 ×弱少

弱いこと、小さいこと、未熟なこと。

例文 弱小チームが逆転勝ちした。

せんもん〈○専門 ×専問

限られた分野のことに従事すること。

例文 専門家のアドバイスに従う。

よせい〈○余生 ×余世

年をとってリタイアしてからの生活。

例文 趣味を充実させて余生を楽しむ。

ぼうず〈○坊主 ×坊頭

本来は寺の主である僧の意。髪の毛のない頭。

例文 最近、坊主頭の子どもは少なくなった。

うけつぐ〈○受け継ぐ ×受け次ぐ

人の意志、性質などを継承すること。前任者の仕事などを引き受けること。

せんにゅうかん〈○先入観 ×先入感

前もってもっている固定的な観念。

例文 先入観なしで公平に評価した。

れんたいせきにん〈○連帯責任 ×連隊責任

二人以上が連帯で責任を負担すること。

例文 不祥事の連帯責任で大会出場を取りやめる。

ずがいこつ〈○頭蓋骨 ×頭骸骨

頭蓋を形成する骨格。人の場合、15種23個の骨からなる。「とうがいこつ」ともいう。

せいとうは〈○正統派 ×正当派

宗教や学問などで始祖の教義や主張を継承している一派。無理なく適切な考え方や行動をする人。

かんいっぱつ〈○間一髪 ×間一発

物事が極めて差し迫っていること。

例文 間一髪のところで助けが来た。

Question

正しい漢字にしよう ①

漢字の間違いを正しく直しましょう。

Q1 予想通りに物事が運ぶこと。
あんのじょう ✕案の錠 →（　　　　　）

Q2 結婚している相手。
はいぐうしゃ ✕配遇者 →（　　　　　）

Q3 揉めごとや争いごと。
ふんそう ✕粉争 →（　　　　　）

Q4 本来もっていること、そのものだけにあること。
こゆう ✕個有 →（　　　　　）

Q5 隅々まで規則正しいこと。
きちょうめん ✕几張面 →（　　　　　）

Q6 原因不明で考えさせられるようなこと。
ふしぎ ✕不思義 →（　　　　　）

Q7 人を引き連れること。
いんそつ ✕引卒 →（　　　　　）

Q8 人を引き合わせたり、物事を教え知らせること。
しょうかい ✕招介 →（　　　　　）

Q9 今になっても。今もなお。まだ。
いまだに ✕今だに →（　　　　　）

Q10 大規模な部隊を統率し、指揮する人。
しれいかん ✕指令官 →（　　　　　）

解答 Q1：案の定　Q2：配偶者　Q3：紛争　Q4：固有　Q5：几帳面　Q6：不思議　Q7：引率　Q8：紹介　Q9：未だに　Q10：司令官

たいきょ〈○退去 ×退居

ある場所から立ち退くこと。

例文 国外への退去命令が下された。

かんちがい〈○勘違い ×感違い

うっかり間違って思い込むこと。直感や第六感という意味の「勘」が違っているという意味。

きやすめ〈○気休め ×気安め

その場限りの安心。一時的な慰め。

例文 今となっては、気休めの言葉でもありがたい。

せんしゅうらく〈○千秋楽 ×千終楽

芝居や相撲など興行の最後の日。

例文 新春歌舞伎を千秋楽に観に行った。

てらこや〈○寺子屋 ×寺小屋

庶民の子どもに教育を施した場所。江戸時代に普及。

例文 寺子屋で読み、書き、そろばんを習う。

さいこうちょう〈○最高潮 ×最高調

感情や状態がもっとも高まること。クライマックス。

例文 場内の盛り上がりが最高潮に達している。

ほうもん〈○訪問 ×訪門

他人の家や会社を訪ねること。

例文 電話ではなく訪問してお詫びする。

そくざ〈○即座 ×速座

すぐに、その場で。

例文 即座に代表者を決めた。

こうてきしゅ〈○好敵手 ×好的手

ライバル。力が同等でちょうどよい競争相手。

例文 彼は友人であり好敵手だ。

いっとうち〈○一等地 ×一頭地

その地域で最上の土地。

例文 駅前の一等地にビルができた。

おやふこう〈○親不孝 ×親不幸

親孝行の反対なので不孝の文字を使う。親が不幸になるということではない。

むぼう〈○無謀 ×無暴

よく考えずに無茶な行動をすること。

例文 その旅行計画は無謀すぎる。

はつかんせつ〈○初冠雪 ×初寒雪

その年初めて、山に雪がかぶること。

例文 北の国から初冠雪の便りが聞こえてきた。

しんこっちょう〈○真骨頂 ×新骨頂

そのものの本来の姿、真価である姿。

例文 今度の新曲こそ、あのバンドの真骨頂だ。

きせいひん〈○既製品 ×既精品

前もってできあがっている商品。

例文 オーダーメイドより既製品のほうが手軽だ。

しゅうせい〈○修正 ×修整

よくないところを改め直すこと。

例文 計画を軌道修正する時期かもしれない。

てんしゅかく〈○天守閣 ×天主閣

城の本丸にもっとも高く築いた構造物。

例文 五層の立派な天守閣をもつ名城だ。

ぼんよう〈○凡庸 ×汎庸

平凡なこと。平凡な人のこと。

例文 特に取り柄もない凡庸な人物だ。

さっとう〈○殺到 ×殺倒

多くの人が一か所に押し寄せること。

例文 話題の店のオープンに人々が殺到する。

げんえい〈○幻影 ×幻映

幻(まぼろし)。存在しないのに存在するように見えるもの。

例文 夜になると幻影に怯える。

かんそ〈○簡素 ×間素

無駄なく、簡単で質素なこと。

例文 簡素だが、掃除が行き届いた住まいだ。

けっきょく〈○結局 ×結極

最後に落ち着いた状態。

例文 結局、努力した人が勝った。

りんかく〈○輪郭 ×輪角

物の外形をつくる線。大筋。概要。アウトライン。

例文 新プロジェクトの輪郭を説明する。

はいたてき〈○排他的 ×廃他的

自分の仲間以外を排除しようとする傾向。

例文 違う意見を許さない排他的な集団だ。

Column

漢字表記がある意外な言葉

漢字があるなんて想像もつかない言葉のあれこれ。
書くのはもちろん、読むのも難しい!?

スリ	掏摸	あやかる	肖る
あくび	欠伸	かじかむ	悴む
ほくろ	黒子	たぶらかす	誑かす
こんにゃく	蒟蒻	けしかける	嗾ける
ところてん	心太	もたれる	凭れる
メダカ	目高	とてつもない	途轍もない
シシャモ	柳葉魚	くどい	諄い
ホオズキ	鬼灯 酸漿	そもそも	抑抑
くたびれる	草臥れる	こつこつ	兀兀
いぶかる	訝る	ぼうぼう	茫茫

2 誤字 さっと書けるとカッコイイ! ビジネス漢字

じんじいどう〈○人事異動 ×人事移動

地位や職務などが変わること。

例文 四月からの人事異動が発表された。

こうせき〈○功績 ×功責

会社、社会、国などに貢献した業績。

例文 創業者の功績をたたえる。

かわせ〈○為替 ×交替

手形や小切手、銀行振込など現金以外の方法で金銭を決済すること。

せっしょう〈○折衝 ×切衝

問題解決のために相手と駆け引きをすること。

例文 事務レベルで折衝を重ねる。

けいじょうりえき〈○経常利益 ×計常利益

営業利益に営業外収益を加え、営業外費用を差し引いて算出したもの。「けいつね」ともいう。

うしろだて〈○後ろ盾 ×後ろ立て

陰で力を貸し、助けること。または、その人。

例文 後ろ盾を失ってピンチに陥る。

ていしょう〈○定昇 ×定賞

定期昇給の略。定期的に基本給が引き上げられること。

例文 来期の定昇が楽しみだ。

せったい〈○接待 ×接対

客をもてなすこと。もてなし。

例文 取引先の重役を接待する。

じんざいいくせい〈○人材育成 ×人財育成

企業などで業務をこなせる人を育てること。そのための教育を行うこと。

へいしゃ〈○弊社 ×平社

自分の属する会社をへりくだっていう語。小社。

例文 クオリティの高さが弊社の強みです。

げんかしょうきゃく〈○減価償却 ×原価償却

使用または時間の経過などによる固定資産の価値の減少を、決算期ごとに費用として算入すること。

しひょう〈○指標 ×指評

物事を判断したり評価したりするための目じるし。

例文 世界各国が発表する経済指標。

しゅのうかいぎ〈○首脳会議 ×主脳会議

組織の指導者、幹部が集まって開く会議。

例文 首脳会議の結果でわが社の今後が決まる。

たなおろし〈○棚卸し ×棚下ろし

決算などのため、商品・製品・原材料などの在庫を調査すること。資産評価を含める場合もある。

みもとほしょうにん〈○身元保証人 ×身元保障人

ある人の身元保証を引き受ける人。

例文 後輩の身元保証人になる。

ふしょうじ〈○不祥事 ×不詳事

不都合な事件。好ましくない事柄。

例文 社員の不祥事で業務停止となった。

ちょうもんかい〈○聴聞会 ×弔問会

行政機関が意見を聞くために開く会。

例文 規則の制定の前に聴聞会を開く。

かいけいかんさ〈○会計監査 ×会計鑑査

企業などの会計を第三者などが監査すること。「鑑査」は芸術作品や骨董品の鑑査などで使う。

かいしゃこうせいほう〈○会社更生法 ×会社厚生法

経営困難だが再建の見込みのある株式会社について、事業の維持・更生を図ることを目的とした法律。

さいりょう〈○裁量 ×債量

その人の考えで取りさばいたり処理したりすること。

例文 裁量労働制をうまく利用している。

くめん〈○工面 ×苦面

金銭、品物などを工夫してそろえること。

例文 必要な費用を工面した。

こうとうべんろん〈○口頭弁論 ×口答弁論

民事訴訟で、裁判官の前で口頭で行われる当事者または代理人の弁論。広義では訴訟手続きの全体を指す。

ていげん
〇提言
×定言

考えや意見を示すこと。またはその考え、意見。

例文 作業効率の改善策を提言する。

しんたく
〇信託
×新託

財産の権利を他人に移転し、管理や処分を任せること。信頼して政治などを任せること。

きこう
〇機構
×機講

会社などの組織。組織の仕組み。機械などの仕組み。

例文 流通機構を改善したほうがよい。

きょしゅつ
〇拠出
×挙出

目的のために金品を出し合うこと。

例文 水害の見舞金を拠出する。

かんげん
〇還元
×環元

元の状態に戻すこと。

例文 利益の一部を社会に還元する。

いにんじょう
〇委任状
×委人状

法律行為などをある人に委任したことを記した書面。

例文 代理権を与えたことを示す委任状。

りんぎ
〇稟議
×輪議

会社・官庁などで会議を開く手数を省くため、案を関係者に回し承認を求めること。元は「ひんぎ」と読んだ。

じゅんしゅ
〇遵守
×潤守

法律や規則などを守り、従うこと。

例文 交通規則を遵守する。

たいぐう 〇待遇 ×待偶

人をもてなすこと。雇用者が勤労者を取り扱う方法。給与や労働条件など。

せきにんてんか 〇責任転嫁 ×責任転加

自分の責任を認めず、他人になすりつけること。

例文 課長から責任転嫁され取引先に叱責された。

かじょうがき 〇箇条書き ×箇状書き

項目を一つひとつ分けて書き並べること。

例文 わかりやすく箇条書きにした書類。

りこう 〇履行 ×履巧

約束や契約などを実行すること。債務者が債務の内容を実現すること。

ぎょうむぼうがい 〇業務妨害 ×業務傍害

人の業務を妨げること。仕事の邪魔をすること。

例文 業務妨害のための怪文書。

りじゅん 〇利潤 ×利純

利益。もうけ。総売上額から生産費を引いたもの。

例文 利潤を追求する。

ふうひょうひがい 〇風評被害 ×風標被害

事故や事件のあと、根拠のない噂(うわさ)のために受ける被害。

例文 風評被害によって廃業に追い込まれた。

ぶんしょう 〇分掌 ×分省

仕事や職務を手分けして受けもつこと。

例文 事務の分掌をもう一度見直す。

Question

正しい漢字にしよう ②

漢字の間違いを正しく直しましょう。

Q1 一定の得票に達しなかったときに行う再投票。
けっせんとうひょう ✕決戦投票→（　　　）

Q2 質問とそれに対する答弁。
しつぎおうとう ✕質議応答→（　　　）

Q3 売上高や契約高に応じて支払われる賃金制度。
ぶあいせい ✕歩相制→（　　　）

Q4 納期や報酬を決めて仕事を引き受けること。
うけおい ✕請追→（　　　）

Q5 賃金を払って働く人を雇うこと。
こよう ✕雇要→（　　　）

Q6 電話に対してうけこたえること。
でんわおうたい ✕電話応待→（　　　）

Q7 求められる意見を述べるための役職・人。
こもん ✕顧門→（　　　）

Q8 知識や技能を高めるために学ぶこと。
けんしゅう ✕研習→（　　　）

Q9 物事を詳しく調べること。
せいさ ✕整査→（　　　）

Q10 広く知れ渡らせること。
しゅうちてってい ✕修知徹底→（　　　）

解答 Q1：決選投票　Q2：質疑応答　Q3：歩合制　Q4：請負　Q5：雇用
Q6：電話応対　Q7：顧問　Q8：研修　Q9：精査　Q10：周知徹底

3 誤字

教養が試される、書けてうれしい漢字

ぜんじ〈○漸次 ×漸時

次第に。だんだん。徐々に。

例文 少子高齢化が漸次進んでいる。

けんたいかん〈○倦怠感 ×倦退感

心身の疲れでだるく感じること。

例文 秋から倦怠感に悩まされている。

しゅんえい〈○俊英 ×俊鋭

才能などが秀でていること。また、その人。

例文 俊英ぞろいの研究室だ。

じょうじゅ〈○成就 ×情就

物事を成し遂げること。願いが叶うこと。達成。

例文 大願成就する日は近いはずだ。

しょうこうぐん〈○症候群 ×症効群

病的状態のときに、同時に起こる一群の症状。

例文 メニエール症候群と診断された。

きゆう〈○杞憂 ×紀憂

無用な心配をすること。取り越し苦労。故事成語から。

例文 杞憂に終わって本当によかった。

たいはいてき〈○退廃的 ×退灰的

道徳が失われて不健全なさま。

例文 ここは退廃的なムードの酒場だ。

ひいき〈○贔屓 ×贔員

気に入った人をかわいがること。後援すること。

例文 同郷の芸能人を贔屓にする。

どうもう〈○獰猛 ×濤猛

荒々しく、乱暴なさま。強いさま。

例文 獰猛な虎が村を襲った。

ぜいたく〈○贅沢 ×贅択

必要以上にお金や物を使うこと。

例文 贅沢な暮らしに憧れる。

ちょうしょう〈○嘲笑 ×懲笑

あざけり、笑いものにすること。

例文 世間の嘲笑を浴びる。

きょしゅう〈○去就 ×居就

去ることと留まること。どう身を処するかの態度。進退。

例文 大臣の去就が注目される。

しゃよう〈○斜陽 ×紗陽

夕日。かつて勢いのあったものが衰えること。

例文 斜陽産業に未来はない。

せいすい〈○盛衰 ×盛粋

盛んになったり衰えたりすること。

例文 まさに栄枯盛衰は世の習いだ。

ろうきゅうか〈○老朽化 ×老旧化

古くなり、役に立たなくなること。

例文 老朽化したビルが並んでいる。

ひっぱく〈○逼迫 ×逼伯

行き詰まってゆとりがなくなること。

例文 市の財政がかなり逼迫している。

へんりん〈○片鱗 ×片隣

ほんのわずかな部分。一端。一枚の鱗(うろこ)が由来。

例文 才能の片鱗をうかがわせる出来事だった。

かっこ〈○括弧 ×括狐

文字や語句、文などを囲んで他と区別する記号。

例文 キーワードを括弧でくくる。

きんこう〈○均衡 ×均衝

釣り合いがとれていること。バランス。

例文 均衡が崩れはじめた。

たいいんれき〈○太陰暦 ×大陰暦

月の運行を基準として作った暦(こよみ)。一年が約三百五十四日となるので、季節と合わない。

こんすい〈○昏睡 ×混睡

前後不覚に深く眠り込むこと。高度な意識障害の状態。

例文 極度の疲労から昏睡する。

びりゅうし〈○微粒子 ×徴粒子

非常に細かい粒。

例文 空中に微粒子が漂っている。

Question

どちらが正しいかな？ ③

次の意味をなす漢字はどちらか、正しいほうに○をつけましょう。

Q1 思い通りでなくなり残念なこと。

いかん □遺憾 □遺感

Q2 ほかに比べて劣っていること。

そんしょく □遜色 □孫色

Q3 非常に急いで物事を行うさま。

きゅうきょ □急虚 □急遽

Q4 たとえを用いて物事を表現すること。

ひゆ □比喩 □比愉

Q5 心の中にもっているたくらみ。策略。

こんたん □魂胆 □魂担

Q6 大気の屈折で物がずれて見える現象。

しんきろう □蜃気桜 □蜃気楼

Q7 死去したという知らせ。

ふほう □訃報 □不報

Q8 正式に決定するまで、仮に定める措置。

ざんてい □算定 □暫定

Q9 意のままに使いこなせるようにすること。

しょうあく □掌握 □渉握

Q10 地中の鉱物や石炭を採取すること。

さいくつ □採堀 □採掘

解答 Q1：遺憾 Q2：遜色 Q3：急遽 Q4：比喩 Q5：魂胆 Q6：蜃気楼 Q7：訃報 Q8：暫定 Q9：掌握 Q10：採掘

しゅうちしん〈○羞恥心 ×差恥心

恥ずかしいと思う気持ち。

例文 羞恥心のない人は困ったものだ。

ぼんのう〈○煩悩 ×煩脳

心身を苦しめる精神のはたらき。欲望や怒りなど。

例文 煩悩にとらわれ困っている。

まてんろう〈○摩天楼 ×魔天楼

(天に届くかと思われるほどの)超高層ビル。

例文 摩天楼がそびえる都市。

こっけい〈○滑稽 ×骨稽

笑いを誘うようなおかしいことやおもしろいこと。

例文 滑稽なしぐさで笑わせる。

きひんしつ〈○貴賓室 ×貴品室

身分の高い人の部屋。

例文 お客様を貴賓室へとご案内する。

しんぴょう〈○信憑 ×真憑

信用して頼ること。信頼すること。

例文 彼の証言は信憑するに足る。

さいじき〈○歳時記 ×歳事記

一年の行事や風物などを記した書物。俳句の季語を分類して解説や例文句を載せた本。

ろか〈○濾過 ×盧過

液体などをこして混ざっている物を取り除くこと。

例文 雨水を濾過し、飲料水として使う。

たいこうぼう
○太公望 ×大公望

釣りをする人。釣りが好きな人。

例文 鮎（あゆ）を狙う太公望が川辺にやってきた。

ばくふ
○瀑布 ×幕布

滝のこと。

例文 ナイアガラの滝は世界三大瀑布の一つだ。

しおさい
○潮騒 ×潮際

潮が満ちてくるときの波の音。

例文 潮騒が聞こえる宿に泊まった。

まんぜん
○漫然 ×慢然

目的もなく事をなすさま。はっきりとした意識をもたず、いい加減に行うさま。とりとめのないさま。

ことだま
○言霊 ×言彈

言葉に宿っていると信じられていた、霊的な力。発した言葉どおりのことを起こす力があるとされた。

こっとう
○骨董 ×骨蕾

希少価値のある古美術品や古道具。骨董品。

例文 骨董の世界は奥が深い。

のれん
○暖簾 ×暖廉

商店などが店先に掲げる布。店の信用、格式。

例文 店の暖簾に傷がつく。

しゅうえん
○終焉 ×終宴

命が終わること。死を迎えること。また、そのとき。

例文 偉人の終焉の地を訪ねる。

4 誤字 間違いに気を付けて！ ことわざ・慣用句

○濡れ手で粟
×濡れ手で泡

なんの苦労もしないで多くの利益を得ること、やすやすと金儲けをすること。濡れた手で粟をつかむと粟粒が実際につかんでいる以上にたくさんくっついてくることからなので、「泡」は間違い。

○二兎を追う者は一兎をも得ず
×二頭を追う者は一頭をも得ず

同時に違った二つのことをしようとすると結局はどちらも失敗してしまうということ。二匹の兎（ウサギ）を同時に追いかければ、結局は二匹とも取り逃がしてしまうことが由来なので、「頭」ではなく「兎」。

○出る杭は打たれる
×出る釘は打たれる

人よりも才能があって優れていると目立ってしまい、周囲から嫉妬され憎まれるという意。並べて打った杭の一本が高すぎれば、そろえるために打たなければならないことから。

○食指が動く
×食指を伸ばす（そそられる）

中国春秋時代、鄭の国の家臣だった子公が人差し指が動いたのを見て、ごちそうにありつける前兆であると言ったという話が由来なので、「動く」が正解。食欲がわくことから転用し、ある物事に興味を持つこと。出典は『春秋左氏伝』。

〇焼けぼっくい（木杭）に火がつく

×焼けぼっくりに火がつく

以前に関係があって一度切れた縁がまた元の関係に戻ること。一度焼けて炭化した杭(くい)は火がつきやすいことからなので、「ぼっくり」は間違い。

〇白羽(しらは)の矢が立つ

×白羽の矢が当たる

多くの中から見込まれて選び出されるという意。神様が人身御供(ひとみごくう)を欲し、望む娘の家に白羽の矢を立てたことからなので、「当たる」は誤り。

〇馬子(まご)にも衣装

×孫にも衣装

誰でも立派な服装をすれば、それらしく立派に見えること。「馬子」は馬を引いて人や荷物を運ぶ仕事をする人のことで「孫」ではない。

〇牛首(ぎゅうしゅ)を懸けて馬肉(ばにく)を売る

×牛首を懸けて狗肉(くにく)を売る

言っていることと、行っていることが違うこと。見かけと内容が一致しないこと。類義句の「羊頭を懸けて狗肉(くにく)を売る」との混同。出典は『晏子春秋(あんししゅんじゅう)』。

〇袖振(そでふ)り合うも多生(たしょう)の縁

×袖触れ合うも多少の縁

袖が振れ合うような些細(ささい)なことでもみな関連があって起きているということ。触れあう、ではない。「多生の縁」は前世からの因縁で「多少」ではない。

〇鳴かず飛ばず

×泣かず飛ばず

長い間人目につくような活躍をしていないこと。鳥が鳴きも飛びもしないことからなので、鳥は鳴くものだから「泣かず」は誤り。出典は『史記(しき)』。

○果報は寝て待て

×家宝は寝て待て

幸運は焦らず待っているとそのうちやってくるという意味。「果報」は仏教語で前世の行いによって受ける現世の報いという意なので「家宝」は間違い。

○虎の尾を踏む

×虎の威を踏む

極めて危険なことをすることのたとえ。「虎の威を借る狐」と混同されてか、「尾」を「威」としてしまう誤用が見られる。出典は『易経』。

○雉も鳴かずば撃たれまい

×雉も飛ばずば撃たれまい

余計なことを言ったばかりに災いを招くこと。草むらに潜んでいても一声鳴けば猟師に気付かれ、仕留められてしまうことから。

○海老で鯛を釣る

×海老を鯛で釣る

小さな労力で大きな利益や成果を得るという意味なので、鯛よりも安価な海老を高価な鯛で釣るというのは間違い。

○武士は食わねど高楊枝

×武士は食わねど爪楊枝

貧しくても誇り高く振る舞うこと。また、やせ我慢すること。高楊枝とはゆうゆうと楊枝を使うこと。『上方いろはかるた』のふにある。

○国破れて山河あり

×国敗れて山河あり

戦で国は滅びても、自然の山や川は昔のままの姿を見せていること。戦に敗けたという意から「敗れて」を使いたくなるが、間違い。出典は『春望』。

○その手は桑名(くわな)の焼き蛤(はまぐり)

×その手は食わない焼き蛤

うまいことを言ってもそんな計略には引っかからないということ。桑名は焼き蛤で有名な三重県桑名のこと。「食わぬ」を桑名に言い掛けたしゃれ言葉。

○人の噂(うわさ)も七十五日

×人の噂も四十五日

世間の噂は長く続くものではなく、やがて自然に忘れられ消えていくということ。七十五日は五季節という考え方の一季節を表すという説が有力。

○天高く馬肥(うまこ)ゆる秋

×天高く馬越ゆる秋

秋になると空が高く感じられ、気候がよく馬の飼料も豊かになるので、馬も元気に肥えてくる。秋の気候を表し、時節のあいさつでよく用いる。

○蟻(あり)の這(は)い出る隙(すき)もない

×蟻の入り込む隙もない

小さな蟻が這い出るわずかな隙間もないほど警戒が厳重なことのたとえ。中から出ることが困難な状況を表しているので、「入り込む」は間違い。

○立っている者は親でも使え

×立っている時は親でも使え

急ぐ用事のあるときは、誰でもかまわず側に立っている人に用を頼むのがよいということなので、「時」ではなく「者」が正しい。

○烏合(うごう)の衆(しゅう)

×烏合の集団

なんの規律も統制もなく寄り集まった群衆のこと。たくさんの人の集まりから「集団」としがちであるが、それは間違い。出典は『後漢書(ごかんじょ)』。

ばんじきゅうす〈○万事休す ×万事窮す

もう打つ手がない。何をしてもだめ。

例文 今さら何をしても、もう万事休すだ。

ゆうしゅうのび〈○有終の美 ×優終の美

物事を最後までやり通し、立派な結果を残すこと。

例文 有終の美を飾ってから退職した。

ききせまる〈○鬼気迫る ×危機迫る

迫力や威圧感がある。狂気をはらんだような。

例文 ベテラン俳優の鬼気迫る演技。

あげくのはて〈○挙げ句の果て ×上げ句の果て

最後の最後。とどのつまり。いろいろやった結果。

例文 無駄遣いを重ね、挙げ句の果てに自己破産した。

いちじがばんじ〈○一事が万事 ×一時が万時

一つの行為や物事からすべてのことが推察できる。

例文 あの男は、一事が万事間が抜けている。

くだをまく〈○管を巻く ×管を蒔く

とりとめのないことを繰り返して言うこと。

例文 酔っ払って管を巻く彼の相手に疲れた。

すみにおけない〈○隅に置けない ×角に置けない

意外な才能や実力があってあなどれない。

例文 きみもなかなか隅に置けないね。

うんでいのさ〈○雲泥の差 ×雪泥の差

とても大きな差がある。天と地ほどの隔たり。

例文 彼と私の年収には雲泥の差がある。

ごうをにやす＜○業を煮やす ×行を煮やす
思うように事が運ばず、腹を立てる。
例文 業を煮やして強行手段に出る。

いっせんをかくす＜○一線を画す ×一線を隠す
はっきりと区別すること。
例文 仲はよいが、実際には一線を画している。

はめをはずす＜○羽目を外す ×破目を外す
調子にのって度を越す。
例文 羽目を外して騒いでしまい反省している。

たかねのはな＜○高嶺の花 ×高値の花
あこがれるだけで手の届かない存在。
例文 彼女は高嶺の花だ。

まんをじす＜○満を持す ×満を時す
準備を十分にして、機会が訪れるのを待つ。
例文 あの作家は満を持して登場してきた。

いのちのせんたく＜○命の洗濯 ×命の選択
苦しみや束縛から解放されてのんびりすること。
例文 鬼のいぬ間に命の洗濯をする。

しょくしょうぎみ＜○食傷気味 ×食少気味
食べ飽きること。同じものを見聞きして飽きること。
例文 毎日同じようなおかずで食傷気味だ。

とおりいっぺん＜○通り一遍 ×通り一返
うわべだけのこと。おざなりであること。
例文 通り一遍の説明しかしてくれない。

すんかをおしむ
○寸暇を惜しむ
×寸日を惜しむ
わずかな暇も惜しんで没頭すること。
例文 受験前は寸暇を惜しんで勉強した。

はにきぬきせぬ
○歯に衣着せぬ
×歯に絹着せぬ
思ったまま遠慮しないで口にする。
例文 歯に衣着せぬ言い方をされて傷ついた。

さんごのひだち
○産後の肥立ち
×産後の日立ち
出産後の体が元通りに戻ろうとすること。
例文 環境にも恵まれ、産後の肥立ちがよい。

ずにのる
○図に乗る
×頭に乗る
調子に乗る。いい気になる。
例文 ほめられるとすぐに図に乗る。

かいまみる
○垣間見る
×回間見る
隙間からこっそりのぞく。物事のわずかな面を知る。
例文 彼の頭のよさが垣間見えた。

いってんばり
○一点張り
×一天張り
特定のことだけを押し通すこと。
例文 帰るの一点張りで引き止められなかった。

けいせつのこう
○蛍雪の功
×蛍雪の効
苦労して学び、学問が身につくこと。
例文 蛍雪の功を積み成功を収めた。

しゅびよく
○首尾よく
×守備よく
都合よくいくこと。うまい具合に。
例文 首尾よく、代わりの人が見つかった。

はいすいのじん
○背水の陣
×背水の仁
もう一歩もあとに引けないぎりぎりの状況。
例文 背水の陣のつもりでプレゼンに挑む。

しょくしがうごく
○食指が動く
×触指が動く
興味や関心をもつ。
例文 新しい提案に食指が動いた。

いちどうにかいする
○一堂に会する
×一同に会する
大勢の人が一つの場所に集まる。

あくじせんりをはしる
○悪事千里を走る
×悪路千里を走る
悪いことをすれば、すぐに周囲に知れ渡る。

とうだいもとくらし
○灯台下暗し
×灯台元暗し
身近なことはかえってわかりにくいということ。

こういんやのごとし
○光陰矢の如し
×光院矢の如し
月日が流れるのはあっという間だということ。

けんかりょうせいばい
○けんか両成敗
×けんか両正敗
理由を問わず、けんかをした双方を罰すること。

ごたぶんにもれず
○ご多分に漏れず
×ご他分に漏れず
ほかと同様に。多くの場合と同じように。

うまのみにねんぶつ

〇馬の耳に念仏
×馬の耳に唸仏

いくら言い聞かせても無駄であること。

とらのいをかるきつね

〇虎の威を借る狐
×虎の衣を借る狐

他人の権勢をかさに着て威張るつまらない人のたとえ。

わらうかどにはふくきたる

〇笑う門には福来る
×笑う角には福来る

いつも笑っている家には幸運がやってくる。

われなべにとじぶた

〇破れ鍋に綴じ蓋
×破れ鍋に閉じ蓋

どんな人にも合う相手がいるということ。

じっぱ（じゅっぱ）ひとからげ

〇十把一からげ
×十羽一からげ

大して価値のないものを一まとめにして扱うこと。

かねはてんかのまわりもの

〇金は天下の回り物
×金は転化の回り物

金は一か所にとどまらないということ。

さけはひゃくやくのちょう

〇酒は百薬の長
×酒は百薬の兆

適量の酒は体にいいということ。

いっかんのおわり

〇一巻の終わり
×一貫の終わり

手遅れであること。すべてが終わること。

Part 7

意味を間違えて、誤用している人が多い漢字

1 誤用に気づいていないかもしれない言葉

三十路（みそじ）

○三十歳
×三十代

三十歳ちょうど。「いよいよ三十路」などはいいが、「三十路も半ば」のように三十代の意で使うのは誤り。

例文 三十路を迎えてすぐに親から見合い話があった。

失笑（しっしょう）

○堪（こら）え切れずに噴き出して笑う
×笑いもできないくらいに呆れる

笑ってはいけない場面などで思わず笑い出してしまう意。同情や蔑（さげす）んで笑うことではない。

例文 彼の大真面目な告白に思わず失笑してしまった。

役不足（やくぶそく）

○本人の能力や力量に対して役目が軽すぎる
×本人の能力や力量に対して役目が重すぎる

自分の能力に対して役目が軽いと不満を抱くこと。荷が重すぎる意の「力不足」と混同しやすい。

例文 スターの私に端役（はやく）とは役不足だ。

等閑（なおざり）

○たいして気にもとめずに放っておく
×いい加減に物事を行う

「御座成り（おざなり）」との混同。等閑は注意を払わない、意図せずにおろそかになってしまったことなどをいう。

例文 震災対策は等閑にされている。

姥桜（うばざくら）

○女盛りを過ぎてもなお美しい女性

×老婆（ろうば）

年増でありながら美しさや色気のある女性。

例文 彼女は結構な年齢だが美しく、まさに姥桜だ。

潮時（しおどき）

○物事を行うのに最良の時機

×物事の引き際

ネガティブな意でなく、物事にベストなタイミング。

例文 円高の今こそ投資の潮時だろう。

憮然（ぶぜん）

○意外なことに驚き呆れるさま

×腹を立てているさま

または、失望や落胆してぼんやりするさま。

例文 あまりの悲劇（ひげき）に憮然として立ち尽くしていた。

割愛（かつあい）

○惜しいと思う物を手放すこと

×不必要な物を切り捨てること

不要なものを省くという意味で使うのは誤り。

例文 予期せぬハプニングで主賓の挨拶（あいさつ）は割愛された。

奇特（きとく）

○行いなどが優れていて感心なさま

×変わっている人

感心するというほめ言葉で、変な人とするのは誤り。

例文 彼女は毎朝一時間早く出社する奇特な人材だ。

天地無用（てんちむよう）

○上下を逆にしてはならない

×上下を逆にしてもいい

天地するはひっくり返す。ここでの無用は禁止の意。

例文 壊れ物なので天地無用でお願いします。

陳腐（ちんぷ）

○ありふれていて古くさいこと

×つまらないこと

単につまらないという意でなく目新しさがないこと。

例文 この製品は陳腐だが、非常に使いやすい。

下世話（げせわ）

○世間の俗な噂

×余計な話

噂などの通俗な世間話。「余計なお世話」との混同。

例文 芸能ニュースは下世話な話題ばかりだ。

断末魔（だんまつま）

○息を引き取る間際

×苦しそうな叫び声

死ぬ直前の状態。苦痛や恐怖、後悔の意なども含む。

例文 いかにも無念そうな断末魔の声を聞いた。

辛党（からとう）

○お酒好きの人

×辛い物好きの人

左党ともいう。甘い物好きは「甘党」。

例文 彼は辛党だから土産（みやげ）はお酒がいいね。

無礼講（ぶれいこう）

○地位を取り払って行う宴会

×無礼をしても構わない宴会

無＋礼講（儀式に従って行われる宴席）の意。

例文 わが社は例年、忘年会は無礼講だ。

恣意的（しいてき）

○場当たり的な行動

×狙ってそうすること

自分勝手なこと。「意図的」「作為的」との混同。

例文 上司の恣意的な決断に部下は振り回された。

Column

意外と意味が知られていない漢字

何気なく使っている漢字でも、意外な意味が隠されていることも。日本で独自に進化を遂げ、本来とは違う意味をもつものも多い。

魚貝類でなく魚介類のワケ

「介」には、鎧（よろい）、甲羅（こうら）、貝殻（かいがら）の意味があるので、「介」を用いている。「魚貝」も誤りではないが、魚と貝に意味が限定されてしまうので、水産物の総称としては不適当。

なぜ月決めでなく月極（つきぎめ）なの？

「極」がもっている本来の意味は、「きわめる」であるが、日本では独自に、「きめる、とりきめる」といった意味としても用いられてきた。ちなみに、常用漢字表には「きめる」という訓読みはない。

「電池」の「池」は何の意味？

電池と聞いて多くの人がイメージするのは乾電池。しかし、中国の古い書物に出てくる電池は容器に入れた硫酸を用いるもので、液体をためるという意味で「池」の字が使われた。したがって、乾電池という言い方はおかしいともいえるが、すっかり定着している。

「暫く（しばらく）」は長い？短い？

「暫くお待ちください」「暫定（ざんてい）」「暫時（ざんじ）」など、とりあえずの間という意味で使われる「暫」は、短い間というニュアンス。しかし、「暫くぶり」は、あるていどの時間が経っていることであり、逆の意味となる。

与党の「与」とは？

「与」には「与える」という意味(たとえば、給与、授与)のほか、「あずかる、関係する」(たとえば、関与、参与)、「くみする、味方になる」という意味がある。「与党」は行政府を与る（あずかる）、あるいは与する（くみする）政党ということになる。

ゼロではない「零（れい）」

数の「0」を表すようになったのは、昔の中国で「何もない」ことを意味する言葉と発音が似ていたから。一方、「零細企業」の「零」は「とても小さい」ことを表しているが、これは日本独自の熟語。

2 誤用の意味が一般的になっている言葉

確信犯

○自分の正当性を確信して行う犯罪

×悪いこととわかっていながら行う犯罪

本来は宗教・政治・道徳的な信念に基づいて行われる犯罪。現在は「故意の犯罪」の意で使われている。

例文 犯人は偏った思想に傾倒した確信犯だ。

鼻を鳴らす

○鼻にかかったような甘えた声を出す

×小馬鹿にしたように嘲笑する

鼻にかかった声で甘えたり、すねたりすること。相手を見下してあざけり笑うという意味の「鼻で笑う」と混同しやすい。

雨模様

○今にも雨が降り出しそうな空の様子

×雨が降っている様子

本来は雨はまだ降り出していない状態。近年はすでに雨が降っている意にも使う。「あまもよう」ともいう。

例文 空を見上げると曇天の雨模様だった。

世界観

○世界について統一的に見ること

×その世界が醸し出す雰囲気

世界や人生に対する見方。ドラマや小説、曲などが醸し出す独特の雰囲気の意として使うのは本来は誤り。

例文 この映画を観れば世界観が変わるだろう。

元旦

○元日の朝

×一月一日

旦は日の出という意味。一月一日は元日。

例文 大晦日の夜から元旦まで飲み明かした。

秀才（しゅうさい）

○才能が秀（ひい）でている男性

×才能が秀でている人

本来は男性にだけ使う。女性は才女または才媛（さいえん）という。

例文 彼ほどの秀才に会ったことがない。

初老（しょろう）

○四十歳くらいの人

×老年に入りかけたころ

元は四十歳の異称（いしょう）。老化を自覚するころの年齢のこと。

例文 見た目は若々しいが、実際は初老に近い。

妄想（もうそう）

○根拠のない想像

×いかがわしい想像

非現実なことを想像する。誤った判断や確信。

例文 彼は被害妄想にとらわれている。

煮詰（につ）まる

○そろそろ結論が出る状態

×結論が出せない状態

本来は考えたり、議論が十分され、結論を出す段階。

例文 議論が煮詰まり、結論に移った。

爆笑（ばくしょう）

○大勢の人が同時に笑うこと

×一人で大笑いすること

本来は一人や数人で笑うことには使わない。

例文 劇場は爆笑の渦に包まれた。

正確に知っておいて損はない言葉

御(おん)の字(じ)

○満足でありがたい

×満足ではないが納得できる

「御」の字をつけて扱うべきものという意から。最上のもの、非常に結構なこと。しめたもの。

例文 この仕事で時給千円もらえれば御の字だ。

須(すべから)く

○当然。ぜひとも

×すべて。みな

語尾に「べき」「べし」を伴い、ぜひともそうしなければならないという意味で使われることが多い。

例文 社員たるもの須く業務に励むべし。

触(さわ)り

○物事の中心や要点

×物事の導入部分

義太夫節(ぎだゆうぶし)の聞きどころから転じて、中心となる見どころや聞きどころ。または、もっとも興味を引く部分。

例文 時間がなかったので、手短(てみじか)に触りだけ話した。

徐(おもむろ)に

○落ち着いてゆっくり行動する

×いきなり行動する

動作がゆっくりとしているさま。「徐(やお)ら」も同様の意味。「矢庭(やにわ)に」との混同。

例文 彼女は上品な仕草で徐に立ち上がった。

紐解く（繙く）（ひもとく）

○書物を開いて読む

×解読・解説する

巻物の紐をほどいて読む意。「謎を解く」との混同。

例文 古い史書（ししょ）を紐解く。

黄昏れる（たそがれる）

○日が暮れる

×物思いに耽（ふけ）る

人生の盛りを過ぎる、衰えるといった意味もある。

例文 次第に黄昏れ、物寂（ものさび）しい気分になってきた。

噴飯もの（ふんぱんもの）

○おかしくてたまらない

×腹立たしい

口の中の御飯を噴き出してしまうほどおかしい。

例文 彼の話は実に滑稽（こっけい）で噴飯ものだったよ。

済し崩し（なしくずし）

○物事を少しずつ片付けること

×何となくいい加減にすること

徐々（じょじょ）に勢いをつけて物事を進めようとするさま。

例文 若いころの借金を済し崩しに返した。

知恵熱（ちえねつ）

○生後半年～一歳頃までに起こる急な発熱

×頭を使いすぎたことで出る熱

知恵がつきはじめる頃の発熱。字面（じづら）より生じた誤用。

例文 乳児の原因不明の発熱は知恵熱と呼ばれる。

嘯く（うそぶく）

○とぼけて知らん顔する

×嘘をついて回る

ほかに豪語（ごうご）する、口笛（くちぶえ）を吹くといった意味もある。

例文 彼はまるで他人事（ひとごと）のように嘯いた。

節操（せっそう）がない

○信念がない

×落ち着きがない

主義や主張が一貫（いっかん）してない。節操は信念を守ること。

例文 昨日の今日で意見を変えるなんて節操がない。

世間擦れ（せけんずれ）

○実社会にもまれてずる賢（がしこ）くなっている

×世間の考えから外れている

「ズレている」ではなく、「擦れている」の意。

例文 あの子は世間擦れしていないから好感がもてる。

悪怯れる（わるびれる）

○恥じる様子

×悪者のように振る舞う

悪いと思って恥じる意。「悪ぶる」との混同。

例文 平然とした顔をしてまったく悪怯れていない。

名前負け

○中身が見劣りする

×立派な相手で圧倒される

名前は立派だが実力や見た目などが伴ってないこと。

例文 立派な名前をつけると名前負けしてしまうよ。

耳障り（みみざわり）

○聞いて不快に感じること

×音楽を聞いたときの印象

聞いたときの感じや印象は「耳触り」。

例文 嫁の小言は実に耳障りだ。

悪運が強い

○悪いことをしても報いを受けない

×事件・事故に遭ったが無傷なこと

悪いことをしたときの運。「運が強い」との混同。

例文 ガキ大将だった彼は昔から悪運が強かった。

Question
穴埋め問題 ②

□にあてはまる漢字を入れましょう。

Q1 相手がつっけんどんで話のしようがないこと。
取り付く□がない

Q2 心から怒りが込み上げる。
怒り心頭に□する

Q3 老齢だが気持ちを奮い立たせて励む。
老□に鞭打つ

Q4 秋の快適な気候のこと。
天高く馬□ゆる秋

Q5 機転が利く。また、抜け目がない。
目□が利く

Q6 運は焦らずに待っているのがいい。
□□は寝て待て

Q7 対策の講じようがない。すべてが終わりである。
万事□す

Q8 とっておきの物や方法。切り札。
□□の宝刀

Q9 人との縁は深い因縁によるものだ。
袖振り合うも多□の縁

Q10 いちかばちか。
□るか反るか

解答 Q1：島 Q2：発 Q3：骨 Q4：肥 Q5：端 Q6：果報 Q7：休 Q8：伝家 Q9：生 Q10：伸

4 誤用 間違って使っていない？ ことわざ・慣用句

浮き足立つ

○ソワソワする

×ウキウキする

浮き足は爪先立ち状態を意味し、恐れや不安、期待から落ち着きを失うこと。「浮き立つ」との混同。

例文 父親の雷が落ちそうな気配に浮き足立った。

吝(やぶさ)かでない

○喜んでする

×仕方なくする

「吝か」は、ためらう、躊躇(ちゅうちょ)するという意。否定形を伴って、～する努力を惜しまないという意味になる。

例文 あなたのためなら今すぐに向かうのも吝かでない。

穿(うが)った見方

○物事の本質を捉えた見方

×疑ってかかった見方

穿つ＝穴を開ける。転じて、物事を深く掘り下げて的確に捉える、真相を見抜く意。「疑う」との混同。

例文 きみは若いのに穿った見方をするから感心する。

琴線(きんせん)に触れる

○感銘(かんめい)を受ける

×怒りを買う

琴線は「心の奥深くにある感動する心情」の比喩で、よい意味で使う。「逆鱗(げきりん)に触れる」との混同。

例文 その一文が心の琴線に触れた。

敷居（しきい）が高い

○不義理などをして行きにくい

×高級すぎて入りにくい

後ろめたいことがあって、その家に行きにくいこと。

例文 借金があるのでどうも実家の敷居が高い。

花も恥じらう

○初々（ういうい）しく美しい女性

×恥ずかしがり屋の女性

花さえも引け目を感じるほどに美しいという意。

例文 花も恥じらう乙女を前に柄（がら）にもなく照れている。

気が置けない

○相手に気配りや遠慮をしなくてよい

×相手に気配りや遠慮をしなくてはならない

打ち解けた相手の意。「気が許せない」との混同。

例文 彼は学生時代からの気の置けない友人だ。

泡を食う

○突然や意外な出来事に驚き慌てる

×不意をついて驚かせる

「一泡吹（ひとあわふ）かせる」との混同。

例文 意外な人物の登場に彼は泡を食って逃げ出した。

煮え湯を飲まされる

○信頼していた人に裏切られ、ひどい目に遭う

×ひどい目に遭わされる

裏切り行為に使う。「飼い犬に手を噛まれる」と同意。

例文 二十年来の親友に煮え湯を飲まされた。

情けは人の為ならず

○人への情けは結局は自分のためになる

×人への情けはその人のためにならない

結局は自分に返ってくるから人には親切にせよの意。

例文 人にはやさしくしよう。情けは人の為ならずだ。

時を分かたず

○いつの時季でも

×すぐに

分かたず＝区別しないの意。「時を移さず」との混同。

例文 この庭園は時を分かたず花が咲いている。

破天荒（はてんこう）

○誰も成し得なかったことをする

×豪快で大胆

偉業を達成する意の故事成語。前代未聞（ぜんだいみもん）のこと。

例文 叔父は破天荒の大事業を成し遂げた。

枯れ木も山の賑（にぎわ）い

○つまらないものでもないよりはまし

×人が集まればにぎやかになる

たとえ枯れ木でも、ないよりは風情があることから。

例文 枯れ木も山の賑いというから私も参加しよう。

手を拱（こまね）く

○何もせずに傍観（ぼうかん）している

×準備して待ち構える

何もできないでいること。「手薬煉（てぐすね）を引く」の混同。

例文 家が燃えるのを彼は手を拱いて見ていた。

流れに棹（さお）さす

○物事が思うように運ぶ

×時流に逆らう

流れに乗って勢いをつける。「水を差す」との混同。

例文 ブームの流れに棹さしてヒット商品を生んだ。

異彩（いさい）を放つ

○際立って優れて見えるさま

×風変わりなさま

異彩は状態を表す。優れた才能の持ち主は「異才」。

例文 その作品だけ多くの中で異彩を放っていた。

天に唾（つば）する

○人を陥れようとすれば自分がひどい目に遭う

×無礼な行い

天に唾を吐くと自分の顔に降りかかってくることから。

例文 陰口は天に唾する行為だよ。

檄（げき）を飛ばす

○考えや主張を知らせて同意を求める

×励ます

檄＝召集などを呼びかける文書。「激励」との混同。

例文 全国の同志に檄を飛ばして集会を催す。

他山（たざん）の石

○他人の誤った言動も自分の行いの手本となる

×他人のよい言動は自分の行いの手本となる

よその山の粗悪な石でも役立つという意味。

例文 同僚のミスを他山の石とした。

心が騒ぐ

○胸騒ぎがする

×興奮してじっとしていられない

心配や不吉な予感がする。「血が騒ぐ」との混同。

例文 何かあったのではないかと心が騒いだ。

鳥肌が立つ

○恐怖を感じた

×深く感動した

恐怖や不快感、また寒さなどで肌が粟立（あわだ）つこと。

例文 無人のはずの家に足音が響いて鳥肌が立った。

語るに落ちる

○自ら話すときは口を滑らしやすい

×語るほどのない人物だ

自分から語ると本当のことを話してしまうという意。

例文 自ら白状するなんて、まさに語るに落ちるだ。

特集

一目置かれる知っておきたい大人の表現

使い方をわきまえて上手に使って、一目置かれる大人に。

慚愧（ざんき）

自分の言動や過ちを反省して、恥ずかしく思うこと。

例文 慚愧の念に耐えません。

精進（しょうじん）

心を集中して努力すること。

例文 皆様のご期待に添えますよう精進いたします。

邁進（まいしん）

目的を達成するために、ひたすら突き進むこと。

例文 完成に向かって邁進いたします。

査収（さしゅう）

「査」は検査の「査」、「収」は、回収の「収」。金品・書類などを調べて受け取ること。「よく調べて受け取ってください」という意味なので、簡単なものにはつけない。

例文 企画書を添付いたしましたので、ご査収くださいますようお願いいたします。

相伴（しょうばん）

正客の連れとして同席し、ともにもてなしを受けること。人の相手をつとめて一緒に飲み食いをすること。

例文 お相伴にあずかります。／部長のお相伴で宴席に出席いたします。

鞭撻（べんたつ）

戒めて努力するように励ますこと。むちで打ってこらしめ、戒めることというのが、本来の意味。

例文 ご指導、ご鞭撻のほどよろしくお願いいたします。

不調法（ぶちょうほう）

手際が悪いことなどを指すが、お酒の席では酒をたしなまないという意味。目上の人にすすめられたお酒を断る場合の定番フレーズ。

例文 あいにく不調法なもので。

進捗（しんちょく）

「進む」と「捗る（はかどる）」を併せた言葉で、物事が前進する様子を表している。

例文 来年度のプロジェクトの進捗状況を至急、報告してください。

高配（こうはい）

相手を敬い、その心配りをいう言葉。手紙などの文書で使うことが多い。

例文 ご高配をたまわり、ありがとう存じます。

踏襲（とうしゅう）

前任者などのやり方をそのまま受け継ぐこと。以前から行われていることを引き継ぎ、継続させること。

例文 前社長の方針を踏襲して進めていこう。

清聴（せいちょう）

他人が自分の話を聞いてくれることを敬っていう語。「静聴」は話を静かに聞くという意味なので、敬語表現としてはふさわしくない。スピーチ原稿を公開する場合などは注意が必要。

例文 本日はご清聴ありがとうございました。

斬新（ざんしん）

発想などが際立って革新的・独創的であったり、新しいこと。

例文 先生の今日のおめしものは、斬新なデザインで素敵ですね。

所存（しょぞん）

心に思っていること。考え。改まった場合や書簡文で用いる。

例文 以後、品質向上のため、努力する所存でございます。

お陰様（かげさま）

この場合の「陰」は神仏などの偉大なものの陰で、「お陰様」。その庇護（ひご）を受けるという意味。相手の親切などに感謝を表す言葉。

例文 お陰様でつつがなく終了いたしました。

貴殿（きでん）

あなた。男性が目上または、同等の男性に対して使う言葉で、多くの場合、手紙や文書で用いる。

例文 貴殿のご尽力の賜物と感謝しております。

厚誼（こうぎ）

情愛のこもった親しいつきあい。深い親しみの気持ち。厚いよしみ。

例文 ご厚誼を賜り心よりお礼申し上げます。

ご愁傷様（しゅうしょうさま）

「ご冥福（めいふく）をお祈りします」は「死後の世界（冥界）での幸福をお祈りします」という意味で、キリスト教や浄土真宗で使ってはいけないという意見もある。気の毒に思う感情を示す「ご愁傷様でございます」を使うほうが無難。

Part
8
古きよき日本語、美しき日本語

1 日本語

四季折々の美しい言葉 ①

春

気候・自然・暦

春暁（しゅんぎょう）

春の明け方のこと。「春眠暁（あかつき）を覚えず」という有名な句もある。

春泥（しゅんでい）

雪や霜が溶けてできたぬかるみ。

例文 春泥を避けて歩く。

草履道（ぞうりみち）

春の道。冬の間、泥々だった道が乾いてくると、草履でも歩けるようになるため。

例文 蝶とぶや　しなののおくの　草履道
（小林一茶）

花冷え（はなびえ）

桜の花が咲くころ、急に寒くなること。「寒（かん）の戻（もど）り」という言葉もあるが、花冷えのほうが時期が早い。

東風（こち）

春、東から吹いてくる風。昔は、春は東風に乗って訪れると考えられていた。この風が吹くと寒さが緩む。「こちかぜ」ともいう。

例文 東風が吹くと魚は釣れない。

春日和（はるびより）

暖かく穏やかな、春のよい天気の日のこと。春は晴天が続かずすぐに天気がくずれるので、春日和は今も昔もとりわけ喜ばれる。

山笑う（やまわらう）

春の山の明るい様子。

朧月（おぼろづき）

おぼろな春の月。霧（きり）や靄（もや）などに包まれて、やわらかくかすんで見える月。そんな月が出ている夜を「朧月夜」という。

花時（はなどき）
桜の咲くころ。

雪の果て（ゆきのはて）
冬の名残りのように降る、最後の雪のこと。東京では、三月に降ることが多い。

春驟雨（はるしゅうう）
春のにわか雨のこと。

鳥曇（とりぐもり）
渡ってきていた冬鳥が、北方へ帰るころの曇り空のこと。

忘れ霜（わすれじも）
暖かくなり冬の寒さを忘れたころに、急に気温が下がって降りる霜。「名残（なごり）の霜」ともいう。

薄氷（うすらい）
初春にごく薄く張る氷のこと。

春霖（しゅんりん）
三月から四月にかけて降る、春の長雨のこと。菜種梅雨（なたねづゆ）。

水温む（みずぬるむ）
春の日ざしを受けて、池や沼などの水温が少し上がることをいう。水の中に生き物も戻ってくる。

潮干潟（しおひがた）
一年でもっとも干満の差が大きいのが陰暦の三月三日頃。干潮時には大きな干潟（潮干潟）ができ、人々は潮干狩りなどを楽しむ。

生活・風習

雪割（ゆきわり）
雪国で、冬の間に踏み固められた根雪（ねゆき）をつるはしなどで割ること。

野焼（のやき）
草原の枯草を焼き払うことで、早春のよく晴れた風のない日に行われる。山焼（やまやき）も同じ。

雪洞（ぼんぼり）
蝋燭（ろうそく）立てを紙などで覆って長い柄をつけた行灯（あんどん）。台座をつけて立たせて、雛壇に飾る。

桜餅（さくらもち）

餡を包んだ餅を塩漬けの桜の葉でくるんだもの。江戸時代に隅田川そばの長命寺の茶店で作られるようになり、花見のお供として人気を博した。

炉塞ぎ（ろふさぎ）

春になって囲炉裏を塞ぐこと。ふたをしたり畳を入れたりする。

剪定（せんてい）

枝を切り、風通しや日当たりをよくすること。春、新芽が出る前に行う。

野遊び（のあそび）

ピクニックに近いイメージ。冬の間、家にこもっていた人たちが春の陽気に誘われて、外で弁当を食べたり遊んだりすること。

祭事・行事

伊勢参り（いせまいり）

伊勢神宮の内宮、外宮に詣でることで、庶民には禁じられていたが次第に許されるようになり、江戸時代に大流行。暖かくなった春に詣でる人が多かった。

十三参り（じゅうさんまいり）

子どもが十三歳になったときに祝い、寺社に詣でる。特に大人の知恵をもらい福徳を授かるために、京都の法輪寺の虚空蔵菩薩に参るものは有名。

弥生狂言（やよいきょうげん）

三月の歌舞伎狂言のこと。一年の中でも華やかな演目が出され、たくさんの観客でにぎわう。

開帳（かいちょう）

仏教寺院で、ふだんは見ることができない秘仏を、厨子を開帳して拝観させること。毎年行う寺院もあれば、善光寺の七年に一度のご開帳のように、何年かに一度のチャンスのこともある。

磯開き（いそびらき）

海開きなどと同じ「開き」の使い方。海草や魚介などを採ることを、晩春のころに解禁する。磯遊びを始めることをいう場合もある。

雛祭り（ひなまつり）

上巳という五節句の一つが起源。古代陰暦三月上旬の巳の日に、水辺で禊を行ったり酒を飲んだりした。その後、自分の分身を人形として水に流す行事となり、雛人形を飾るように変化していった。元来、男女の別なく行われていたが、江戸時代から女の子の祭りとなった。

端午

五節句の一つ。中国の風習に習い病や邪気を払う行事として、菖蒲を天皇に献上し、臣下に薬玉を賜った。その後、男の子の成長を祝う行事に変わった。「こどもの日」となったのは一九四八(昭和二十三)年。

例文 端午の節句に菖蒲湯に入る。

涅槃会

釈迦の入滅の日に、その死を偲んで行う仏教法会。現在は三月十五日に行われることが多い。

都をどり

京都、祇園の舞芸妓による舞踊。四月に祇園甲部歌舞練場で行われる。これに習い、大正時代に東京新橋の芸妓たちが「東をどり」を始めた。

お水取り

奈良県の東大寺で行われる行法。燃えさかる松明から降り落ちる火の粉が無病息災をもたらすといわれる。

花祭り

陰暦の四月八日、釈迦の誕生日を祝う行事で、「仏生会」ともいう。誕生仏を祀って柄杓で甘茶をかける。

生き物

蛇穴を出づ

冬眠していた蛇が、春になって穴から這い出してくること。「熊穴を出づ」「蜥蜴穴を出づ」などという言葉もある。

松蝉

春蝉のこと。名前の通り、ほかの蝉より一足早く、四月末頃から発生する。規模の大きい松林に生息する。

辛夷

モクレン科の落葉広葉樹で、春に香りのいい白い花を咲かせる。農作業を始める目安としていたため「田打桜」という別名がある。つぼみは解毒剤として重宝された。

お玉杓子（たまじゃくし）

蛙の子。頭からすぐ尻尾が出ていて玉杓子に似ているため、この名がついた。江戸特有の呼び名。

余花（よか）

桜が散り葉桜になったあとに、咲き残っている花のこと。

桜海老（さくらえび）

駿河湾（するがわん）の名物として知られる深海性の小さな海老。透明な体で発光するが、煮ると桜色になる。

雲雀（ひばり）

春を代表する鳥の一種。雄は美しい声で鳴きながら空高く舞い上がる。「告天子（こうてんし）」「姫雛鳥（ひめひなどり）」といった呼び名もある。

文学・ことわざ・四字熟語

春日遅遅（しゅんじつちち）

春の日が長くのどかで、日暮れも遅くなっているさま。

春は曙（はるはあけぼの）

清少納言『枕草子（まくらのそうし）』の有名な巻頭の語。春の夜明けのこと。

例文 春は曙。やうやう白くなりゆく山際すこしあかりて、紫だちたる雲の細くたなびきたる。（清少納言）

江戸っ子は五月（さつき）の鯉（こい）の吹き流し

江戸っ子のさっぱりした気性や、口はうまいが意外と意気地がないことを表す。鯉のぼりの鯉のように腹中には何もなく、腹にこだわりを抱えていないことから。

三寒四温（さんかんしおん）

春の寒暖差の激しい天候のこと。初春、寒い日が三日ほど続き、その後、暖かい日が四日続くのを交互に繰り返すという意味。

柳暗花明（りゅうあんかめい）

春の野の美しい様子を表している。暗くなるほど柳が茂り、明るくなるほど花が咲くという意味。

空知ぬ雪（そらしらぬゆき）

舞い散る花びらのこと。「空が知らない雪」という意味。涙のことを「空知ぬ雨（そらしらぬあめ）」ともいう。

桜花爛漫（おうからんまん）

爛漫は花が咲き乱れていること。桜の花が咲き乱れ、美しい様子。

Column

二十四節気とは

1年を二十四等分して名前をつけたもの。中国で太陰太陽暦による季節のずれを正し、春夏秋冬の区分をするために考えられた。日本では中国の気候とは合わない部分を補足するために、土用、八十八夜、半夏至などの雑節を取り入れ旧暦とした。

二十四節気① 春～夏

立春 2月4日頃 梅がほころび始める時期。1年の始めであり、立春から立夏の前日までを春とする。	**立夏** 5月5日頃 水が張られた田んぼで蛙が鳴き、野山は新緑に。立夏から立秋の前日までを夏とする。
雨水 2月19日頃 雪が雨に変わり、深く積もった雪が溶け始め水になる。春一番が吹くのもこのころである。	**小満** 5月21日頃 暑さが加わってくるころ。生き物が盛んに成長し、西日本では走り梅雨が見られる。
啓蟄 3月5日頃 冬眠していた虫が、穴から這い出てくるころ。実際は生き物の活動には少し早い。	**芒種** 6月6日頃 芒(のぎ)のある穀物や稲のように穂先があるものの種を蒔く時期。梅雨も間近である。
春分 3月21日頃 昼と夜の長さが同じといわれるが、実際には昼のほうがやや長い。彼岸(ひがん)の中日。	**夏至** 6月21日頃 1年でもっとも昼が長い日。日本の多くの場所が梅雨に入っている。田植えのシーズン。
清明 4月5日頃 清浄明潔(しょうじょうめいけつ)を略した言葉。草木が芽吹き、花も咲き乱れるころ。雨が多い季節でもある。	**小暑** 7月7日頃 梅雨明け間近で集中豪雨も多い。そろそろ本格的な暑さが始まろうとするころ。
穀雨 4月20日頃 準備を整えた田んぼや畑を濡らすように、春の雨が降るころ。春の気候も安定してくる。	**大暑** 7月23日頃 「だいしょ」ともいう。もっとも暑いころという意味だが、実際にはもう少しあとのほうが暑い。

気候・自然・暦

半夏生（はんげしょう）

雑節（五節句・二十四節気以外の暦日）の一つで、例年七月二日頃。半夏（カラスビシャク）という薬草が生えるころ。農家にとって大切な節目の日で、この日までに畑仕事や田植えを終える目安となる。

夏霞（なつがすみ）

霞といえば春。けれども夏にも淡い霞が発生することがあり、夏霞と呼ばれる。

短夜（みじかよ）

夏の夜が短い様子。六月二十一日前後の夏至のころが、もっとも昼の時間が長い。

明けの明星（あけのみょうじょう）

夜明け前に東の空に見える金星。七月中旬頃にもっとも輝く。

炎昼（えんちゅう）

焼けるような夏の昼間の暑さのこと。酷暑、極暑など、さまざまな表現がある。

例文 炎昼で体がとけそうだ。

喜雨（きう）

「喜」という字が表すように、日照りが続いたあとの待ちに待った雨のこと。特に農家にとっては大切なことだった。「慈雨」ともいう。

薫風（くんぷう）

まるで緑の香りを運んでくるかのような、さわやかな初夏の風。

芋の露（いものつゆ）

里芋の葉に結んだ露のこと。この露を集めて硯で摺り、七夕の願いごとを書く風習があった。

青野（あおの）

青々とした夏の野原のこと。

雲の峰（くものみね）

積乱雲（せきらんうん）のこと。空高く上昇し、まるで山並みのように雲が立ち並んでいる様子から。

例文 雲の峰 幾つ崩れて 月の山（松尾芭蕉）

遠雷（えんらい）

遠くのほうでゴロゴロと鳴っている雷のこと。

油照（あぶらでり）

脂汗（あぶらあせ）がにじむような暑さのこと。太陽が照りつける暑さではなく、曇っていて風がなく、湿度が高くて不快な感じ。

例文 今日は油照で何もする気が起こらない。

雪渓（せっけい）

立山連峰の剣岳（つるぎだけ）など、高山の谷沿いなどで、夏でも積雪が残っているところをいう。

五月富士（さつきふじ）

「五月」とはいうものの、今の暦では六月中旬頃を指す。雪が溶けて緑も鮮やかな富士山の勇姿のことをいう。なかなか冬のようには全景を現さないので、全容が美しく見えると喜ばれた。

田水沸く（たみずわく）

田んぼの水が、強い日ざしによって温められる様子。これを比喩的に表したもの。

涼風（すずかぜ）

夏の終わりに吹く、涼しい風。

生活・風習

縁台将棋（えんだいしょうぎ）

夏の夕方、縁台（木や竹製の細長い腰掛け台）に将棋盤を出して、涼みながら将棋を指すこと。昔は通行人が観戦することも多かった。

衣紋竹（えもんだけ）

着物を吊るすためのハンガー。夏は汗をかくため、脱いだ着物はすぐにしまわず衣紋竹にかけて風を通した。

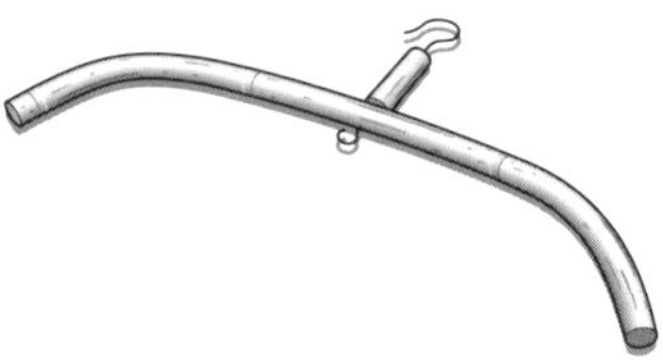

代田（しろた）

田植え直前の、準備が整った田んぼのこと。

早乙女（さおとめ）

田植えをする少女のこと。

田植え唄（たうえうた）

かつて、田植えは村の共同作業であり祭りでもあったため、田植え唄を歌いながらみんなで作業した。

床涼み（とこすずみ）

涼しい屋外に床を出して過ごすこと。京都の四条河原の納涼が有名。

水見舞（みずみまい）

昔は河川の氾濫は珍しくなく、特に梅雨時は出水（でみず）といって洪水が多かった。水害に遭った人を見舞うことを水見舞といった。

船料理（ふなりょうり）

川に船を浮かべ、船中で調理したものを船の上で食べる料理のこと。風に吹かれながら、魚介類を味わうのが夏の楽しみであった。

心太（ところてん）

天草（てんぐさ）で作る冷たいおやつ。天突きで押し出して細い麺状にする。江戸時代から庶民に人気があった。

振舞水（ふるまいみず）

暑い中を歩く通行人に水を振る舞うこと。家の前の木陰などに、桶などに汲んだ水を出しておいた。

例文 **門前に振舞水を出す。**

土用干し（どようぼし）

立秋前の夏の土用のころ、虫やかびを防止するため衣類などを干すこと。

祭事・行事

夏越の祓（なごしのはらえ）

一年の前半のけがれを祓い、後半の健康と厄除（やくよ）けを祈願する行事で、旧暦の六月末に各地の神社で行われた。草で編んだ大きな輪をくぐる「茅（ち）の輪くぐり」で厄を落とす。

朝顔市

毎年七月六日から東京・入谷の鬼子母神（鬼の字は実際は角を取った字を使用）で開かれる、朝顔を売る屋台がずらりと並ぶ市のこと。江戸時代、この地で朝顔栽培が盛んだったことが由来。

七夕

七月七日、五節句の一つとして行われる行事。竹に短冊を飾りつけ、牽牛星と織女星に願い事をする。古くはお盆行事と関連があった。

祇園祭

京都市の八坂神社の例祭で、起源は貞観年間（九世紀）。七月の一か月間かけて行われ、京都の夏の風物詩である。日本三大祭、京都三大祭などの一つで、日本を代表する祭り。

四万六千日

観世音菩薩の功徳日に参詣すると、四万六千日分のご利益があるといわれている。東京の浅草寺では七月十日に当たり、ほおづき市が立つ。

富士詣

富士山は古くから信仰の山であり、江戸時代には庶民が盛んに登るようになった。七月一日が山開き。

精霊流し

盆の十五日か十六日に、舟にお供えを載せて川や海に流して祖先を送る伝統行事。主に長崎県で行われる。

水狂言

涼感を出すために、舞台に水槽を設けて飛び込むなど本物の水を使った芝居を行った。これを水狂言といい、暑中に行われた。

雨乞い

雨が降ることを神仏に祈ることで、「祈雨」ともいう。平安時代、「雨乞祭」として空海が修法を行ったことは有名。

生き物

新樹

初夏の、若葉が芽吹いて美しい緑色をしている樹木。

火取虫

夏の夜、灯に集まってくる虫のこと。たいていは蛾だが、こがね虫やかぶと虫の場合もある。

青梅(あおうめ)

梅の実は青く丸々と太ったら収穫する。それを青梅、もしくは「実梅(みうめ)」ともいった。

例文 青梅に 眉あつめたる 美人かな（与謝蕪村）

濁り鮒(にごりぶな)

梅雨のころ、川や田んぼの水が濁っているときの産卵期の鮒。増水したところから飛び出した鮒を網で捕まえたりした。

蛍見(ほたるみ)

蛍を鑑賞して楽しむこと。採って楽しむ場合は「蛍狩(ほたるがり)」といった。

蝸牛(かたつむり)

もっとも夏らしい生き物の一つ。「でんでんむし」とも呼ばれる。梅雨のころ、紫陽花(あじさい)などの葉の上によく見られる。

燕子花(かきつばた)

アヤメ科の多年草で、濃い紫の花が燕(つばめ)が飛ぶ姿に似ていることから、この字が当てられている。「杜若(かきつばた)」とも書く。

文学・ことわざ・四字熟語

飛(と)んで火(ひ)に入(い)る夏(なつ)の虫(むし)

自分から危険な場所に飛び込んでいくことを、夏の虫が火に集まる様子にたとえたことわざ。

踊る阿呆(あほう)に見る阿呆(あほう)

阿波踊り(あわおどり)の歌の一節として有名。阿波踊りは徳島県を発祥とする盆踊りで、約四百年もの歴史がある。この歌詞を、どちらも似たようなものだというたとえにも使う。

心頭滅却(しんとうめっきゃく)すれば火(ひ)もまた涼(すず)し

山梨県恵林寺(えりんじ)の僧、快川紹喜(かいせんじょうき)が焼死する際に唱えたとされる言葉。暑い日に、無我の境地に入れば、暑さも感じなくてすむという意味で使う。

蛙鳴蝉噪(あめいせんそう)

蛙や蝉がうるさく鳴き騒ぐという意味で、がやがやとやかましくしゃべりたてること。

家の作りようは夏をむねとすべし

吉田兼好の『徒然草(つれづれぐさ)』にある言葉。家の構造は夏住みやすいように作るべきということが書いてある。

Question

いつの季節かな？

次の季語の季節は春夏秋冬のうちどれでしょう。

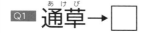

Q1 通草（あけび）→□

Q2 蜥蜴（とかげ）→□

Q3 鮓（すし）→□

Q4 水仙（すいせん）→□

Q5 八手（やつで）の花→□

Q6 鰯（いわし）→□

Q7 竹（たけ）の花→□

Q8 蛾（が）→□

Q9 伊予柑（いよかん）→□

Q10 滑子（なめこ）→□

Q11 葱坊主（ねぎぼうず）→□

Q12 麒麟草（きりんそう）→□

Q13 浅蜊（あさり）→□

Q14 大瑠璃（おおるり）→□

Q15 枇杷（びわ）の花（はな）→□

Q16 栄螺（さざえ）→□

Q17 蛞蝓（なめくじ）→□

Q18 鮪（まぐろ）→□

Q19 一輪草（いちりんそう）→□

Q20 鰰（はたはた）→□

解答 Q1：秋、Q2：夏、Q3：夏、Q4：冬、Q5：冬、Q6：秋、Q7：夏、Q8：夏、Q9：春、Q10：冬、Q11：春、Q12：夏、Q13：春、Q14：夏、Q15：冬、Q16：春、Q17：夏、Q18：冬、Q19：春、Q20：冬

四季折々の美しい言葉③ 秋

気候・自然・暦

二百十日（にひゃくとおか）

立春から二百十日目。九月に入るころで、これから台風シーズンになるため、農家では厄日とされている。

長月（ながつき）

今の十月頃で、夜が長くなるころという意味。

秋麗（しゅうれい）

「あきうらら」とも読む。春のように麗らかな秋晴れのことをいう。

三五の月（さんごのつき）

十五夜の月。3×5＝15という九九からきている言葉。

稍寒（ややさむ）

本格的に寒くなるにはまだ早い、ゆるやかな秋の寒さのこと。

例文 稍寒や 日のあるうちに 帰るべし（高浜虚子）

秋深し（あきふかし）

冬間近、秋も終わりに近づいているころ。紅葉も終わりさびしいイメージの言葉である。

例文 秋深き 隣は何を する人ぞ（松尾芭蕉）

雨月（うげつ）

「雨名月」ともいい、雨が降って見ることができない中秋の名月のこと。

鰯雲（いわしぐも）

うろこ状に細かく広がる雲。巻積雲のことだが、「鱗雲」「鯖雲」などとも呼ばれる。この雲が出ると、鰯が大漁にとれるといわれる。また、天候の悪化の前兆とも。

十六夜（いざよい）

陰暦の八月十六日の夜のこと。またはその夜に出る月のこと。「いざよう」にはためらうという意味があり、十五日の満月に比べてやや遅く出る月なので、この名前がついた。

宵闇（よいやみ）

日が暮れて月が出るまでの間の闇のこと。名月を過ぎると月が出るのが遅くなるため、宵闇が長引く。

野分（のわき）

野を分けるように吹く強風。「のわけ」ともいう。

山粧う（やまよそう）

秋の山が紅葉によって美しく色づくこと。

生活・風習

秋渇き（あきがわき）

食欲の秋と似た意味の言葉。過ごしやすい気候になり、食欲や情欲が高まること。

刈田（かりた）

稲を刈り終わったあとの田んぼ。

菊酒（きくざけ）

菊の花びらを浮かべて飲む酒。五節句の一つである重陽（ちょうよう）のときに飲む。

虫売（むしうり）

鈴虫や松虫など鳴き声が美しい虫を売る商売。秋になると、縁日に店が出たり屋台が出たりした。

新豆腐（しんどうふ）

「新米」「新蕎麦（しんそば）」「新酒」などと同様、新豆腐という言い方がある。各地方の新大豆で作られる豆腐のことで、秋の味覚として親しまれた。

藁塚（わらづか）

脱穀したあとの稲を田に積み上げたもの。

鳴子（なるこ）

たわわに実った米などを鳥たちの被害から守るために、田んぼに仕掛けた装置。四角い板に数本の竹管を吊り下げたもので、綱をつけて遠くから引っ張って音を出す。

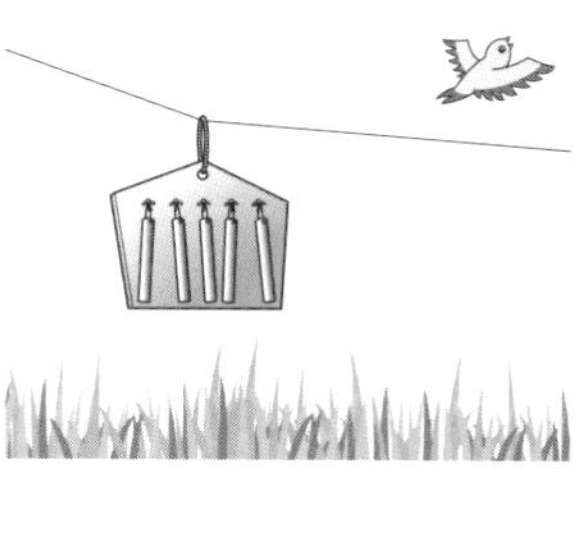

零余子飯（むかごめし）

山芋や長芋などの葉腋に生じた肉芽を使った炊き込みご飯。素朴な味わいの秋の味覚。

鱲子（からすみ）

日本三大珍味の一つといわれる加工品。鯔や鯛、鰆などの卵巣を塩漬けにし、塩抜き後、天日干ししたもの。

菊枕（きくまくら）

干した菊の花を中身にした枕。菊枕で寝ると不老不死が叶うとされた。「きくちん」ともいう。

薬掘り（くすりほり）

秋の野山に出かけ、野草の根を掘ること。苦参、千振などを採取して薬用とした。

祭事・行事

鎌祝い（かまいわい）

稲を刈り終えたあと、鎌に感謝する行事。清めた鎌を床の間に飾ってお供えをし、人々を招いてもてなす。鎌納、鎌払いなど、地域によって呼び名が違うことも。

観月（かんげつ）

月見。特に陰暦八月十五日の十五夜、九月十三日の十三夜の月を観ること。

地車祭（だんじりまつり）

地車は主に関西で多く見られる山車の一種。神社の祭礼で地車を曳くのが地車祭で、夏から秋に行われることが多い。有名な岸和田だんじり祭は九月下旬に行われる。

時代祭（じだいまつり）

平安神宮の祭りで、京都三大祭りの一つ。毎年十月二十二日、約二千名の二キロにわたる時代行列が繰り広げられる。衣装や祭具を厳密な時代考証をもとに正確に再現、京都の伝統工芸技術を内外に知らしめる動く歴史風俗絵巻となっている。

酉の市（とりのいち）

各地の鷲（大鳥）神社で、十一月の酉の日に開かれる市。客商売の開運のための祭礼が行われ、縁起物の熊手が売られる。

芋煮会（いもにかい）

東北地方南部や関東、新潟などで行われる秋の行事。河原で牛肉、里芋、蒟蒻、長ねぎ、きのこなどを煮て、家族や友人と楽しむ。

神宮式年遷宮（じんぐうしきねんせんぐう）

伊勢神宮には、二十年ごとに新しく社殿を建て御神体を移し替える式年遷宮という制度がある。日は天皇が決め、十月頃に実施。千三百年の歴史がある行事で、二〇一三(平成二十五)年、第六十二回が行われた。

新嘗祭（にいなめさい）

天皇が新穀を諸神に供え、これを食し、その年の稲の収穫に感謝する儀式のこと。古くは陰暦十一月の中の卯の日に行われ、のちに勤労感謝の日となった。

生き物

檸檬（れもん）

瀬戸内海などで生産されている。初夏に白い花が咲き、秋に実が熟す。

石敲き（いしたたき）

「鶺鴒」という小さな鳥のこと。背中が黒く、腹が白い種類がよく見られる。せわしなく尾を上下に動かす仕草から、石敲き、または庭敲きと呼ばれるように。

稲雀（いなすずめ）

稲が実るころになると、群れをなして田んぼにやってくる雀のこと。農家は対策に追われた。

例文 稲雀 茶の木畠や 逃げどころ（松尾芭蕉）

落鮎（おちあゆ）

九月から十月頃、産卵のために上流から中流へと下ってくる鮎のこと。大きく育ち腹が赤みをおびて錆っぽい色に変化していることから、「錆鮎」とも呼ばれる。産卵後は川を下って死んでゆく。

通草（あけび）

楕円形の大きな実をつける低木で、蔓になった茎がほかのものに巻きつく。十月頃、実が熟れると黒褐色になって皮が割れて、中に白い果肉が見える。果肉は甘く食べられる。

色無き風（いろなきかぜ）

秋の風のこと。紀友則（きのとものり）の「吹き来れば 身にもしみける秋風を 色なきものと 思ひけるかな」という歌から。

一日千秋（いちじつせんしゅう）

今か今かと楽しみに待つこと。「千秋」は秋が千回来るということで、つまり千年。待ち遠しくて一日が千年のように長く感じるという意味。

女心と秋の空（おんなごころとあきのそら）

女性の気持ちは秋の空のように変わりやすいという意味。逆に女性側から見て「男心は秋の空」という。いずれにしても、異性の相手の気持ちの移ろいやすさを嘆いた言葉。

一葉落ちて天下の秋を知る（いちよう…）

葉が一枚落ちたのを見て秋の訪れを察するように、ほんのわずかなことを見ただけで、先の凋落（ちょうらく）、没落（ぼつらく）を予知するという意味。

三夕の和歌（さんせきのわか）

新古今和歌集の、下の句が「秋の夕暮れ」で終わる有名な三つの句。

例文 さびしさは その色としも なかりけり 槇立（まきた）つ山の 秋の夕暮れ（寂蓮）／心なき 身にもあはれは 知られけり 鴫（しぎ）立（た）つ沢の 秋の夕暮れ（西行）／見渡せば 花も紅葉（もみじ）も なかりけり 浦の苫屋（とまや）の 秋の夕暮れ（藤原定家）

秋の鹿は笛に寄る

恋におぼれて、身を滅ぼすことのたとえ。弱みにつけこまれて危険な目にあうことのたとえでもある。

秋茄子は嫁に食わすな（あきなすは…）

有名な言葉だが、食べさせるなという理由には二説ある。一つは、食べると体が冷えたりして子どもができにくくなるという理由。もう一つは、おいしいので嫁に食わすのはもったいないというもの。

秋の日は釣瓶落とし（…つるべおとし）

夏に比べ、秋の日は急速に日が暮れるということ。釣瓶（つるべ）は水を汲むために井戸の中に下ろす桶のことで、桶が滑り落ちるように一気に日が暮れることから。

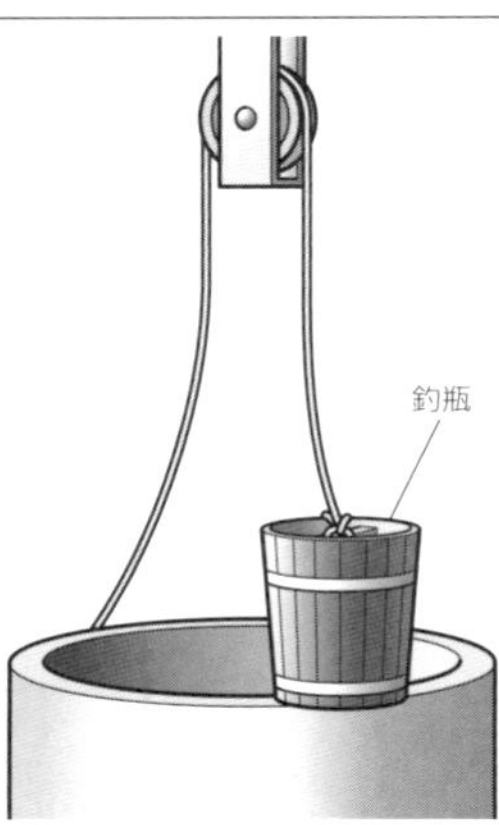

Column

二十四節気(にじゅうしせっき)の期間

二十四節気（➡ P245）には期間がある。たとえば、2月4日が立春といってもこの日一日だけでなく、2月4日は立春の節入り日、つまり立春期間のスタートの日。二十四節気は、節入りの日を指す場合と、区切られた期間を指す場合がある。

二十四節気② 秋〜冬

立秋(りっしゅう) 8月8日頃 1年でいちばん暑いころだが、つまりこれから涼しくなる。立秋から立冬の前日までが秋。	**立冬(りっとう)** 11月7日頃 立春、立夏、立秋と並ぶ大きな節目。冬の始まりであり、初雪の便りも届き始める。
処暑(しょしょ) 8月23日頃 暑さがやわらぐという意。穀物が実り始め、朝夕は多少涼しくなるころ。	**小雪(しょうせつ)** 11月22日頃 紅葉が散り、急に冷え込みが厳しくなる。本格的な冬ではないが、備えが必要。
白露(はくろ) 9月8日頃 本格的な秋の訪れが感じられるころ。夜は冷え込み、草の葉に白い露が結ぶという意味。	**大雪(たいせつ)** 12月7日頃 暖かい地方も寒さが増すころ。本格的に冬到来で、平野に雪が降ることもある。
秋分(しゅうぶん) 9月23日頃 秋彼岸の中日。秋の七草が咲き、暑い日が減り、肌寒い日が増える。	**冬至(とうじ)** 12月21日頃 夏至からちょうど半年後。昼がもっとも短い日とされる。太陽の光も弱々しい。
寒露(かんろ) 10月8日頃 秋本番。山では紅葉が始まるところも。野草に冷たい露が宿る。	**小寒(しょうかん)** 1月5日頃 「寒の入り」といい、これから冬本番を迎える。正月も終わるので、7日は七草粥を。
霜降(そうこう) 10月24日頃 秋も深まり、朝晩の冷え込みが厳しくなるころ。そろそろ初霜の知らせも聞こえる。	**大寒(だいかん)** 1月21日頃 1年中でもっとも寒い時期。昔はこのころに、酒や味噌の仕込みもよく行われた。

※春〜夏は➡ P245

気候・自然・暦

冬浅し（ふゆあさし）

立冬は過ぎているけれど、まだあまり寒くはなく、冬らしくもないという意味。

冬旱（ふゆひでり）

冬の干魃（かんばつ）のこと。特に降雨量が少ない太平洋側で起こる現象。

朔旦冬至（さくたんとうじ）

二十年に一度、陰暦十一月一日と冬至（とうじ）がぴったり一致すること。これに当たった古代の天皇は、祝宴を開いたという。

凩（こがらし）

「木枯（こが）し」のこと。晩秋から初冬にかけて吹く冷たい風。凩は日本製の漢字（和字）である。

例文 **凩の 果てはありけり 海の音**（池西言水（いけにしごんすい））

短日（たんじつ）

冬の日が短いこと。実際に短い十一月中旬から十二月頃にかけて、実感を伴って表現する言葉。

雪間（ゆきま）

降っている雪が、途中降りやんでいるとき。また、積もった雪のところどころが消えている様子。

風花（かざはな）

冬のよく晴れた日に、風に舞うようにちらちらと雪が降ること。また、山などに積もった雪が風にあおられ、小雪がちらついたように見える現象。

霜夜（しもよ）

霜の下りる寒い夜のこと。

細氷（さいひょう）

北海道などで見られるダイヤモンドダスト。大気中にできる氷晶（ひょうしょう）（細かい氷の結晶）が降り、それが日光でキラキラと輝いて見える。

雪催い（ゆきもよい）

暗くどんよりとして、今にも雪が降ってきそうな空模様のこと。「催い（もよい）」とは、物事の兆しが見えるという意味で、「雨催い（あめもよい）」という言葉もある。

鰤起こし（ぶりおこし）

主に北陸地方で、十一月の終わりごろから起こる強風を伴う地鳴りのような雷のこと。冬の訪れを告げるとともに、鰤漁の始まりの合図でもあり、雷が続くと鰤が多く揚がるといわれる。

生活・風習

被布（ひふ）

着物の上に羽織る上着のこと。江戸時代には主に男性用で、その後女性も着るようになった。現代で被布といえば、少女が七五三のときなどに着物の上に着る袖のない上着。

褞袍（どてら）

たっぷりと綿を入れた防寒用の着物。部屋着として着用する。関西では「丹前（たんぜん）」という呼び名が一般的。

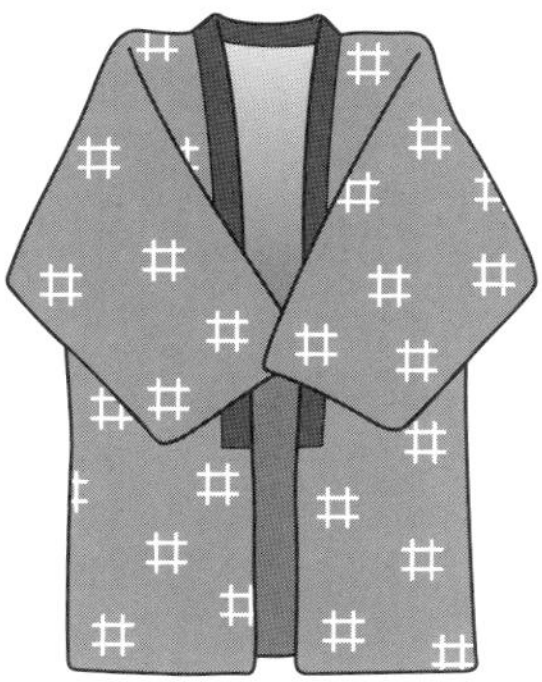

鮭冬葉（さけとば）

鮭をおろして海水で洗い、潮風で干した冬の保存食。冬の北海道や東北地方でよく作られる。「乾鮭（からざけ）」ともいう。

凍み豆腐（しみどうふ）

豆腐を屋外で凍らせたあと、乾燥させたもの。高野山（こうやさん）で誕生したため「高野豆腐（こうやどうふ）」ともいう。

埋火（うずみび）

火鉢などの灰の中にうずめてある炭火のこと。

冬構（ふゆがまえ）

寒さが厳しい地方で、家の周りに雪よけや風よけの囲いを施したり、庭木に藪巻（やぶまき）をしたりすること。

手焙（てあぶり）

手を暖めるための小さな火鉢のこと。「手炉（しゅろ）」ともいう。

冬至南瓜（とうじかぼちゃ）

冬至まで保存しておいた南瓜。これを冬至の日に食べると、風邪をひかないという俗信がある。

雪吊（ゆきつり）

木の枝が雪の重みで折れるのを防ぐため、縄を使って枝を吊る。金沢の兼六園（けんろくえん）の風景が有名。

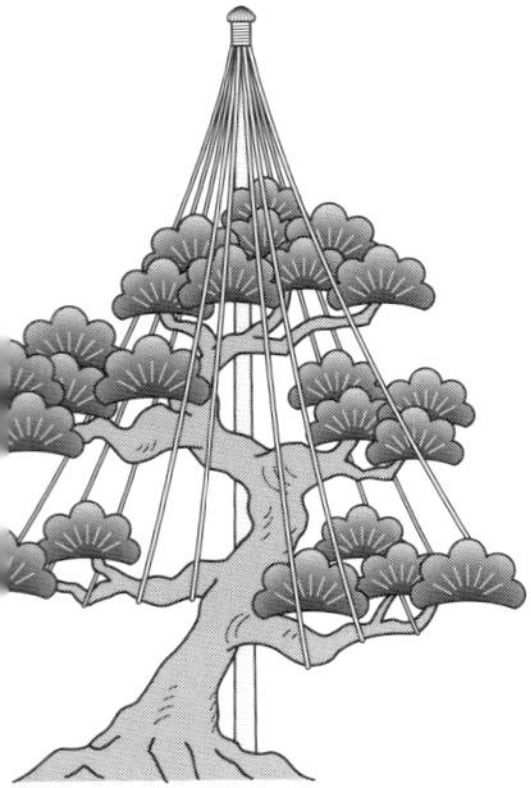

祭事・行事

寒念仏（かんねんぶつ）

十四日間、または三十日間、寒中の山野で念仏を唱える修行のこと。「かんねぶつ」とも読む。

藪入（やぶいり）

正月や盆に、奉公人が暇をもらって親元に帰ること。また帰る日のことを指す場合もある。

針供養（はりくよう）

折れたり曲がったりした針を供養する風習。関東では二月八日だが、地域によって日は異なる。折れた針を蒟蒻（こんにゃく）に刺して神社に納める地域もある。この日は針仕事を休み、針仕事の上達を祈願する。

年越し詣で（としこしもうで）

大晦日（おおみそか）や節分の夜に歳徳（としとく）の方角にある神社に詣（もう）でること。歳徳とは陰陽道でその年の福徳を司る神様。

七福神巡り（しちふくじんめぐり）

七神を巡って参拝する風習で、江戸時代から人気がある。新年にお参りするのが一般的。七神は恵比寿天（えびすてん）、大黒天（だいこくてん）、毘沙門天（びしゃもんてん）、弁財天（べんざいてん）、布袋尊（ほていそん）、寿老人（じゅろうじん）、福禄寿（ふくろくじゅ）のこと。

袴着（はかまぎ）

幼児に初めて袴（はかま）をはかせる儀式。古くは男女の別はなかったが、江戸時代に五歳の男児に定着。

終天神（しまいてんじん）

その年最後の、天満宮の縁日。特に

京都の北野天満宮の終天神がにぎやかで有名。正月用品なども並ぶ。

追儺（ついな）

旧暦の大晦日に行われる宮中の年中行事で、鬼払いの儀式である。「鬼やらい」「儺（な）やらい」ともいう。節分のルーツと考えられている。

羽子板市（はごいたいち）

縁起物としての羽子板を年末に売る市。十二月十七日から、東京・浅草寺の境内で開かれるものが有名。羽子板の「おい羽根」が蜻蛉（とんぼ）に似ており、悪い虫がつかないなどのいわれがある。

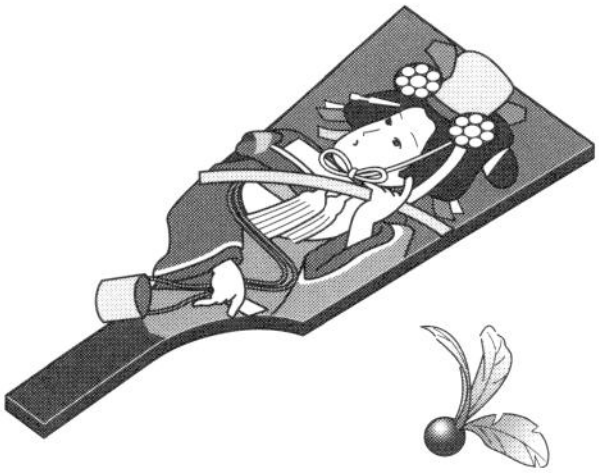

寒参（かんまいり）

小寒（しょうかん）から立春にかけての寒の三十日間、信心や祈願のために毎晩、神社や寺院に参拝すること。裸や白衣で行う地域もある。

生き物

福寿草（ふくじゅそう）

新春を祝う意味の名をもつ縁起のよい花。「元日草（がんじつそう）」「朔日草（ついたちそう）」という別名も。正月などに黄色い愛らしい花が飾られるが、実は毒草でもある。

返り花（かえりばな）

本来なら春に咲くはずの樹木の花が、小春日和（こはるびより）のころに咲いたもの。その様子を「返り咲き」「帰り咲き」「狂い咲き」などという。

寒木瓜（かんぼけ）

バラ科ボケ属の花。木瓜（ぼけ）は普通春に咲くが、寒木瓜は十一月から十二月頃に咲き出す。

竈猫（かまどねこ）

寒い季節、暖かいところを好む猫のこと。特に竈（かまど）にもぐって灰だらけになったりする猫をこういった。

寒立馬（かんだちめ）

青森・下北半島に放牧されている馬。吹雪の中の立ち姿からこう呼ばれるようになった。脚が短く胴が長い。

浮寝鳥（うきねどり）

ほとんどの時間を水上で過ごす鳥。水に浮いたまま首を翼の中に入れ、眠っている姿を表した言葉。

凍て鶴

極寒の中、一本足で立ち、凍ったように動かない鶴のこと。同様に、「凍て土」「凍て雲」などの言葉もある。

例文 凍て鶴の 首を伸して 丈高き（高浜虚子）

文学・ことわざ・四字熟語

雪は豊年の瑞

雪がたくさん降ると、その年は豊作になるという意味。雪が降ることで雪解け水が豊富になり、田んぼの干害の心配がないことが理由。「瑞」は前兆、前触れという意味。

曼倩三冬

優れた人はあっという間に教養を身につけるということ。「三冬」は三度冬が訪れるという意味。または冬の三か月ともいわれる。

大寒小寒

寒い冬に外で元気に遊ぶ子どもたちが歌う童歌の出だし。

例文 大寒小寒、山から小僧が泣いてきた。なんと言って泣いてきた。寒いと言って泣いてきた。

対牀風雪

風雪の夜に、枕を並べて語り合うこと。友人と語り明かすこと。

一年の計は元旦にあり

今年一年の算段は元旦に立てておくとよいという意味。中国のしきたりなどを記した『月令広義』に「一日の計は晨にあり、一年の計は春にあり」とあるのに基づく。

河豚は食いたし命は惜しし

河豚は冬の旬で季語でもある。おいしい河豚を食べたいけれど、毒にあたって死ぬのは嫌だという意味。得をしたいけれどリスクは冒したくないときなどに使う。

炬燵水練

炬燵にあたりながら水泳を習うことから、役に立たない研究や練習のこと。「炬燵兵法」という言葉もあり、意味は同じ。

柳に雪折れなし

柳の枝はしなやかで、雪が降り積もっても、堅い木のように折れることはない。柔軟なもののほうが耐える力が強いということ。

例文 柳に雪折れなしのような人になりたい。

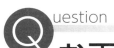

お正月クイズ

Q1 正月にちなんだクイズです。新年に関する熟語で「初」がつくものを 10 個挙げましょう。

初＿＿＿＿　初＿＿＿＿

初＿＿＿＿　初＿＿＿＿

初＿＿＿＿　初＿＿＿＿

初＿＿＿＿　初＿＿＿＿

初＿＿＿＿　初＿＿＿＿

Q2 お正月にちなんだ絵があります。絵の名前を漢字で書きましょう。

A

B

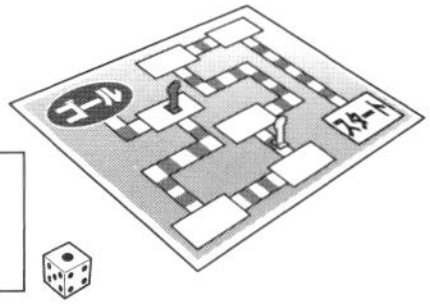

C

D

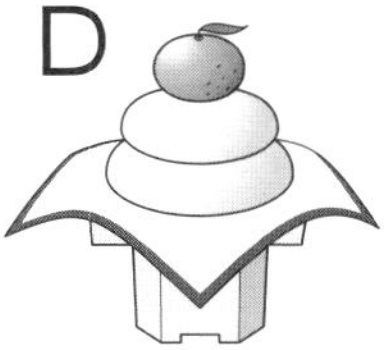

解答 Q1：初夢、初日の出、初姿、初凪、初春、初詣、初富士、初湯、初空、初雀、初鶏、初明り、初便、初暦、初競り、初稽古など　Q2 A：凧、B：双六、C：雑煮、D：鏡餅

特集

地名ウンチク

古い地名には、土地の高低などの地形や、災害の歴史を表しているものもある。

地形などに由来する地名

合【アイ】
川の合流点で氾濫(はんらん)がしばしば起きた場所。
例⬇落合

赤【アカ】
垢(あか)がたまるように土砂が堆積した低湿地。
例⬇赤羽、赤堤、赤倉

池【イケ】
池や窪地などで水害が起こりやすい場所。
例⬇池尻、池上

梅【ウメ】
土砂崩れで埋まった場所。埋め立て地、低湿地。
例⬇梅島、梅田

江【エ】
海や川、堀を意味し、出水しやすい。
例⬇江古田、一之江、江黒

川【カワ】
水害のおそれのある低湿地を表す。
例⬇川口、川崎

草【クサ】
「腐る」「臭(くさ)い」に由来。湿地や硫黄臭を表す。
例⬇深草、若草、草場

窪・久保【クボ】
水がたまる窪地。
例⬇荻窪、大久保

倉【クラ】
崖、谷などの崩れやすい地形を表す。
例⬇赤倉、佐倉、大倉

駒【コマ】
崩れやすい窪地のこと。小

さな谷や沢。
例⬇駒込、駒場

沢【サワ】
谷地形の湿地帯を表す。
例⬇北沢、駒沢、野沢、大船沢、岩三沢

芝・柴【シバ】
川の氾濫時に冠水する場所。「嶋」に由来するとも。
例⬇芝、柴又

島【シマ】
低湿地。
例⬇柳島、西島、大島、越中島

宿【シュク】
水害や崩落が起きやすい場所を表す。
例⬇三宿、宿河原

新田【シンデン】
湿地帯や荒れ地を水田にした場所。
例⬇新田、〇〇新田

砂【スナ】
海辺に近い軟弱な低地であることを示す。
例⬇北砂、南砂

沼【ヌマ】
低湿地。
例⬇蓮沼、沼田、天沼、沼袋、鷺沼

美女【ビジョ】
ぬかるみ、湿地帯。
例⬇美女木

袋【フクロ(フロ)】
川が大きく蛇行していて水がたまりやすい場所。
例⬇池袋、沼袋、米ヶ袋

谷【ヤ】
谷地、低湿地。
例⬇谷塚、入谷、阿佐谷、千駄ヶ谷、渋谷

津波の被害を免れた地名

宮城県七ヶ浜町菖蒲田浜招又（まねきまた）

1611年の慶長三陸地震の際、避難した人たちが「こっちに来い」と手招きしたという地名。

仙台市若林区霞目（かすみのめ）の浪分（なみわけ）神社

慶長地震による津波の到達地点に建てられた神社。津波がここで二手に分かれたという。

醴（こざけ）

濃い酒という意。米と酒、麹を混ぜ一夜で醸造する、甘酒のようなもの。

従兄弟煮（いとこに）

牛蒡（ごぼう）、大根、小豆、南瓜（かぼちゃ）、豆腐などを煮えにくい順に入れ、味噌や醤油で味付けする料理。「追い追い煮る」と「甥々（おいおい）」をかけた駄洒落が名前の由来という説がある。

鶯餅（うぐいすもち）

やわらかい薄い餅で餡を包んで楕円形にし、両端を少し引っ張って鶯に似せた和菓子。青きな粉をまぶして、色も似せる。

焼米（やきごめ）

昔から各地で作られてきた伝統食。生米や干飯（ほしいい）を炒ったもので、菓子が少ない時代には子どものおやつにもなった。長期保存ができて、お湯を注いで食べることもできる。

本直し（ほんなおし）

みりんに焼酎を加えた甘い酒。江戸時代、井戸で冷やして飲まれた。「飲みやすいように直す」という意味で「直し」と呼ばれた。

五色（ごしき）あられ

雛祭りの際に供える五色の菓子。現代では米を膨らませたものが市販されているが、昔は、白、赤、緑、茶、黄色の餅を賽（さい）の目に切ったもののことをいった。

蒸飯（ふかしめし）

冷たくなったご飯を蒸して温めなおしたもの。炊きたてのご飯を蒸らす際、上に置いて温めたりした。

煮凝り（にこごり）

寒い季節、煮魚をおいておくと煮汁

ともに固まってしまう。これを煮凝りという。ゼラチン質の多い魚の煮汁がゲル化する性質を利用して作った料理のことも指す。

飴煮

小魚や貝類を色よく保存するために水飴を混ぜて煮たもの。「飴炊き」ともいう。

具足煮

伊勢海老や車海老、蟹などを二つに割り、殻付きのまま煮る料理。「具足」とは、戦国武者の「鎧」のこと。

助六寿司

稲荷寿司と巻き寿司の詰め合わせ。稲荷寿司の油揚げの「揚」と巻き寿司の「巻」で「揚巻」。揚巻といえば、歌舞伎の演目『助六所縁江戸桜』の主人公「助六」の愛人。この演目の幕間には助六寿司が出たという。

空也蒸し

豆腐入り茶碗蒸し。原型は空也和尚が考案した、豆乳を蒸し固めて作った精進料理といわれている。

擂り流し

海老、蟹、鱧、枝豆、銀杏、豆腐などをすりつぶし、だしでのばして汁物にしたもの。

鹿の子

求肥や羊羹を餡で包み、周りに大納言小豆をつけた菓子。まだら模様が鹿の背の模様に似ている。

霰粥

鯛や鱸などの白身魚を焼き、身を細かくほぐして入れた粥。

風呂吹き

大根や蕪などをやわらかくゆで、熱いうちに練り味噌や柚子味噌をつけて食べる料理。風呂といえば蒸し風呂だった時代、湯気の出る体に息を吹きかける者を風呂吹きと呼んでおり、その姿と、ふーふー冷ましながら食べる様子が似ていることからついた。

飛龍頭

ポルトガル語のヒロスからと、龍の頭に似ていたからという説がある。関東では「雁擬き」ということが多い。現在ではおでんの種として一般的だが、元来、精進料理として豆腐を鶏肉に似せたもの。

6 日本語

残したい日本の言葉② 道具・建具

花筐（はながたみ）

「花籠（はなかご）」のこと。昔の人は娯楽として花摘み（はなつみ）を楽しんだ。そのとき摘んだ花を入れる籠が花筐。檀一雄の処女作品集のタイトルに用いられた。

茶碗（ちゃわん）

元来は、茶の湯において茶を飲むための椀のこと。ご飯をよそう椀は「ご飯茶碗（はんちゃわん）」「飯碗（めしわん）」と呼んで区別することもある。

散蓮華（ちりれんげ）

略して「れんげ」。陶の匙（さじ）のことで、形が散った蓮華（れんげ）の花弁に似ていることからついた名。

行火（あんか）

木や土製の火入れの中に炭火を入れて、手足を温める暖房具。上に布団をかけて、今の炬燵（こたつ）のようにして使う場合もあった。

火熨斗（ひのし）

昔のアイロンのこと。底の平らな金属製の器に木の柄がついており、柄杓（ひしゃく）のような形をしている。器の中に炭火を入れて熱し、布地にあててしわを伸ばした。

天秤棒（てんびんぼう）

荷物を運ぶ際、前後に籠や桶をぶら下げ棒でかつぐ道具。土木工事をする際や、行商人がよく使った。

鬼瓦（おにがわら）

和式建築物の棟の端に取りつけられる板状の瓦。多くは厄除けと装飾を兼ねて鬼の顔を彫刻した。奈良時代に唐文化の影響で広まった。

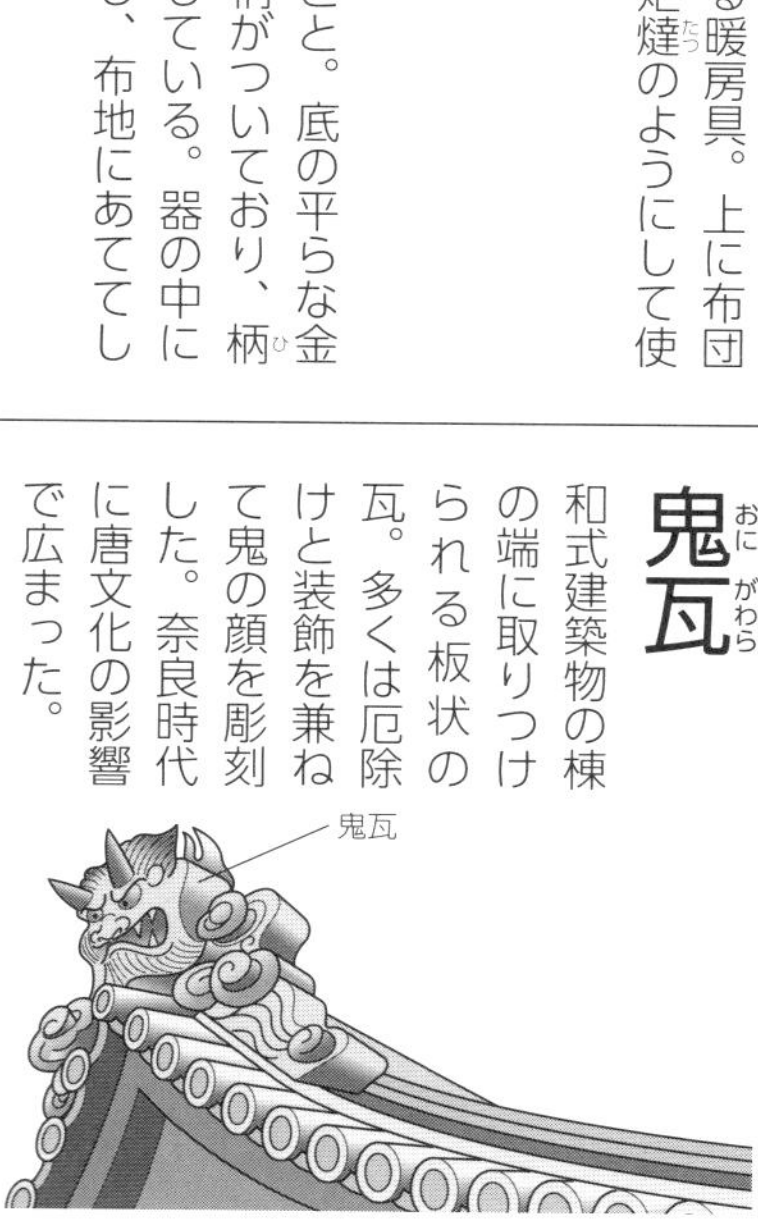

簾屏風

簾で作ってある屏風のこと。夏の暑いときは扉を開け放ち、簾屏風で目隠しをした。

沓脱ぎ石

和風庭園において、沓を脱ぎ履きするために、縁側のすぐ下に置く石のこと。

水琴窟

手水鉢の近くに設けられた地中の空洞に水を落とし、その反響の音色を楽しむもの。

枝折戸

庭用のシンプルな木戸のこと。丸太を門柱とし、小枝や小竹などを蕨縄で結んで作った。

切妻屋根

建物の両側に長方形の斜面のある屋根。山形の形状をした屋根。省略して「切妻」ともいう（⬇P144）。

指物

釘を使わずに木と木を組み合わせて造られた家具や建具のこと。専門の指物師の手によるもので、江戸指物、大阪唐木指物などが有名である。

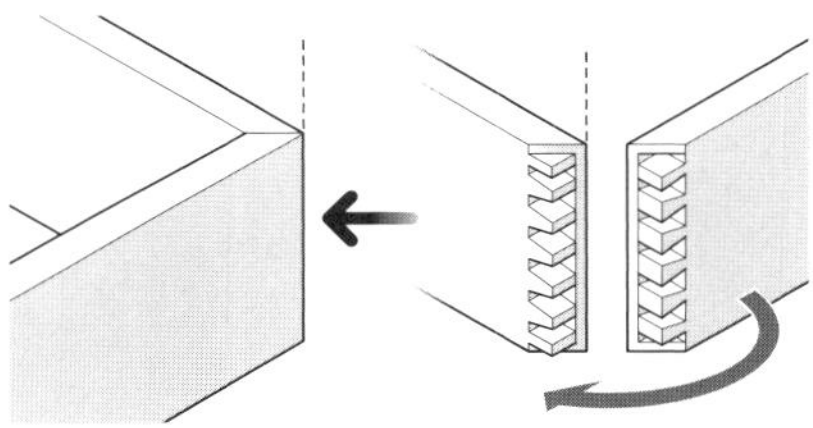

鴨居

襖や障子などの取りつけのために開口部の上に設置する横木。ここに溝を彫って、襖などを滑らせる。なぜ鴨という字がつくのか不明だが、神社の「鳥居」に対し、家の入口を「鴨居」といったという説もある。

書院造り

「書院」は居間兼書斎のこと。建物の中心に書院を配置した武家住宅のことを書院造りといい、現在の和風建築の基本となっている。成立したのは室町時代から近世初頭にかけて。

数寄屋造り

「数寄」は茶の湯や生け花などの風流を好むことで、「数寄屋」は茶室のこと。そこから茶室風を取り入れた日本の建築様式として確立した。内面を磨いて客人をもてなすことにこだわり、質素で洗練された意匠が特徴。建築費用をかけた立派な和風建築を指すこともある。

7 日本語

残したい日本の言葉③ 伝統色

亜麻色（あまいろ）

亜麻糸（リネン）の色。黄色がかった薄茶色や、黄色がかった淡い褐色を指す。ヴィレッジ・シンガーズの曲『亜麻色の髪の乙女』は有名。

萌黄（もえぎ）

草木の若い芽のような、やや黄色みを帯びた緑色。「萌木」「萌葱」とも書く。平安時代から用いられてきた、早春を感じさせる伝統色。

浅葱色（あさぎいろ）

薄いネギの葉の色という意味。やや緑がかった薄い藍色や薄青、薄緑、水色などを指す。江戸時代に羽織の裏地として浅葱色の木綿が使われ、これを着た武士を田舎者の「浅葱裏」とあざけることもあった。

水浅葱（みずあさぎ）

浅葱色よりも明るい青色。薄い青。やわらかい青緑。江戸時代の囚人服にこの色が使われたため、囚人服のこともこう呼んだ。

若草色（わかくさいろ）

若草のような黄緑色。明るい緑色、鮮やかな黄緑。萌黄色と似ているが、JISの色彩規格では若草色のほうが青みが少なく、黄色みが強い。

鶯色（うぐいすいろ）

鶯の羽の色に似た、くすんだ黄緑。濃い目の黄緑色や、灰色がかった緑褐色を指すこともある。江戸時代から親しまれた色。

鴇色（ときいろ）

鴇の羽のような薄桃色。淡紅色。「朱鷺色」とも書く。鴇の羽は全体としては白だが、飛ぶときに見える風切羽や尾羽のとても薄い赤色から名付けられた。

8 日本語

瑠璃色（るりいろ）
紫色を帯びた深い青色。古くは薄青色。「瑠璃」は仏教でいう七宝の一つで、ラピスラズリのこと。

縹色（はなだいろ）
純粋な藍染めの色。または薄い藍の色。花田色とも書き、これを縮めて花色ともいう。

臙脂色（えんじいろ）
黒みを帯びた赤色。濃い紅色。中国の燕支山が染料に使われる紅花の産地だったことにちなんだなど、由来は諸説ある。早稲田大学のスクールカラーとして使われている。

丁子色（ちょうじいろ）
黄色がかった茶色。「丁字」のつぼみの煮汁で染めた色。丁子はクローブというハーブのことで、スパイスや薬として用いられる。

海老茶（えびちゃ）
黒みがかった赤茶色。元来「葡萄色」と書いたが、海老の殻の色のイメージから当てた漢字へ変化した。

朽葉色（くちばいろ）
枯れた落ち葉のような色。落ち葉にはさまざまな色があるが、くすんだ赤みがかった黄色のことを指す。「赤朽葉」「黄朽葉」「青朽葉」といういい方もある。

薄墨色（うすずみいろ）
薄い墨色。ねずみ色。薄墨衣は薄墨色の衣服のことで、多くの場合喪服として用いられる。

利休鼠（りきゅうねずみ）
茶人の千利休にちなんで名付けられたもので、緑色を帯びたねずみ色。「りきゅうねず」とも読む。

例文「雨はふるふる城ヶ島の磯に　利休鼠の雨がふる」（北原白秋作詞『城ヶ島の雨』）

洒落柿（しゃれがき）
柿色（柿の実のような色）を洗い晒したような淡い柿色で、「晒柿」が語源。江戸っ子に好まれた。

常磐色（ときわいろ）
常緑樹である松や杉の葉の色のように、茶がかった深い緑色。「常磐」には、常に変わらない岩のように永久不変であるという意味があり、江戸時代から、縁起のよい色として好まれた。

8 日本語

残したい日本の言葉④ 天候

海市（かいし）

「蜃気楼（しんきろう）」のこと。大気の密度が異なることで、光が屈折し、物体が浮いて見えたり、逆さに見えたりする現象。海上で船が逆さに見えることが多い。福永武彦の小説のタイトル。

陽炎（かげろう）

晴れた日に立ち上る、もやもやとしたゆらめきのこと。夏によく見られるが、春の季語となっている。

碧天（へきてん）

青空のこと。「碧」は色のことで、青に少し緑が加わったイメージ。「あお」「みどり」「あおい」、いずれの読み方もある。

蒼穹（そうきゅう）

よく晴れた青空、大空。

例文 久しぶりの蒼穹を仰ぐ。

小春日和（こはるびより）

晩秋から初冬にかけての、春のような穏やかな天候のこと。

八重霞（やえがすみ）

幾重にも立ち込める霞のこと。

小糠雨（こぬかあめ）

霧のように細かく、音もなく静かに降る雨のこと。

例文 小糠雨は気づくとびっしょり濡れている。

日照雨（そばえ）

いわゆる「お天気雨」のこと。晴れているのにあるところにだけ降る雨。「日照（ひで）り雨」「片時雨（かたしぐれ）」「狐（きつね）の嫁入り」などともいう。

氷雨（ひさめ）

冬の冷たい雨。霙（みぞれ）に近い。

鉄砲雨（てっぽうあめ）

まるで鉄砲の弾のように強く、大粒で降る雨。

地雨（じあめ）

一定の強さで降る雨。梅雨時に降る雨は地雨であることが多い。

村雨（むらさめ）

急に降って、止み、また急に降るような雨。「群れた雨」という意味で、「群雨（むらさめ）」「叢雨（むらさめ）」とも書く。

時雨心地（しぐれごこち）

「時雨（しぐれ）」は主に秋から冬にかけて、降ったり止んだりする小雨。時雨心地は時雨が降りそうな空模様のことで、そこから、涙が出そうな悲しい気持ちのたとえにもなる。

花の雨（はなのあめ）

桜の花の咲くころに、音もなく降り続く雨。いわゆる「春雨（はるさめ）」。

雨意（うい）

雨が降りそうな気配がしていること。雨模様。

遣らずの雨（やらずのあめ）

帰ろうとする人を引き止めるかのように降る雨。

海霧（じり）

「うみぎり」「かいむ」とも読む。霧と霧雨の中間のような状態のこと。暖かく湿った空気が、冷たい海に接し、海上に霧が生じて、陸のほうに流れてくる。夏の北海道などで発生しやすい。

遠雷（えんらい）

遠くのほうで鳴る雷のこと。立松和平の小説のタイトル。

三つの花（みつのはな）

霜（しも）のこと。「水（水蒸気）の花」が訛（なま）ったのが語源。雪のことは結晶の形から「六（む）つの花（はな）」という。

衾雪（ふすまゆき）

「衾（ふすま）」とは今でいう掛け布団のこと。まるで掛け布団をかけたように、一面きれいに真っ白く積もった雪を衾雪という。

霾る（つちふる）

黄砂（こうさ）が降ること。「土降る（つちふる）」とも書く。中国から飛んでくるため、古くは「蒙古風（もうこかぜ）」とも呼ばれた。

9 日本語 残したい日本の言葉⑤ 風・雲

軟風（なんぷう）

弱い風あるいは微風のこと。そよ風。木の葉や細かい小枝が動き、旗が軽く開く程度の風。

勁風（けいふう）

「勁」は強いという意味。つまり強風のこと。

颪（おろし）

冬、山や丘など高いところから吹き下ろしてくる風。

例文 日本には赤城颪、六甲颪などの有名な山颪がある。

陣風（じんぷう）

急に激しく吹く風のこと。はやて。

長風（ちょうふう）

遠くまで吹いていく風。または、遠くから吹いて来る強い風。勢いの盛んなことをたとえていう場合もある。

黒風（こくふう）

空が暗くなるような黒雲を伴い、砂（さ）塵（じん）を巻き上げるような強い風。つむじ風、暴風。にわか雨という意味の「白雨（はくう）」と組み合わせた、「黒風白雨（こくふうはくう）」という言葉もある。

一陣（いちじん）

風や雨がひとしきり吹いたり，降ったりすること。「一陣の風」という使い方が多いが、「一陣の驟雨（しゅうう）」、という言い方もある。

例文 一陣の風が起こって、大粒の雨が襲ってくる。

辻風（つじかぜ）

局地的に渦を巻いて吹き上がる風。つむじ風。旋風（せんぷう）。

浦風（うらかぜ）

浦を吹く風。海辺を吹く風。浜風。

かつて、軍艦の名前としても用いられた。

松籟（しょうらい）

松に吹く風。また、松を鳴らす風の音。「松韻（しょういん）」「松濤（しょうとう）」ともいう。

凱風（がいふう）

南風。初夏のそよ風、おだやかな風。「凱（がい）」はやわらぐという意味。

暁風（ぎょうふう）

明け方に吹く風。

帆風（ほかぜ）

船の進行方向に向かって吹く、追い風のこと。タイミングよく勢いがつくという意味にたとえられることもある。

沖つ風（おきつかぜ）

沖に吹いている風のこと。または沖から吹いてくる風。

朝戸風（あさとかぜ）

朝、扉を開けたときに吹き込んでくる風。

韋駄天台風（いだてんたいふう）

「韋駄天」とは脚の速い神。進度の速い台風のこと。

豆台風（まめたいふう）

小さな台風のこと。

雲山（うんざん）

雲と山のこと。雲のかかっている山。

例文 はるかに雲山を望む。

雲脚（くもあし）

雲が流れ動いていく様子やその速さ。雲行き。また、低く垂れ下がって見える雨雲。

例文 雲脚が速い。

雲路（くもじ）

鳥や月などが通る、空中の道。「雲居路（くもいじ）」ともいう。

雲に汁（くもにしる）

雨乞いをして、雲が雨を催すことをいう。事の成り行きが好転することのたとえとしても用いられるようになった。

雲の波路（くものなみじ）

雲の漂うさまを、海の波にたとえていう言葉。

10 日本語

残したい日本の言葉⑥ 月・星

朧月（おぼろづき）

ほのかに霞（かす）んだ春の月。

孤月（こげつ）

孤独な月。さびしそうに見える月。

朗月（ろうげつ）

明るく澄み渡った月のこと。

例文 **朗月なので夜が明るい。**

残月（ざんげつ）

夜が明けてもまだ空に残っている月のこと。陰暦16日以降に見られる。「有明（ありあけ）の月」ともいう。

弓張月（ゆみはりづき）

半分だけ輝いている半月のこと。まるで弦を張った弓に見えることからついた呼称。ほかに「弦月（げんげつ）」「片割月（かたわれづき）」などともいう。

月冴える（つきさえる）

「冴（さ）える」には鮮明に感じられること、厳しい寒さに身が引き締まる感じがすること、体の感覚がはっきりすることといった意味がある。月冴えるは、非常に寒い夜に月がくっきりと美しく見えるさま。

芋名月（いもめいげつ）

中秋の名月のこと。月に里芋を供える風習からこう呼ばれる。

弄月（ろうげつ）

「弄（ろう）」は「弄（もてあそ）ぶ」と読み、もてあそんで楽しむという意味がある。月を眺めて、楽しむ風流のことを弄月という。

月白（つきしろ）

月が昇ろうとするときに、空が白んで薄明るく見えること。「月代（つきしろ）」とも書く。

上り月（のぼりづき）

新月から満月になるまで、次第に満ちていく月のこと。真上に昇ったときに右側が輝いている。ちょうど半月のときは「上弦（じょうげん）の月」という。

降り月（くだりつき）

「上り月（のぼりづき）」とは逆で、満月から欠けていく月。陰暦二十二日から二十三日頃は「下弦（かげん）の月」。

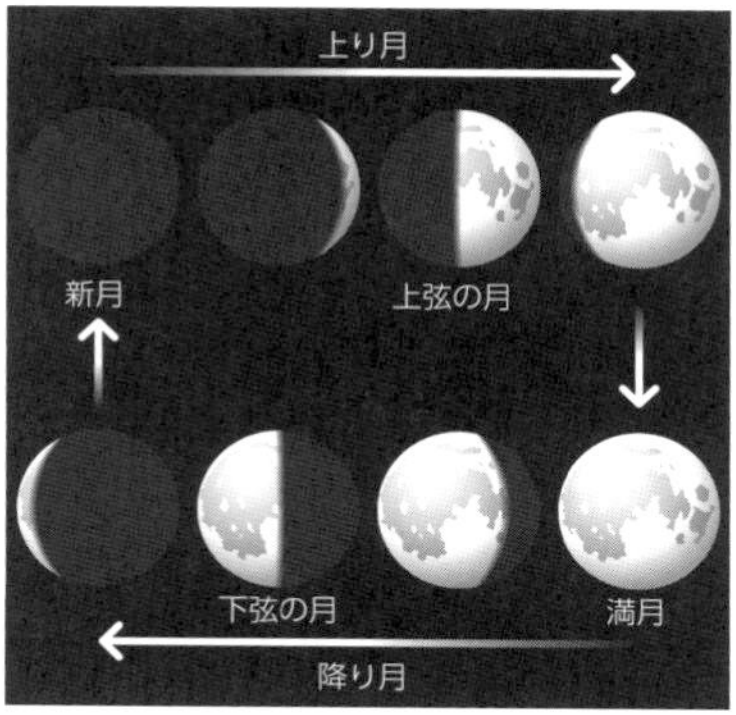

星月夜（ほしづきよ）

月夜ほど明るくはないが、月もないのに晴れて星が明るい夜のこと。

旱星（ひでりぼし）

しばらく雨が降っていない日照り続きの夜に見える星。日照りを象徴するような赤い星。

星合（ほしあい）

七夕の夜に牽牛（けんぎゅう）と織女（しょくじょ）の二つの星が出会うこと。

綺羅星（きらぼし）

夜空に美しくきらきらと輝くたくさんの星。「煌星（きらぼし）」とも書く。地位のある人や明るいものが多く並ぶことのたとえとしても使われる。

例文 **綺羅星のごとく並ぶスターたち。**

夜這い星（よばいぼし）

流れ星、流星。「婚星（よばいぼし）」とも書く。

例文 星は、すばる。彦星。夕筒（ゆふづつ）。夜這い星、少しをかし（清少納言）

碇星（いかりぼし）

カシオペア座。五星が連なるWの形が「碇（いかり）」に見えることから、この名がついた。「山形星（やまがたぼし）」ともいう。

鼓星（つづみぼし）

オリオン座の四つの星と中央の三つの星を結ぶと鼓（つづみ）の形に見えるので、こう呼ぶ。

真珠星（しんじゅぼし）

春の大三角形の中にある、乙女座のスピカの和名。青白く澄んだ色をしているのが特徴。

11 日本語

残したい日本の言葉⑦ 年齢

志学（しがく）

十五歳。学問で身を立てようと志すこと。孔子（こうし）の『論語（ろんご）』にある「吾（われ）十有五（じゅうゆうご）にして学（がく）に志（こころざ）す」からきている言葉。

弱冠（じゃっかん）

二十歳。『礼記（らいき）・曲礼上（きょくらいじょう）』に記された「二十を弱と曰ひて冠す」（二十歳を「弱」と称し、冠をかぶる）からきている。中国の周代では、男子は二十歳で冠をつけて元服した。本来は男性に対して用いる表現だが、現在では若い人全般を指すようになっている。

而立（じりつ）

三十歳。『論語』にある「三十にして立つ」より。学問などが確立して、独り立ちできる立場になること。

不惑（ふわく）

四十歳。『論語』にある「四十にして惑わず」より。物の考え方などに迷いのないこと。

桑年（そうねん）

四十八歳。「桑」の異字体「桒」が、四つの十と八に分けられることからきている。

知命（ちめい）

五十歳。『論語』にある「五十にして天命を知る」から。

耳順（じじゅん）

六十歳。『論語』にある「六十にして耳順（みみしたが）う」から。

還暦（かんれき）

六十年で生まれた年の干支に一回りして還ることから、数え年で六十一歳のことをいう。

例文 還暦祝いに赤いちゃんちゃんこを贈る。

従心（じゅうしん）

七十歳。『論語』にある、「七十にして心の欲する所に従へども矩（のり）をこえず」より。意味は、七十歳にして、心の欲するままに行動しても、人の道を踏み外すことはなくなったということ。

古稀（こき）

七十歳。杜甫（とほ）の『曲江（きょくこう）』の一節「人生七十、古来稀（こらいまれ）なり」からきた言葉で、七十歳まで生きる者は少ないという意味。「古希」とも書く。紫色が祝う色。

喜寿（きじゅ）

七十七歳。「喜」の草書体「㐂」が七十七に見えることから。喜寿は「喜の字の祝い」「喜の字の齢」ともいう。古稀と同じく紫が祝う色。

傘寿（さんじゅ）

八十歳。「傘」の略字体の「仐」が八と十に分解できることから。

半寿（はんじゅ）

八十一歳。「半」という字が八、十、一に分けられることから。

米寿（べいじゅ）

八十八歳。「米」が八、十、八に分けられることから。

卒寿（そつじゅ）

九十歳。「卒」の俗字「卆」が、九、十に分解できることから。

白寿（はくじゅ）

九十九歳。「百」の字から一を取ると白の字になることから。

百寿（ももじゅ）

百歳、または百歳以上の人。

茶寿（ちゃじゅ）

百八歳。「茶」の字の草かんむりを十と十に分け、下の部分を八、十、八に分ける。二つの十と八十八を足すと百八になることから。

皇寿（こうじゅ）

百十一歳。「皇」の字の「白」は「百」の字から一を取って九十九を表すものとし、「王」は十と二に分けられる。九十九と十二を足すと百十一になる。

大還暦（だいかんれき）

百二十歳。二回目の還暦という意味。

Column

命数法(めいすうほう)とは

たとえば、1000のことを日本語では「一千」というように、数詞を用いて数を表すことを命数法という。漢字では次の表のように表す。

大数		小数	
単位・読み方	数(10の累乗)	単位・読み方	数(10の累乗)
一【いち】	1	一【いち】	1
万【まん】	10^{4}	分【ぶ】	10^{-1}
億【おく】	10^{8}	厘(釐)【りん】	10^{-2}
兆【ちょう】	10^{12}	毛(毫)【もう】	10^{-3}
京【けい】	10^{16}	糸(絲)【し】	10^{-4}
垓【がい】	10^{20}	忽【こつ】	10^{-5}
秭【じょ】、秭【し】	10^{24}	微【び】	10^{-6}
穣【じょう】	10^{28}	繊【せん】	10^{-7}
溝【こう】	10^{32}	沙【しゃ】	10^{-8}
澗【かん】	10^{36}	塵【じん】	10^{-9}
正【せい】	10^{40}	埃【あい】	10^{-10}
載【さい】	10^{44}	渺【びょう】	10^{-11}
極【ごく】	10^{48}	漠【ばく】	10^{-12}
恒河沙【ごうがしゃ】	10^{52}	模糊【もこ】	10^{-13}
阿僧祇【あそうぎ】	10^{56}	逡巡【しゅんじゅん】	10^{-14}
那由他【なゆた】	10^{60}	須臾【しゅゆ】	10^{-15}
不可思議【ふかしぎ】	10^{64}	瞬息【しゅんそく】	10^{-16}
無量大数【むりょうたいすう】	10^{68}	弾指【だんし】	10^{-17}

Part 9

正しく使えないと残念、誤表記したくない同音異義語

1 同音異義語

誤りなく使いこなしたい言葉

ほしょう

保証

確かである、大丈夫であると請け合うこと。債務を負担すること。

例文 彼の身元は私が保証します。

補償

損失を埋め合わせること。賠償として金銭などでつぐなうこと。

例文 加害者から補償金が支払われた。

保障

悪い状態にならないように保護すること。ある状態が損なわれないように守ること。

例文 国民の安全は保障されている。

かたい

固い

気持ちや状態が揺るぐことなくしっかりと固まっている。結びつきが強い。対義語は「緩い」。

例文 あの二人は固い絆で結ばれている。

堅い

中身がつまっていて強い。義理堅い、手堅いなど堅実な様子。対義語は「もろい」。

例文 彼の実力なら合格は堅いだろう。

硬い

表情などが強ばっている状態。力強い性質のこと。対義語は「軟らかい」。

例文 緊張で身体中が硬くなっている。

かえる

変える

物事が以前と違った状態に変化したり、内容が変更すること。

例文 体調が悪かったので急きょ予定を変えた。

代える

同じ役目や役割を果したり、働きをしたりする。ほかの物で代用すること。

例文 仕事がある主人に代わって、私が出席いたします。

替える

交替（こうたい）や代替（だいたい）など、物や人がしりぞいたあとに新しい物や人に入れ替えること。

例文 新しい監督は、レギュラーをがらりと替えたチームを作った。

換える

換金や換気など、物と物を入れ換えること。

例文 使わない商品券を現金に換えた。

かいとう

回答

質問や要求などへの返事。またはその答え。

例文 街頭アンケートでたくさんの回答を得た。

解答

問題を解いて答えを出すこと。またはその答え。

例文 先日行われたテストの解答が配られた。

かんしょう

観賞

風景や植物などを見ること。特に美しいものを見て楽しむこと。

例文 季節の花が美しい庭園を観賞した。

鑑賞

芸術作品を見たり読んだりして、そのよさを味わったり善し悪しを見分けること。

例文 話題になっている映画を鑑賞した。

かわく

渇く
のどがからからになり、水分を欲すること。また、満たされないために、強く求めること。
例文 こう暑いとすぐにのどが渇く。

乾く
熱などで湿気や水分、潤いがなくなること。乾燥すること。
例文 冬はからからに空気が乾く。

どうし

同士
身分や境遇、性質などが互いに共通している人。
例文 あの夫婦は似た者同士だ。

同志
志や主義を同じくすること、またはその人。
例文 彼は政治上の大切な同志だ。

あいせき

哀惜
故人など、帰らないものを悲しみ惜しむこと。
例文 哀惜の念に堪(た)えません。

愛惜
愛して大切にすること。また名残惜しく思ったり、切なくなること。
例文 長年住んだこの家に愛惜の情を抱く。

かえりみる

省みる
反省する。自分のしたことをもう一度考えること。
例文 若いころの浅はかな言動を省みる。

顧みる
回想する。過ぎ去ったことを振り返って思い起こすこと。
例文 年末に今年一年の仕事内容を顧みる。

あらわす

表す
内面にある物を表面に出して見せる。主に考えや表情についていをいい、言葉や身振り、またイラストや音楽などで表現すること。
例文 感謝と喜びの気持ちを全身で表した。

現す
「正体を現す」「頭角を現す」など、隠れていたものが表に出ること。主に隠しきれずに出現したものに使う。
例文 犯人がついに卑劣(ひれつ)な本性を現した。

顕す
広く世間に知らせること。おもに善いことに対して使う。
例文 碑を建ててこれまでの功績を顕す。

著す
本や書物を書いて世に出すこと。
例文 漢字についての本を著す。

はかる

測る
面積、距離、長さ、高さ、深さ、温度、血圧などを測量(そくりょう)すること。
例文 熱っぽかったので体温を測った。

計る
主に時間に関することに使う。また統計の結果や見積りなど、考えて決めたり、何かをまとめて数えたりすることにも使う。
例文 話しかけるタイミングを計る。

量る
主に重量と容積を測量すること。「量」という漢字は穀物の重さを測量することに由来する。
例文 お相撲さんの目方を量る。

図る
企てたり、計画を立てること。物事を考えたり、判断すること。工夫して努力すること。
例文 当事者間で解決を図るのが最善だ。

ひっし

必至
そうなることは避けられない。必ずそうなること。
例文 このままでは会社が倒産すること必至だ。

必死
死ぬ覚悟で全力を尽くすこと。一生懸命。死にものぐるい。
例文 電車に乗り遅れないように必死に走った。

しんしょう

心証
人から受ける印象。
例文 不要な彼のひと言で取引先の心証を害してしまった。

心象
意識や心の中に描き出される姿や形。イメージ。
例文 子どものころの心象風景が胸に蘇った。

こうえん

講演
大勢の人の前で、ある題目について話をすること。
例文 ＩＴ業界における第一人者の講演はとても興味深いものだった。

公演
演劇や音楽などを観客の前で演じること。
例文 好きなミュージシャンの公演に行った。

とくちょう

特徴
ほかと比べて目立つ点。際立ったところ。特色。
例文 友人は特徴のある顔立ちをしていて、それがコンプレックスになっている。

特長
ほかと比べて優れているところ。
例文 この製品の特長は軽いことだ。

かいふく

回復

一度悪い状態になったものが、元のよい状態に戻ること。

例文 失ってしまった信用を回復したい。

快復

病気やケガが治ること。

例文 交通事故に遭い、ひん死の状態だったが、見事に快復した。

りょうよう

両用

二つの目的に使えること。

例文 水陸両用のカメラを買った。

両様

二つの様式。二通り。

例文 敵は和戦両様の構えだ。

せいとう

正当

道理に合っていて正しいこと。

例文 彼の立場を考えれば正当な主張といえる。

正統

正しい系統や血筋。

例文 正統の流れを汲む茶道の家元。

すすめる

勧める

そのことを行うように誘いかける。勧誘する。また飲食や利用を促す。

例文 健康のためにスポーツジムの入会を勧めた。

薦める

ある人や物などを採用するように相手に促す。推薦する。

例文 おもしろかった小説を彼に薦めた。

きょうぼう

凶暴

残忍な性質をもち、非常に乱暴なこと。

例文 犯罪を犯しかねないほど凶暴な人間だ。

狂暴

手がつけられないほど狂ったように暴れること。

例文 酒が入ると狂暴になる困ったやつだ。

けいせい

形成

一つのまとまったものに形を作り上げること。次第に、より完全な形を成すこと。

例文 人格の土台は幼いうちに形成される。

形勢

変動する物事のそのときどきの状態や様子。勢力の情況のこと。

例文 エースの投入で試合の形勢が一変した。

きく

効く

効き目がある。効果が現れる。

例文 薬が効いてずいぶん身体が楽になった。

利く

有効に活動すること。機能が働くこと。また、それをすることが可能であること。

例文 あの子はとても気が利く。／学割が利いた。

きてい

規定

物事を一定の形に定めること。また定められた内容。個々の決まりごと。

例文 育児休暇に関しての細かな規定がある。

既定

既に決まっていること。対義語は「未定」。

例文 既定の方針に従うしかない。

あらい

荒い

動作や勢いが激しいこと。

例文 よほど苦しいのか、呼吸が荒い。

粗い

細かでない。粗雑で大雑把である。手触りがなめらかでない。

例文 どうも調べ方が粗いようだ。

かわ

皮

動物や植物、食べ物などの表面をおおっているもの。加工されていない状態のもの。

例文 傷がつかないように動物の皮をはぐ。

革

動物の皮を加工したもの。なめしたもの。

例文 この靴はとてもいい革を使っている。

たつ

絶つ

続いているものを終わらせる。主に復活の見込みがないことに使う。

例文 その電話を最後に、彼は消息を絶った。

断つ

続いているものを途中で切る。遮（さえぎ）る。

例文 願いが成就（じょうじゅ）するまで酒を断つことにした。

ようりょう

用量

使用すべき量。主に薬の一回または一日の分量。

例文 薬は定められた用量を守るべきだ。

容量

入れることができる量。

例文 デジカメを購入するときはデータ容量をしっかり確認すべきだ。

うつす

写す
文書や絵などをそのまま元と同じよう書き（描き）とる。描写する。写真や映像を撮る。
例文 感銘を受けた俳句を書き写す。

映す
画像を再生する。スクリーンや鏡、水面や壁などに投影（とうえい）する。
例文 水面に映る紅葉が美しい。

さいしょう

最小
もっとも小さい。対義語は「最大」。
例文 日本で最小の県は香川県だ。

最少
もっとも少ない。若い。対義語は「最多」。
例文 今年の交通事故数は過去最少に抑えたい。

こえる

超える
ある基準や程度、限度を上回る。オーバーする。
例文 常人の能力をはるかに超えている。

越える
ある場所や物、時間や時期などを通り過ぎてその先に進む。
例文 どうにか病の峠を越えたようだ。

きせい

既成
概念（がいねん）や事実としてすでにできあがっていること。
例文 既成の概念を取り払って開発にあたった。

既製
商品としてすでにできあがっていること。
例文 時間がなかったのでウエディングドレスは既製品にした。

ふしょう

不祥

縁起が悪いこと。不運なこと。災難。

例文 極めて深刻な不祥事が起こった。

不肖

取るに足りないこと。愚かなこと。未熟で劣ること。また、自分の謙称。

例文 不肖ながら私が務めさせていただきます。

さがす

探す

欲しい物や必要な物を見つけようとすること。

例文 彼へのクリスマスプレゼントを懸命に探す。

捜す

なくなった物や見失った物などを見つけようとすること。

例文 血まなこになって落とし物を捜す。

あてる

充てる

ある物をある用途に充当(じゅうとう)する、振り分ける。

例文 睡眠時間を仕事に充てる。

当てる

物を投げたり移動させて、目標の物に届かせたり、ぶつけたり、触れさせたりする。的中(てきちゅう)する。

例文 手を頬(ほお)に当てる。

むち

無知

知識が足りないこと。知らないこと。

例文 社会人ともなれば無知では許されない。

無恥

恥知らず。恥を恥とも思わないこと。

例文 無恥な振る舞いだけは避けたいものだ。

ついきゅう

追求
目的を達成するまで、粘り強く追い求めること。
例文 企業存続のためには利潤(りじゅん)の追求が不可欠だ。

追及
責任や欠点、原因などを問いただすこと。犯人など相手を追いつめること。
例文 今回の失態について責任の所在を追及した。

追究
学問などで不確かなことを探究したり、極めること。真実や本質を明らかにしようとすること。
例文 退職するその日まで、仕事の本質というものを追究していきたい。

けんとう

検討
よく調べ、それでよいか考えること。
例文 この企画は時間をかけて検討すべきだ。

見当
まだはっきりしていない未知の事柄についてだいたいの予想をつけること。
例文 今回の予算の見当をつけた。

健闘
困難に屈せずにがんばって闘うこと。不利な条件下で努力すること。
例文 結果こそ残せなかったが、諦めずに粘り強く交渉した部下の健闘をたたえたい。

おんじょう

恩情

目上の者が目下の者にかける情け深い心のこと。慈しみの心。

例文 社長の社員への恩情には感謝している。

温情

思いやりや温かみのあるやさしい心。寛大な心。

例文 友人から温情に満ちた手紙を受け取った。

けっさい

決済

代金や商品の受け渡しによって取引を終えること。精算。金銭や商品の取引に関して使う。

例文 決済は電子マネーでお願いした。

決裁

権限を有する者が部下の案の可否を決定すること。

例文 あとは部長の決裁を待つのみだ。

せいさん

精算

金額を細かく計算したり、過不足を処理すること。

例文 出張経費の精算をお願いした。

清算

これまでの貸し借り、債権や債務を整理すること。これまでの関係に結末をつけること。

例文 結婚前に過去はきれいさっぱり清算した。

しょよう

所用

用事。用件。

例文 課長は所用のため外出しております。

所要

必要なもの、必要なこと。あることを行うのに必要な時間や金銭をいう。

例文 会場までの所要時間を調べておく。

いぎ

意義

その物事がもつ優れた価値や重要性。また、言葉によって表される意味や内容。

例文 部内飲み会の意義について話し合った。

異義

異なった意味。ちなみに反対または不服であるという意見は、漢字違いの「異議」。

例文 同音異義の漢字の変換ミスが目に余る。

かいこ

回顧

過ぎ去った出来事を思い返すこと。回想。

例文 入社してからの仕事ぶりを回顧した。

懐古

昔のことを思い起こして懐かしむこと。

例文 明治時代に興味があるなんて懐古趣味だね。

いちどう

一堂

一つの建物や同じ場所。

例文 各社の責任者が一堂に会した。

一同

その場にいる人すべて。グループに属する全員。

例文 みなさまのご期待に添えますよう、社員一同、誠心誠意努力をしてまいります。

ととのう

整う

必要な準備を行う。きちんとする。乱れがないように正しくそろえる。手落ちのないようにする。

例文 会議の準備がようやく整った。

調う

調整する。まとめる。必要なものがそろう。

例文 難航した商談がようやく調った。

こうい

厚意

気遣いや思いやりのある心。他人の行為に使う。

例文 ご厚意に感謝申し上げます。

好意

相手に親しみをもったり、好ましく思う気持ち。親切な気持ち。愛情をもって使う。

例文 親切な先輩に好意をもって接する。

いどう

移動

ほかの場所に移ること。ムーブ。

例文 この春、わが社は隣のビルに移動した。

異動

職場での部署や地位、また職業や勤め先などが変わること。チェンジ。

例文 大規模な人事異動があったばかりだ。

しょうしゅう

招集

人を呼び集めること。一般的にはこちらを使う。

例文 部内のすべての社員を招集した。

召集

召し集める。身分や地位の高い人が自分より下の者を呼びよせること。

例文 多くの学生が召集され、戦地に配属された。

しゅさい

主催

イベントなどを開く中心的な役割を果たす人物や組織のこと。

例文 自社主催のパーティは大成功だった。

主宰

中心となって全体をとりまとめること。代表。

例文 語学サークルの主宰を務める。

さいけつ

採決
議案の可否を多数決を取って決めること。
例文 無記名式の投票による採決に入った。

裁決
裁判官や上役などが物事の善し悪しを裁いて決定すること。判決を下すこと。
例文 厳しい裁決が下されることを期待する。

てきせい

適性
特定の物事に適している個人の能力や性質。また、そのような素質・性格。
例文 営業職に向く人材を選ぶため適正検査をする。

適正
適当で正しいこと。
例文 商品を適正な価格で仕入れた。

げんじょう

原状
元々の状態。はじめにあった状態。
例文 退去の際は原状回復が条件です。

現状
今ある状態。現在のありさま。
例文 業績をどうにか現状維持したい。

しゅし

主旨
もっとも中心となる事柄。文章や考えの中心となる意味。
例文 時間がないので主旨だけ述べた。

趣旨
その事の言おうとしていること。ある事を行う狙いや目的、理由。
例文 今回の企画の趣旨をまとめる。

くんじ

訓示
上の者が下の者に執務上の注意や心得などを教え示すこと。また、その言葉。

例文 上司が新入社員に訓示を垂れている。

訓辞
上の者が下の者に教え戒める言葉。口頭での言葉のみに使い、書面では「訓示」と書く。

例文 社長の訓辞を聞くのが年頭の恒例だ。

はいふ

配付
特定の人に配ること。一人ひとりに配ること。

例文 会議の出席者に資料を配付した。

配布
不特定多数の人に配ること。広く配ること。

例文 駅前で店のチラシを配布した。

せいさく

制作
絵画や映画、テレビ番組、CDなど、芸術・美術作品を作ること。

例文 展覧会に出品する陶器を制作した。

製作
道具や機械などを使って物品を作ること。

例文 来年発表する新製品の製作を急ぐ。

しこう(せこう)

施工
工事を行うこと。

例文 家の建築工事を施工した。

施行
計画を実施すること。物事を行うこと。また公布された法令の効力を発生させること。

例文 新しい法律が施行された。

いっかん

一貫
一つの方法や方針を貫き通すこと。

例文 あの会社は一貫して現実主義だ。

一環
全体の一部分。一つの環。

例文 研修の一環としてのオリエンテーションが始まった。

はんざつ

煩雑
いろいろ込み入っていて煩（わずら）わしいことが多く、面倒くさいこと。

例文 煩雑な人間関係に辟易（へきえき）している。

繁雑
実際にしなければならないことが多くて、面倒くさいこと。

例文 雑務に追われる繁雑な業務にうんざりだ。

しれい

指令
指図や命令をすること。またその命令のこと。

例文 上司より契約を破棄せよとの指令を受けた。

司令
軍隊や警察などで指揮、統率すること。主に軍事上で使う。

例文 冷酷な彼は陰で司令官と呼ばれている。

そくだん

即断
その場ですぐに決めること。

例文 有利な条件に迷いなく即断した。

速断
すばやく判断すること。早まった判断などのマイナスの意にも使う。

例文 非常時とはいえ速断するのは危険だ。

つぐ

継ぐ

前任者のあとを受けて、仕事や地位などを引き続いて行う。

例文 彼は喜んで過疎地の病院長を継いだ。

次ぐ

あとに続く。連続して起こる。

例文 わが社はA社に次ぐ業績を誇る。

かぎょう

家業

その家に代々伝わってきた職業。特に、自営業の場合に使われることが多い。

例文 父親が倒れ、家業を継ぐため退社した。

稼業

生計を維持するための職業。商売。

例文 懐はさみしいが、気楽な稼業だよ。

たいせい

体制

基本方針にのっとり秩序づけられている社会や組織の仕組み、構造。政治的支配の形式。

例文 社長交代にともなって新体制に入った。

態勢

一時的または部分的な物事に対する構えや対応。

例文 空港に近付き、飛行機は着陸態勢に入った。

しゅうち

周知

世間一般に知れ渡っていること。または広く知ること。

例文 彼の父親が芸能人なのは周知の事実だ。

衆知

多くの人＝衆人の知恵。衆智とも書く。

例文 衆知を集めて企画作成にあたりたい。

3

同音異義語　違いが答えられるとかっこいい言葉

じてん

辞典

「言葉や文字の意味、文法、発音、表記。例文など」を解説したもの。

例文 国語辞典で正しい意味を確認した。

事典

「事柄を説明」したもの。さまざまな事柄についてくわしく記述されたもの。

例文 百科事典でその植物について調べた。

字典

「字の使い方や読み、その起源や正しい形など」を解説したもの。

例文 書道字典で草書体（そうしょたい）を学ぶ。

おかす

侵す

他人の権利や権限を損なうこと。他国や他人の領域に不法に入り込むこと。侵害（しんがい）すること。

例文 表現の自由を侵してはならない。

犯す

法律や規則などに反する行為をすること。

例文 ちょっとした出来心で過ちを犯した。

冒す

冒険など、困難や障害などを押し切って目的を果たそうとすること。神聖な物を冒瀆（ぼうとく）すること。

例文 多大なリスクを冒してまで金儲けをしたいとは思わない。

せいき

生気

生き生きとした気力。

例文 夜勤明けで生気のない顔をしていた。

精気

生命の大元・根源となる気。魂。精力。

例文 森の中は精気に満ちている。

しゅうよう

収容

人や物品を一定の場所に入れること。

例文 公民館に収容できる人数を調べた。

収用

取り上げて使用すること。主に国や公共団体が公共の目的のため土地などを取り上げ使用すること。

例文 幹線(かんせん)道路建設のための土地を収用した。

あたたかい

温かい

人情味などの心情面、料理、空気、風呂、性格など。対義語は「冷たい」。

例文 温かなもてなし。／温かい目で見守る。

暖かい

気候、色、懐(金銭)など。対義語は「寒い」。

例文 陽射しが降り注いで暖かい。

うれい

愁い

悲しみで心が閉ざされる。気が進まない。物思いに沈む。

例文 全身を包み込むような愁いに沈み込んだ。

憂い

悪い事態を予想して心配する。心を痛める。不安。

例文 息子を見送る彼女は憂い顔をしていた。

たんきゅう

探求

あるものを探し求めたり、手に入れようとする。

例文 おいしいラーメンを日々探求している。

探究

物事の本質や真の姿を探って見極めたり、明らかにしようとする。

例文 彼は微生物の生態を日々探究している。

くら

倉

穀物や製品などを納める建物。倉庫。

例文 収穫した米は倉にしまってある。

蔵

大事な物を納める建物。主に日本式の古風な土蔵のこと。

例文 骨董品は蔵にしまってある。

むじょう

無常

仏教語で常住でないこと。人生ははかないこと。

例文 人生の無常を悟った気分だ。

無情

慈(いつく)しむ気持ちや思いやりがないこと。非情。

例文 リストラにあった上に退職金も支払われないという無情な仕打ちを受けた。

きてん

起点

物事のはじまるところ。出発点。

例文 この店は東京を起点としている。

基点

考えや行動の基となるところ。特に計測の際の基準となる点や場所。基準点。中心点。

例文 会社を基点とした半径10キロ圏内に住みたい。

えいき

鋭気

目標に対する鋭い気性。強い意気込み。

例文 その若者は鋭気に満ちた表情をしていた。

英気

元気や活動する気力。また、優れた気性。

例文 休日はしっかり身体を休めて、週明けの仕事に備えて英気を養った。

じったい

実態

実際の状態。ありのままの様子。

例文 学生の生活実態を調査する。

実体

物事の本質。正体。

例文 生命の実体に迫った番組。

ふへん

普遍

すべてのものにあてはまること。全体に行き渡ること。

例文 今度の広告は普遍的なテーマにすることで消費者に訴えたい。

不変

変わらないこと。

例文 永久不変なものなどこの世に存在しない。

じゅうじゅん

柔順

素直でおとなしい性格や態度。

例文 みんなから愛される柔順な人柄。

従順

素直で逆らわないさま。

例文 上司に従順な部下。

ふじん

夫人

奥様。他人の妻。特に役職者など身分の高い人の妻を言う。

例文 市長夫人がわざわざ挨拶(あいさつ)にお見えになった。

婦人

成人した女性全般。一人前の女性。結婚していない女性にも使う。

例文 娘は幼いころから婦人警官に憧れている。

ふんぜん

憤然

ひどく憤(いきどお)ること。

例文 交渉は決裂(けつれつ)し、彼は憤然として退席した。

奮然

奮(ふる)い立つさま。

例文 自身の名誉のために奮然と抗議した。

おもて

面

顔。ものの表面。

例文 縮こまっていないで面をあげなさい。

表

二つある面のうち、主であるほう。目立つほう。

例文 遅い時間だったので裏道は避けて人気(ひとけ)のある表通りを歩いた。

ふごう

符合

二つ以上の事柄が合致(がっち)すること。

例文 調査の結果、状況はぴたりと符合した。

符号

情報を表現したり伝達するための記号。しるし。ちなみにマイナスは負号、プラスは正号という。

例文 目印として重要なものに○の符号をつけた。

しゅうそく

収束

状況や事態がある一定の状態にまで落ち着くこと。収まること。

例文 インフルエンザの流行が収束した。

終息

物事が完全に終わること。終結すること。

例文 内戦がついに終息した。

きょうい

驚異

驚いて不思議がる。驚くほどすばらしい。

例文 その選手は驚異的な記録をたたき出した。

脅威

強い力で脅（おびや）かすこと。また、威力によって脅かされること。

例文 パワハラの脅威にさらされる。

ろてん

露天

屋根がないところ。

例文 温泉宿は露天風呂があるところに限る。

露店

道ばたや神社の境内など、屋外に品物を並べて売る店。

例文 夏祭りの露店で金魚すくいを楽しんだ。

ぐんしゅう

群衆

一定の場所に集まった多くの人々のこと。

例文 広場は演説を聞きにきた群衆で埋まった。

群集

一定の場所に多くの人や動物が集まること。集団。また集まること。

例文 集団になると群集心理が働くものだ。

あわせる

合わせる
二つ以上のものをくっつける、一致させる。
例文 仏壇の前で手を合わせる。

併せる
二つ以上のものを並べる、一つにする。
例文 別件も併せて検討する。

じつじょう

実情
実際の事情。本当のところ。
例文 大富豪とされる男性は、彼女に実情を打ち明けた。

実状
ありのままの状況。
例文 大富豪の男性はそのゴージャスな生活の実状を公開した。

くじゅう

苦渋
「苦くて渋い」から転じて、物事が思いどおりにいかず苦しみ悩むこと。「苦渋を味わう」など。
例文 仕事か家庭か、彼は苦渋の選択を迫られた。

苦汁
「苦い汁」から転じて、つらい経験。「苦汁をなめる」「苦汁を飲まされる」など。
例文 思いがけない大失敗に苦汁をなめた。

いたむ

傷む
ものが傷ついたり、腐ること。
例文 日に当たると本が傷む。

痛む
心身の痛み。
例文 悲しいニュースばかりで心が痛む。

かいせきりょうり

会席料理

元は会席での本膳。宴席に供される高級料理。

例文 旅館でみんなで会席料理を味わった。

懐石料理

茶席で茶を出す前の簡単な食事。懐石とも。修行僧が寒さや空腹をしのぎに使った「温石」に由来する。

例文 旬を大切にした懐石料理を味わった。

かこく

過酷

度を越えてひどいこと。厳しいこと。

例文 優秀な人材を確保しても、そんな過酷な労働条件ではすぐに辞めてしまう。

苛酷

無慈悲なほどに容赦ない扱い方。苦しめること。

例文 上司から苛酷な仕打ちを受けた。

こうゆう

交遊

親しく付き合うこと。交際すること。

例文 彼とは家族ぐるみで交遊している。

交友

友人として付き合うこと。または友人。

例文 彼は私の兄とも交友がある。

あやしい

怪しい

通常と異なる。行動や状況が不審だ。真偽が定かでなく信頼できない。疑わしい。正体がわからず気味が悪い。

例文 契約の雲行きがどうも怪しくなってきた。

妖しい

なまめかしい。神秘性や不思議な力がある。

例文 妖しい美しさに目がくらむようだ。

こうりゅう

勾留

判決が出る前の身柄の拘束。罪を犯したことが疑われ、かつ証拠隠滅（しょうこいんめつ）や逃亡のおそれがある者の身柄を一定期間、拘束すること。

例文 住所不定の彼を留置場に勾留した。

拘留

刑罰。ごく軽微な不法に対して科せられる。

例文 彼は暴行罪で拘留されている。

やせい

野生

動植物が自然の中で生育すること。

例文 野生のタヌキが道路を横断した。

野性

本能や自然のままの性質。ワイルドなさま。

例文 彼には野性的な魅力がある。

きさい

奇才

世にもめずらしい優れた才能。またその持ち主。

例文 百年に一度のアートの奇才が現れた。

鬼才

人間離れした鋭い才能。またその持ち主。

例文 強烈な作風で鬼才と呼ばれた映画監督。

かいり

乖離

本来は一つであるべきものが離れ離れになる。

例文 政府の新政策は国民の意思と乖離している。

解離

解き放つこと。分解して分かれること。心理学では感情を切り離して逃避するなど統合性が失われた状態をいう。

例文 彼は記憶を失う解離性障害を抱えている。

Part 10

意味が反対の対義語、意味が似ている類義語

1 対義語
知っておきたい意味が反対の言葉

感情（かんじょう） ⇔ 理性（りせい）

感情：喜び、悲しみ、怒り、恐怖など、外界の刺激などにより抱く気持ち。

例文 怒りに沸き立つ感情を抑えた。

理性：物事を秩序立てて倫理的、概念的に考える力。感情的欲求に心を動かされず、行動する力。

例文 相手の暴言に内心怒り心頭（しんとう）だったが、なんとか理性を保った。

一致（いっち） ⇔ 相違（そうい）

一致：二つ以上のものが同じになること。食い違いや矛盾が見られないこと。

例文 いつになく彼と意見が一致した。

相違：二つの物事の間に違いがあること。

例文 彼の意見と相違があるようだ。

過失（かしつ） ⇔ 故意（こい）

過失：不注意によって生じた誤りや失敗。自分が意図したことではない行為。

例文 ふざけていて花瓶を落として壊してしまったのだから過失だ。

故意：わざとすること。自分が意図したことである行為。

例文 怒りにまかせて花瓶を床に叩きつけて壊したのだから故意だ。

強制（きょうせい） ⇔ 任意（にんい）

強制：意思に関係なく、権力や威力などによって決定や行動を強いること。

例文 温泉旅行への参加を強制された。

任意：その人の自由な意思に任せること。

例文 温泉旅行への参加は任意です。

義務（ぎむ）⇔ 権利（けんり）

義務 それぞれの人が立場上しなければならない務め。法律上や道徳上において人が負う責務。
例文 この国に住んでいる以上は国民の義務を果たすべきだ。

権利 自分の意志で活動したり、何かを主張したり、他人に要求したりできる正当な資格。
例文 選挙権をはじめ、国民にはさまざまな権利がある。

利益（りえき）⇔ 損失（そんしつ）

利益 事業などをして得る儲（もう）けや利潤（りじゅん）。得になること。
例文 新商品が大ヒットして、わが社は膨大（ぼうだい）な利益を得た。

損失 損なうこと。財産や利益を失うこと。損すること。
例文 取引先の突然の倒産によって、わが社は、多大な損失をこうむってしまった。

獲得（かくとく）⇔ 喪失（そうしつ）

獲得 がんばって手に入れること。自分の物にすること。
例文 しつこく粘ったかいあって、念願の長期休暇を獲得した。

喪失 失うこと。失くすこと。資格や記憶、戦意や自信などに使う。特に、精神的なことに使うことが多い。
例文 ライバルの完璧な演技を目の当たりにして彼は自信を喪失した。

静寂（せいじゃく）⇔ 喧騒（けんそう）

静寂 物音一つしないくらいに静かなこと。さびしいくらいにひっそりしていること。そのさま。
例文 湖畔のホテルに宿泊したが、夜になると不気味なくらいの静寂に包まれた。

喧騒 騒がしいこと。やかましい物音や人の声。ざわめき。
例文 修学旅行生が宿泊していたせいでホテルは喧騒を極めていた。

緊張（きんちょう） ⟺ 弛緩（しかん）

緊張：慣れない物事などに直面して、気分が張りつめて体が固くなること。または、争いなどが今にも起こりそうな気配。

例文 大ファンの俳優を目の前にして緊張のあまり頭が真っ白になった。

弛緩：ゆるむこと。たるむこと。

例文 緊張が解けて、全身の筋肉が一気に弛緩した。

中枢（ちゅうすう） ⟺ 末梢（まっしょう）

中枢：中心となる大切なところ。核となる重要な部分。

例文 国会議事堂のある永田町はいわば政治の中枢を担う場所だ。

末梢：末端や先端。物の端っこ。または取るにたらない些細なこと。「末梢的」は本質から外れていること。

例文 そんな末梢的なことにこだわっていたらこのプロジェクトはいつまでたっても成功しないだろう。

淡泊（たんぱく） ⟺ 濃厚（のうこう）

淡泊：味や色などがあっさりしていること。または性格や態度などがさっぱりとしてしつこくないこと。

例文 この店のダシは淡泊なのだが、体に染み渡るようなうまさがあって、また訪れたくなる。

濃厚：味や色などが濃く、こってりしていること。またはある可能性が強く感じられるさま。

例文 ここのラーメンの濃厚なスープは病みつきになる。

衰退（すいたい） ⟺ 隆盛（りゅうせい）

衰退：力や勢いなどが衰えて弱まること。栄えていたものが落ちぶれること。

例文 日本の伝統工芸は非常に残念なことに衰退の一途を辿（たど）っている。

隆盛：勢いが盛んなこと。活気があり、非常に栄えること。

例文 貴社ますますご隆盛のこととお慶（よろこ）び申し上げます。

保守（ほしゅ） ⇔ 革新（かくしん）

保守
正常な状態を保つこと。古くからの習慣や考え方などを尊重して、守ろうとすること。
例文 先祖代々続くような土地では、保守的な思考をもつ人が多い。

革新
従来の制度や習慣をやめて新しくすること。
例文 若い世代で構成された新政府は早速、大胆な革新を断行（だんこう）した。

称賛（しょうさん） ⇔ 非難（ひなん）

称賛
ほめたたえること。特によいと認めて言葉でほめること。同音の「賞賛」も同じ意味だが、厳密には褒美（物）を与えてほめることをいう。
例文 受賞者に惜しみない称賛の拍手が送られた。

非難
欠点や過ちなどを取り上げて責めること。
例文 短絡的でその場しのぎな政府の方針は多くの国民に非難された。

欠乏（けつぼう） ⇔ 豊富（ほうふ）

欠乏
乏しいこと。不足すること。十分にないこと。
例文 まるで栄養が欠乏しているのかと思うほどに彼はいつ会っても青白い顔をしていて、覇気（はき）というものがない。

豊富
物が豊かにあること。ふんだんにあること。
例文 新しくできた近所のスーパーは野菜ばかりでなく、フルーツも種類豊富に取り揃えられている。

修繕（しゅうぜん） ⇔ 破損（はそん）

修繕
壊れたり、悪くなった部分を直すこと。修理すること。
例文 ひび割れてきた家の外装を早めに修繕した。

破損
物が壊れたり、傷（いた）んでしまうこと。また、壊したり、傷つけたりすること。
例文 先月の台風でわが家の屋根が、大きく破損した。

離脱（りだつ） ⇔ 接近（せっきん）

離脱
ある状態や、今まで属していたものから抜け出すこと。組織から離れること。
例文 故障のため、戦線離脱せざるを得なかった。

接近
近づくこと、近寄ること。親しくなること、親しくつきあうこと。
例文 同じサークルに入り、二人の仲が接近した。

勤勉（きんべん） ⇔ 怠惰（たいだ）

勤勉
仕事や勉強などに一生懸命に精（せい）を出して励むこと。
例文 通学中も休日も勉学にいそしむ彼は、今どきめずらしい勤勉な学生といえるだろう。

怠惰
するべきことを怠けること。またはだらしない性質や様子。
例文 毎日のように遅刻はするわ、宿題は忘れるわで、彼のことは怠惰な学生といわざるを得ない。

謙虚（けんきょ） ⇔ 高慢（こうまん）

謙虚
控えめでつつましいこと。自分の能力や立場におごることなく相手の意見などを素直に受け入れること。
例文 社長令嬢であるにも関わらず常に謙虚な彼女は誰からも好かれた。

高慢
自分が優れていると思い上がって、人を見下すこと。
例文 従業員を小馬鹿にしたような社長の高慢な態度に、はらわたが煮えくり返った。

華美（かび） ⇔ 質素（しっそ）

華美
華やかで美しいこと。派手で贅沢（ぜいたく）なこと。
例文 彼女はブランド物を着て、毎夜のように一流店で食事をするという華美を極めた暮らしをしていた。

質素
贅沢をせずに、つつましく簡素に生活すること。飾り気がないこと。
例文 彼女はまるで世捨て人のような質素な暮らしをしていた。

Question

対義語を見つけよう

対義語になるよう□にあてはまる漢字を下から選びましょう。

Q1 協調↔□他

Q2 頑丈↔華□

Q3 永劫(えいごう)↔□間

Q4 巧妙(こうみょう)↔稚□

Q5 怨恨(えんこん)↔□義

Q6 納得↔不□

Q7 愛護↔□待

Q8 発生↔消□

Q9 煩雑(はんざつ)↔□略

Q10 鮮明↔□糊

Q11 超過↔不□

Q12 新奇(しんき)↔□腐

Q13 特殊↔普□

Q14 暗算↔□算

Q15 穏健(おんけん)↔過□

Q16 早熟↔□成

Q17 混乱↔□序

Q18 露見(ろけん)↔隠□

Q19 繁忙(はんぼう)↔□散

Q20 整然↔□然

足・雑・瞬・閑・陳・遍・恩・激・晩・滅

奢・虐・秩・蔽・拙・簡・模・排・筆・服

解答 Q1：排、Q2：奢、Q3：瞬、Q4：拙、Q5：恩、 Q6：服、Q7：虐、Q8：滅、Q9：簡、Q10：模、Q11：足、Q12：陳、Q13：遍、Q14：筆、Q15：激、 Q16：晩、Q17：秩、Q18：蔽、Q19：閑、Q20：雑

2 対義語

意外とわからない意味が反対の言葉

名目（めいもく）⇔実質（じっしつ）

名目
表向きの名前や理由。口実。
例文 名目だけのお飾り社長だ。

実質
実際の内容や性質。本質や中身。
例文 著名人が世間に公表している年収と実質の収入は違うだろう。

虚構（きょこう）⇔事実（じじつ）

虚構
作り事。想像によって作り上げられたもの。フィクション。
例文 テレビドラマは基本的には虚構の物語だ。

事実
真実として目の前にある事柄。本当のこと。実際に起こった事柄。
例文 リストラされた上に離婚されたのはまぎれもない事実だ。

安堵（あんど）⇔危惧（きぐ）

安堵
物事がうまくいって安心する。不安などが解消されて心が落ち着く。
例文 家族の無事を知って安堵した。

危惧
悪い結果になりはしないかと恐れること。事の成り行きを心配すること。
例文 防犯に役立つ一方で、プライバシーの侵害を危惧する声もある。

安定（あんてい）⇔動揺（どうよう）

安定
物事が落ち着いている状態。
例文 ここのところ仕事が順調で安定した結果を残せている。

動揺
心や気持ちが落ち着かずに揺れ動くこと。平静を失うこと。
例文 図星（ずぼし）を突かれて動揺した。

実践（じっせん）⇔ 理論（りろん）

実行すること。決意した事を具体的に行動に移すこと。
例文 今こそこれまで学んできたことを実践するときだ。

実際の経験でなく、思考の中で組み立てた知識。また個々の事実や現象などを統一的に説明できるように組み立てられた体系的知識。
例文 タイムマシンは理論上は成り立つが、現実に完成したという話はいまだに聞いたことがない。

寡黙（かもく）⇔ 多弁（たべん）

口数が少ないこと。
例文 彼は度を越えて寡黙だが、仕事の腕は確かだ。

よくしゃべること。おしゃべり。言葉数の多いこと。
例文 彼は普段は大人しく無口だが、酒が入ると人が変わったように多弁になるからおもしろい。

緩慢（かんまん）⇔ 敏捷（びんしょう）

動きがゆったりして遅いこと。物事の変化などが手ぬるいこと。処置が遅いこと。
例文 さんざんせかしたが、それでも彼は緩慢な動作で作業を続けた。

動作がすばしこいこと。判断や理解がすばやいこと。
例文 彼らは日頃の訓練の成果を遺憾（いかん）なく発揮して敏捷に動いた。

促進（そくしん）⇔ 抑制（よくせい）

物事が進むように促すこと。力を加えること。
例文 商品の販売を促進するためには広告は非常に効果的だ。

感情的もしくは衝動的な行動などを抑えとどめること。意識的に抑止すること。
例文 彼の言動に怒りを覚えたが、この先も続いていく付き合いを考えてどうにか感情を抑制した。

10 対義語・類義語

相対（そうたい） ⇔ 絶対（ぜったい）

相対

ほかの物事と関係づけて捉える。ほかとの関係や比較の上に成り立つこと。何かを基準にして表すこと。

例文 昨年の営業成績と比較するなどして相対的に捉えれば、今年の成果が明確になるだろう。

絶対

ほかとの比較や対立を越えた存在。ほかに並ぶ物がないこと。またほかによって制限や関与されないこと。

例文 これまでの経験からすると絶対に失敗しないとは断言できない。

失墜（しっつい） ⇔ 挽回（ばんかい）

失墜

名誉や権威（けんい）、信用などを失うこと。または、むだな出費のこと。

例文 今回の一連の不祥事でブランドの信頼は失墜した。

挽回

失った物を取り返すこと。元の状態を取り戻すこと。

例文 その政治家は説得力のある演説で名誉を挽回した。

追随（ついずい） ⇔ 率先（そっせん）

追随

あとについて行くこと。従うこと。または人の業績などに追いつこうとすること。

例文 あの企業の業績は他社の追随を許さないほどにずば抜けている。

率先

人の先頭に立って物事にあたること。進んで事を行うこと。

例文 人が嫌がる仕事ほど率先して取り組むべきだ。

軟弱（なんじゃく） ⇔ 強硬（きょうこう）

軟弱

柔らかく弱い性質。考えや意志、態度などがしっかりしておらず、相手の言うままになりやすいこと。

例文 意志が軟弱な彼はすっかり周りの意見にのまれてしまった。

強硬

自分の主張や立場などを強い態度で押し通そうとすること。容易に妥協したり、屈服したりしない態度。

例文 彼は先方からの折衷（せっちゅう）案（あん）を強硬な態度で突っぱねた。

重箱(じゅうばこ)読(よ)みと湯桶(ゆとう)読(よ)み

「重箱」の重(ジュウ)が音読み、箱(ばこ)が訓読みであることから、重箱のように音読み・訓読みの順で読むことを重箱読みという。湯桶読みはこれの逆で訓読み・音読みの順となる。いずれも漢字の読み方の原則からは外れているとされるが、実際には多数の重箱読み・湯桶読みが存在している。

重箱読みの例	
団子	ダンご
王手	オウて
縁組	エンぐみ
献立	コンだて
一羽	イチわ
碁石	ゴいし
台所	ダイどころ
毎年	マイとし
座敷	ザしき
借家	シャクや
素顔	スがお
代替	ダイがえ

湯桶読みの例	
初陣	ういジン
落度	おちド
家賃	やチン
野宿	のジュク
夕飯	ゆうハン
言分	いいブン
大勢	おおゼイ
敷金	しきキン
粗熱	あらネツ
身分	みブン
酒代	さかダイ
手数	てスウ

3 類義語 知っておきたいよく似た意味の言葉

素朴（そぼく）＝純真（じゅんしん）

素朴：飾り気がなく、ありのままであること。自然のままに近いこと。
例文 素朴な疑問を投げかけた。

純真：邪念や汚れのない心。偽り（いつわ）のない純粋で清らかな心。
例文 純真な心をもち続けていたい。

没頭（ぼっとう）＝専念（せんねん）

没頭：ほかのことは忘れて一つのことに熱中すること。
例文 平日は無理なのだから、休日くらいは好きなことに没頭したい。

専念：一つのことに集中すること。そのことだけにかかりきりになること。
例文 結婚までは仕事に専念したい。

平安（へいあん）＝無事（ぶじ）

平安：無事で穏やかなこと。安らかで変わったことのないこと。
例文 被災者の心の平安を願う。

無事：普段と変わったことのないこと。事故や災害などが起こらないこと。
例文 何事もなく無事に着いた。

真心（まごころ）＝誠意（せいい）

真心：真実の心。偽りや虚飾（きょしょく）のない心。他人のために尽くそうという気持ち。
例文 彼からの真心のこもったクリスマスプレゼントに思わず涙した。

誠意：偽りのない心。私利私欲のない、まじめで正直な心。
例文 自分なりの誠意を尽くした。

怠慢（たいまん）＝横着（おうちゃく）

怠慢
しなければいけないことを怠（なま）けてしないこと。
例文 提出期限に間に合わないのは怠慢と言わざるを得ない。

横着
すべきことを怠けること。楽をして済ませようとすること。
例文 ゴミ捨てに行くだけだからと横着しないで、きちんと寝間着を着替えなさい。

長所（ちょうしょ）＝美点（びてん）

長所
すぐれている性質や性能。よいところや取り柄。抜きん出てすぐれているところ。
例文 自分の長所というのはなかなか見つけにくいものだ。

美点
すぐれている点。よいところ。美しいところ。
例文 確かに彼女は感情的だが、自分の心に常に素直だという美点と捉えることもできる。

看護（かんご）＝介抱（かいほう）

看護
けがをした人や病人などを、手当てしたり、世話をしたりすること。看病すること。
例文 爆発で重度のけがを負い、運ばれてきた人々を彼女は手際よく看護した。

介抱
けがをした人や病人、また酔っぱらいなどの世話をすること。
例文 彼女は酔いつぶれた人をやさしく介抱した。

関心（かんしん）＝興味（きょうみ）

関心
ある物事に対する積極的な感情や心構え。興味をもったり、注意を払ったりすること。気にかけること。
例文 一見すると風変わりなその女性に強い関心をもった。

興味
ある物事に引きつけられること。感じさせるおもしろみ。
例文 彼女が有名人の娘と聞いて、俄然（がぜん）、興味が湧いた。

真実（しんじつ）＝真相（しんそう）

真実

うそや偽りがまったくない、本当のこと。誠のこと。ありのままのさま。また、絶対の真理。究極のもの。

例文 あのグループの解散騒動の真実を語ってほしい。

真相

ある物事の真実の姿、実態、事実。事件などの本当の事情、ありさま、全容。

例文 事件の真相を早急に究明しなければならない。

永眠（えいみん）＝他界（たかい）

永眠

永い眠りにつくこと。すなわち死去すること。

例文 父はがんを患い、五十歳の若さで永眠した。

他界

死後の世界。すなわち、人が死ぬこと。自分が属さない世界へ旅立つこと。別の世界。

例文 父は長年闘病していたが、昨年末に他界した。

極意（ごくい）＝秘訣（ひけつ）

極意

核心となる大切な事柄や到達しがたい事柄、奥義のこと。特に学問や芸事の奥義のこと。

例文 茶道の極意をいつか会得したいと思っている。

秘訣

あることを行う際のとっておきの手段。もっとも効果的な方法。コツ。

例文 八十歳を迎えてなお現役の農家として働き続けるおじいさんに、長生きの秘訣をうかがった。

重宝（ちょうほう）＝便利（べんり）

重宝

便利で役に立つこと。珍重すること。または大切な宝物。

例文 このお皿は大きさがちょうどよく、普段使いからゲストをもてなすときまでとても重宝している。

便利

あることをするのに役に立つこと。都合のよいこと。

例文 このお皿は電子レンジにも使えるのでとても便利だ。

納得（なっとく）＝合点（がてん）

【納得】ほかの人の考えや行為などを十分に理解し、認めたり同意すること。了解すること。
例文 彼の熱意にあふれた説明を聞いて、課長もようやく納得した。

【合点】理解すること。承知すること。同意すること。
例文 彼女のあまりの慌てぶりには驚いたが、緊迫した状況を知って合点がいった。

克明（こくめい）＝丹念（たんねん）

【克明】細かなところまで念を入れてあること。手落ちのないこと。また、まじめで正直な人柄。
例文 当時の様子が克明に記録された貴重なノートを譲り受けた。

【丹念】細かい点にまで注意を払うこと。または、ていねいに扱うこと。
例文 彼の丹念な仕事ぶりには感心させられてばかりだ。

失望（しつぼう）＝落胆（らくたん）

【失望】期待が外れてがっかりすること。希望を失うこと。
例文 長年信頼していた彼にあっさり裏切られ、おおいに失望した。

【落胆】期待や希望通りにならず、がっかりすること。力を落とすこと。
例文 想像していた以上にきびしい現実を知って彼は落胆した。

算段（さんだん）＝捻出（ねんしゅつ）

【算段】よりよい方法や手段を考え出したり、工夫すること。また、特にあれこれ苦心して金銭の都合をつけること、金銭を工面すること。
例文 急な修繕費用の算段がなんとかついてほっとしている。

【捻出】ひねり出すこと。知恵を絞って考え出すこと。また、金銭や時間をやりくりして作り出すこと。
例文 日々の生活費を切り詰めて、なんとか旅費を捻出した。

神妙（しんみょう）＝殊勝（しゅしょう）

神妙
心がけや行いが立派で、感心なこと。いつもと違い素直で大人しいこと。
例文 部長の逆鱗（げきりん）に触れて、いつもは飄々（ひょうひょう）としている彼もさすがに神妙な面持ちをしていた。

殊勝
年齢などの割に心がけや行動が立派で感心なこと。ほめるに値すること。健気（けなげ）なさま。
例文 誰よりも早く出社するとは殊勝な心がけだ。

醜聞（しゅうぶん）＝汚名（おめい）

醜聞
名誉や人格を傷つけるよくないうわさや風評。聞き苦しいうわさ。スキャンダル。
例文 彼の醜聞を流したのはあいつだというのは誰の目にも明らかだ。

汚名
悪い評判。不名誉な評判。
例文 嘘を突き通せずにありのままの出来事を打ち明けた彼は、仲間から裏切り者の汚名を着せられた。

葛藤（かっとう）＝悶着（もんちゃく）

葛藤
相反する感情や意思などがあり、どちらを取るか迷うこと。その狭間で揺れ動くこと。また、いざこざ。
例文 仕事か趣味か、安定か自由かを常に葛藤している気がする。

悶着
乱れ、もつれること。感情や意見の食い違いから起こる争いやもめごと。紛争。
例文 例の件が発端（ほったん）で彼と彼女の間でひと悶着あった。

経緯（けいい）＝顛末（てんまつ）

経緯
物事の筋道。いきさつ。物事の入り組んだ事情。織物の経（たて）糸と緯（よこ）糸。「いきさつ」とも読む。
例文 先方とのトラブルの経緯を説明してほしい。

顛末
顛（いただき）から末（すえ）までの意で、物事の最初から最後までの事情。
例文 ついに隠し切れなくなり、私は覚悟を決めて事の顛末を話した。

Part 11

ことわざ・四字熟語で表現力をアップしよう

馬脚を露す

隠していた正体や悪事などがばれること。芝居で馬の脚に扮する役者が、うっかり自分の姿を見せてしまうことから。出『元曲』

例文 どうも怪しいと思っていたが、ついに馬脚を露した。やはり他社からのスパイだったんだ。

人を射んとせば先ず馬を射よ

馬に乗っている人を射るなら、まずはその馬を射て自由をうばうことだということから、目的を果たすには方法をよく考え、相手が頼みとするものから攻めるのが成功への近道だということ。出『前出塞』

例文 部長を説得するにはまずは腰巾着の課長に話を通したほうがいい。人を射んとせば先ず馬を射よというじゃないか。

英 He that would the daughter win must with the mother first begin. 娘を得たいなら、まず母親から始めねばならない。

馬の耳に念仏

馬に仏の教えを聞かせても馬にはそのありがたみがわからないことから、高尚な話をしても理解できないこと、またいくら忠告や意見をしても少しも聞き入れようとしないこと。

例文 社長に福利厚生の見直しをうったえても馬の耳に念仏でまったく効果がない。

英 A nod is as good as a wink to a blind horse. 目の見えない馬にうなずいてもウインクしても同じ。

牛に引かれて善光寺参り

人に誘われて知らぬうちによいほうへ導かれていること、よいことに巡りあったりすること。昔、不信心で欲張りな老婆が、さらしておいた布を角に引っ掛けたまま走りだした牛を追いかけて善光寺に辿り着き、それがきっかけで信仰の道に入ったという言い伝えに基づく。

例文 祖母に連れられ落語を聞きに行ったのが牛に引かれて善光寺参り、今では古典芸能にはまってしまった。

角を矯めて牛を殺す

牛の曲がった角を直そうとして牛を殺してしまうことから、わずかな欠点を直そうとして、かえって全体をだめにしてしまうこと。

例文 あまり勉強しろ勉強しろというのは角を矯めて牛を殺す結果になりかねない。

虎の威を借る狐

強い者の力に頼って威張る器の小さい者のこと。狐が虎に食べられそうになって、「私は天帝に命じられた百獣の王。私を食べると天帝の命に背くことになる。嘘だと思うならついてきなさい」と言い、虎が狐の後についていくと、はたして獣たちはみな逃げ出していく。虎は獣たちが自分に恐れて逃げたことに気付かず狐を信じたという寓話に基づく。

出『戦国策』

例文 有名な大企業に務めているからといっていつも尊大な態度をとっているが、まさに虎の威を借る狐だ。ああはなりたくない。

虎の巻

兵法の秘密にしておくべき貴重な事柄を書いた兵法書『六韜』の虎韜巻に由来する言葉で、秘事や秘伝の書。教科書の簡単な解説書、講義などの種本。

例文 ずいぶん積極的に回答すると思ったら虎の巻を持っていたのか。

鴨が葱を背負ってくる

鴨鍋になる鴨がねぎを背負ってくるように、簡単にだまされるようなお人好しが、さらに利益になるものを持ってくること、ますます好都合であること。略して「鴨葱」とも。

例文 大のギャンブル好きなのに博打の才能がまったくないから、いつも鴨が葱を背負ってくるを地でいくことになるが止められない。

掃き溜めに鶴

つまらないものの中に、非常に美しいものや優れたものが混じっていることのたとえ。

例文 今年の新入社員の女の子はとてもかわいい。まさに掃き溜めに鶴だ。

窮鳥懐に入れば猟師も殺さず

追い詰められて逃げ場を失った者が助けを求めてくれば、どんな事情があっても助けるのが人の道だということ。

例文 ふだんから仲が悪いが本当に困っているなら、窮鳥懐に入れば猟師も殺さず、相談にのるよ。

鵜の真似をする烏水に溺れる

烏が鵜のまねをして水中で魚を獲ろうとしても溺れることから、自分の能力も考えずに他人のまねをしても失敗するだけということ。

例文 専門家でもないのに余計な口出しをしていると、鵜の真似をする烏水に溺れるで、大変な目にあうよ。

雀百まで踊り忘れず

雀は死ぬまで飛びはねる癖が抜けないことから、幼いときからの習慣はいくつになっても変わらないこと。

例文 社交辞令だというのにすぐ調子にのる、いい年してるのに雀百まで踊り忘れずだね。

燕雀安んぞ鴻鵠の志を知らんや

小人物には大人物の考えや気持ちがわからないというたとえ。「燕雀」はつばめとすずめ、「鴻鵠」はおおとりとこうのとりのこと。出『史記』

例文 このプロジェクトの重大さがわからないとは、うちの上司たちは燕雀安んぞ鴻鵠の志を知らんやだ。

犬が西向きゃ尾は東

犬が西を向けばその尾は東を向くのはあたり前のことで、当然すぎること、決まりきったこと。類義句は「雨の降る日は天気が悪い」。

例文 暴飲暴食が体に悪いなんて知ってるよ。犬が西向きゃ尾は東だ。

猫に鰹節

猫に大好物の鰹節を置くことから、好きなものを目の前に置いたら油断できないということ。また、ついそれを取ってしまうような過ちを起こしやすい状況にあること。

例文 あの人の前に肉を置くなんて、猫に鰹節だ。我々の分がなくなってしまうじゃないか。

猫に小判

猫に小判を与えてもその価値がわからないことから、どんなに価値のあるものでも、その価値がわからない人にはむだであり、何の役にも立たないこと。

例文 課長に最新のパソコンを支給したところで猫に小判だ。スマホだってろくに使えないというのに。

英 Don't cast pearls before swine.豚に真珠を投げ与えるな。

大山鳴動して鼠一匹

前触れの騒ぎは大きかったのに、実際の結果は小さいこと。また、大騒ぎしたわりには、大したことがなかったこと。

例文 あの政治家はあれだけ景気回復を実現するとうたっていたのに、大山鳴動して鼠一匹、あいかわらず景気は下向きのままだ。

獅子身中の虫（しししんちゅうのむし）

獅子に寄生して、ついには獅子を死に至らせる虫という意味から、仏の教えを受けながら、仏教に害を与える者のたとえ。転じて味方でありながら内部から害を与えたり裏切る者のこと。出『梵網経（ぼんもうきょう）』

例文 会社をよりよくするには、まずは獅子身中の虫を追い出さなければならない。

藪をつついて蛇を出す（やぶをつついてへびをだす）

わざわざ藪をつついて蛇を追い出し、その蛇に噛（か）まれるような愚（おろ）かなことをすることから、余計なことをして、かえって災難をまねくこと。

例文 せっかく長い話が終わると思ったのにわざわざ質問をするなんて、藪をつついて蛇を出すようなことをしないでほしい。

蛇ににらまれた蛙（へびににらまれたかえる）

あまりの恐ろしさのため、身がすくんで動けなくなることのたとえ。

例文 あの人は普段いばっているけど、社長の前だけは蛇ににらまれた蛙のようになってしまう。

蛇の道は蛇（じゃのみちはへび）

蛇の通る道はほかの蛇もよく知っているということから、同類の者は互いにその方面の事情に通じていること。類義句に「餅は餅屋」「馬は馬方」がある。

例文 蛇の道は蛇だから、我々は余計なことをせずに、プロに任せたほうがよいだろう。

魚心あれば水心（うおごころあればみずごころ）

相手が好意を示してくれれば、こちらも応じようということ。また、本人がそうしてあげようという気持ちを持てば、相手もそれに応えようとするものだということ。

例文 魚心あれば水心、私の願いをきいてくるなら、あなたの願いもきこう。

英 You scratch my back and I will scratch yours.背中を掻いてくれれば、君の背中を掻いてやろう。

河童の川流れ（かっぱのかわながれ）

泳ぎの達者な河童でも、ときには川の流れに押し流されることから、名人や達人であっても油断して思わぬ失敗をすること。

例文 まさかあの人があんな失敗をするとは思わなかった。まさに河童の川流れというやつだ。

2 ことわざ

カテゴリー別で知っておきたい②

身体

暖簾に腕押し

いくら積極的に動いても相手がなんの反応も示さず、少しも手応えがないこと。力を込めて暖簾を押しても、押しただけの反応がないことから。類義句に「豆腐に鎹」「糠に釘」がある。

例文 新入社員にもっと自分から質問してくるように言ったが、暖簾に腕押しでまったく質問してこない。

上手の手から水が漏れる

どんな名人といわれる人でも、時には失敗することもあるということ。「巧者の手から水が漏れる」とも。

例文 上手の手から水が漏れるというから、慣れているからといって油断は禁物だ。

頭隠して尻隠さず

悪事や欠点の一部しか隠していないのに、すべてを隠したつもりでいること。「雉の草隠れ」といって雉が草むらの中に首を隠し、尾が出ていても平気でいることから。

例文 本人たちは上手く隠したつもりでも、はたから見ればバレバレ。まさに頭隠して尻隠さずだ。

正直の頭に神宿る

神は正直な人を、必ず助け守ってくれるという教え。対義句は「正直者が馬鹿を見る」。

例文 正直の頭に神宿るだから、まじめにやっていれば必ずよいことがあるものだ。

頭の上の蝿を追え

他人にとやかく言ったり世話を焼くより、まずは自分自身のことをきちんとすることが大事ということ。

例文 人の成績を気にするより、勉強したら？　頭の上の蝿を追えだよ。

心頭を滅却すれば火もまた涼し

心中の雑念を払って無我の境地に達すれば、火さえも涼しく感じられるという意味から、いかなる苦痛も心の持ち方しだいで苦痛とは感じられなくなるということ。

例文 これくらいの寒さは、心頭を滅却すれば火もまた涼しだ。ぐずぐず言っていないで早く営業に行け。

知らぬ顔の半兵衛

知っているのに、まったく知らないふりをしてとぼけること。半兵衛は戦国時代の知将「竹中半兵衛」とされ、知っていながら知らないふりをした兵法が有名になったことから。

例文 知らぬ顔の半兵衛を決め込んでいたが、本当は異動辞令のことだと知っていた。

目には目を歯には歯を

目をつぶされたら相手の目をつぶし、歯を折られたら相手の歯を折るという意味から、相手の仕打ちに対しては、それに相応する仕返しをすること。出『ハムラビ法典』

例文 目には目を歯には歯をという考え方では争いが終わらない。

喉元過ぎれば熱さを忘れる

熱いものでも飲み込んでしまえば、そのときの熱さを忘れてしまうことから、苦しいときが過ぎ去ればそのときの苦しさもそのときに受けた恩も簡単に忘れてしまうこと。

例文 喉元過ぎれば熱さを忘れるで、体調がよくなるとすぐに無理をしてしまう。

臍を噛む

もはやどうにもならないことに、はげしく後悔すること。取り返しのつかないことを悔やむこと。似ている言葉の「臍を固める」は、決意を固めるの意。出『春秋左氏伝』

例文 今しっかりやっておかないと、後々臍を噛むことになるだろう。

断腸の思い

はらわたが千切れるほどにつらく悲しい思いのこと。極めて悲しいこと、苦しいこと。「断腸」ははらわたを断ち切るという意。出『世説新語』

例文 断腸の思いで家族と離れる決心をした。

一将功成りて万骨枯る

一人の将軍の華やかな功名の裏には、それを支え戦った多くの兵士の犠牲がある。上に立つ者だけが功績を讃えられ、陰になって働いた多くの下の者たちの努力と犠牲が忘れられていること。出『己亥歳』

例文 動くのはこっちなのに手柄は全部上司に持っていかれる。一将功成りて万骨枯るでいやになる。

月に叢雲花に風

美しい月は雲が流れてきて隠され花は風が散らしてしまうことから、よいことにはとかく邪魔が入りやすく、よい状態は長続きしないこと。また思うままにならないということ。類義句は「花に嵐」「好事魔多し」。

例文 せっかくの花見なのに天気が悪くなってきた。月に叢雲花に風とはこのことだね。

立てば芍薬座れば牡丹歩く姿は百合の花

立ち姿は芍薬の花のようにすらっとして美しく、座れば牡丹の花のように艶やかで気品に溢れ、歩けば百合の花のように清らかで上品ということで、美人の姿、所作を花にたとえたもの。

例文 最近では珍しい、純和風美人の女優さん。立てば芍薬座れば牡丹歩く姿は百合の花というやつだね。

木を見て森を見ず

一本一本の木にばかり気を取られ森全体を見ないことから、細かな部分ばかりを注意して、全体を見ることができないこと。

例文 今日のスケジュールだけを確認するのではなく、全体の予定を把握しておかないと、木を見て森を見ずで意味がないよ。

実るほど頭の下がる稲穂かな

実が実るにつれ重くなり、穂先が垂れる稲穂のように、人間も学問や人格が備わってくればくるほど、かえって謙虚になるものということ。優れた人ほど控えめで、偉そうな態度を取らないこと。

例文 あの教授は、学会でもかなりの権威なのに、実るほど頭の下がる稲穂かな、少しも偉ぶったところがない。見習いたいものだ。

山椒は小粒でもぴりりと辛い

体は小さくても優れた才能を持っ

ていたり機敏だったりして、侮れないことのたとえ。山椒の実は小粒でも非常に辛いことから。対義句は、「独活の大木」「大男総身に知恵が回りかね」。
例文 何の変哲もない平凡な人に見えるが、山椒は小粒でもぴりりと辛いというやつでかなりやり手らしい。

破竹の勢い

勢いが激しすぎて止めることができないこと。竹は刃物などで一節に割れ目を入れると、一気に最後まで割れてしまうことから。出『晋書』
例文 破竹の勢いで連勝記録を塗り替えているが、もはやこのチームに勝てるところはないだろう。

栴檀は双葉より芳し

将来大成する人は幼いときから優れた素質が見られるものだということ。栴檀は白檀の別称で香木のこと。白檀は双葉のころから芳香を放つことから。出『撰集抄』
例文 ノーベル賞も夢ではないほど優秀な学者さんだが、やはり栴檀は双葉より芳しで、小さい頃は神童と呼ばれていたらしい。

一葉落ちて天下の秋を知る

ほかの木より早く落葉するあおぎりの葉が落ちるのを見て、秋の訪れを知ることから、わずかな前ぶれから、後に来るものを予知することをいう。出『淮南子』
例文 先ほど社内で見ない顔を見かけた。一葉落ちて天下の秋を知るではないが、ひょっとして社内で大きな人事異動があるかもしれない。

蓼食う虫も好き好き

よりにもよって苦くて辛い蓼を好んで食べる虫もいるように、人の好みはさまざまだということ。蓼とは、湿った土地に生える植物で、茎や葉に辛味があり、料理や刺身のつまなどに使われる。
例文 私には好みの味ではないが、人気の店らしい。蓼食う虫も好き好きということか。
英 There is no accounting for tastes. 人の好みは説明できぬ。

柳の下にいつもどじょうはいない

一度柳の木の下でどじょうを捕まえたからといって、いつもそこで捕れるとは限らないということから、一度幸運なことがあったからといって、また同じ方法で幸運が得られるわけではないということ。
例文 たまたま賭け事で大勝ちしたからって、味をしめてはいけないよ。柳の下にいつもどじょうはいないということを肝に銘じておくべきだ。

親しき仲にも礼儀あり

親しくなると遠慮がなくなり、それが不和の元になることから、どんなに親しい関係でも、相手に対し必要最低限の礼儀は忘れてはならないという戒め。類義句は「親しき仲に垣をせよ」「思う仲には垣をせよ」。

例文 **いくら親友だからといってあまり甘えるのはよくない。親しき仲にも礼儀ありだ。**

夫婦喧嘩は犬も食わない

夫婦喧嘩はよそからは細かい内情は知れないし、どうせすぐに仲直りするものなのだから、他人の口出しや仲裁は無用であるということ。何でも食べる犬でさえ見向きもしないという意味から。

例文 **あそこの夫婦は年中喧嘩しているが、いつもすぐに何事もなかったように仲直りする。夫婦喧嘩は犬も食わないで気にならなくなった。**

郷に入っては郷に従え

風俗や習慣は各土地ごとに違うので、人は住んでいる土地の風俗、習慣に従うのがよい。また、ある集団に属したら、その集団のやり方に従うべきだということ。

例文 **前の会社ではどうだったか知らないが、この会社で働くからには郷に入っては郷に従え、うちのやり方で仕事をしてもらうよ。**

英 When in Rome, do as the Romans do.ローマではローマ人のするようにせよ。

便りのないのはよい便り

手紙一通の連絡もないのは、その人が無事に過ごしていることの証拠であるということ。音信がない相手を案じるとき、そんなに心配することはないと慰めて使う。

例文 **何かあれば絶対に連絡が入るから、便りのないのはよい便りだよ。**

土一升に金一升

その土地の土を一升買うには、一

升の金が必要ということから、土地の価格が非常に高いこと。「金」は砂金の意。「升」は容積を表す単位で、一升は約1.8リットル。

例文 この辺りも土地が高くなった。昔は空き地ばかりだったのに土一升に金一升、今では手が出せない。

難波の葦は伊勢の浜荻

難波では葦と呼ぶ植物を伊勢では浜荻と呼ぶことから、物の呼び名や風俗、習慣は土地によって違うものだということ。難波は今の大阪府で、伊勢は三重県の昔の名称。

例文 関西から東京へ引っ越してきた最初の頃は、難波の葦は伊勢の浜荻で、いろいろ違うので戸惑った。

貧は世界の福の神

貧乏はかえって人を発奮、努力させるので、後の幸福を導くものだから、貧乏は福の神だということ。

例文 貧乏が何だ。むしろやりがいを感じて先が楽しみだ。貧は世界の福の神というじゃないか。

寝る子は育つ

日頃よく眠る子は、健康にすくすくと成長するということ。「寝る子は太る」「寝る子は息災」ともいい、類義句は「泣く子は育つ」。

例文 寝る子は育つというが、うちの子は一日中寝ているので少し心配だ。

山中暦日なし

俗世間を離れ、山の中で静かに暮らしていると、のんびりとして月日の経つのも忘れてしまうということ。

出『唐詩選』

例文 都会の生活は便利でよいがせわしない。山中暦日なしといえる生活にあこがれてしまう。

風邪は万病の元

風邪はあらゆる病気の元であるから、たかが風邪くらいと軽く考えてはいけないという戒め。こじらせた風邪はさまざまな合併症を引き起こすことからいう。

例文 風邪は万病の元だから、医者に行くのを面倒がってはいけない。

暑さ寒さも彼岸まで

こたえる残暑も秋の彼岸の頃にはやわらぎ、立春の後まで続く余寒も春の彼岸の頃になればおさまるということ。「彼岸」とは春分、秋分の日を中日として、それぞれの前後三日間を含む七日間のこと。「暑さ寒さも彼岸ぎり」「暑い寒いも彼岸まで」ともいう。

例文 暑さ寒さも彼岸までというけど、年々残暑が長引いている気がする。

カテゴリー別で知っておきたい⑤ 性格

河海は細流を択ばず

大人物は度量が広く、どんな人でも分け隔てなく受け入れるということ。黄河や大海はどんな小さな川の流れも受け入れて大きく深いものになったことから。類義句は「大海は芥を択ばず」「泰山は土壌を譲らず」。㊤『史記』

例文 河海は細流を択ばず、上司たる者すべての部下に対して平等に接しなければならない。

威あって猛からず

威厳があるが、人間的な温かみにあふれ少しも威張った態度がない。人間の理想的な態度をいったもの。孔子の人柄について弟子たちが評した言葉。㊤『論語』

例文 立場が上になればなるほど、威あって猛からずを心がけなければならない。

蛙の面に水

どんなにひどいことをされても平気なこと。また、注意されようが怒られようがいっこうに動じないでいること。蛙は水の中に住んでいるので、顔に水をかけられても平気なことから。図々しい、恥知らずだなどの皮肉を込めて使われる。「蛙の面に小便」ともいう。

例文 何度注意してもいっこうに直らないどころか、何事もないように平然としている。蛙の面に水で、何を言ってもむだだな。

清濁併せ呑む

度量が大きく、善も悪も区別なく受け入れること。大海が清流も濁流も区別せずに受け入れることから。「清濁」は善と悪、善人と悪人、賢者と愚者などのたとえ。

例文 本当に器の大きい人というのは、清濁併せ呑むくらいの気概を持った人のことをいうのだろう。

木仏金仏石仏

人情の薄い人、融通のきかない人、

人間味のない人のたとえ。心の冷たい人や感性の鈍い人を温もりのない仏像に見立てた言葉。

例文 あの人は木仏金仏石仏でとても同じ血の通った人間とは思えないほど冷徹だ。

剛毅朴訥仁に近し

意志が強く、飾り気がなく口数が少ないことは、道徳の理想である仁に近いということ。「剛毅」は意志がしっかりしていて、たやすく屈しないこと。「朴訥」は素朴で無口なこと。出『論語』

例文 剛毅木訥仁に近し、ああいう人なら、一生ついていきたいと思う。

浩然の気

せこせことしない、なにものにもとらわれない、大らかでのびのびとした気持ちのこと。「浩」は水が広々として豊かな様。出『孟子』

例文 ここ最近はずっと徹夜で仕事をしていたので、少しくらい休んで浩然の気を養うことも必要だ。

微に入り細を穿つ

非常に細いところにまで気を配ること。「穿つ」は穴を開けるという意で、物事の本質や人情を的確にとらえることをいう。

例文 新しく結ぶ契約に関して、微に入り細を穿って説明する。

水清ければ魚棲まず

あまりにも清く澄んだ水にはえさとなるプランクトンも繁殖せず、隠れる場所もないので魚が住み着かないことから、人間も度が過ぎて潔白できちんとしすぎると、かえって人からうとんじられたり、親しまれないということ。出『孔子家語』

例文 清く正しいのはよいことだが、度が過ぎるのは水清ければ魚棲まずで、人からあまり好かれない。

傍らに人無きが如し

そばに人がいないかのように、わがまま勝手に振る舞う様。「傍若無人」の訓読みから。出『史記』

例文 いくら会社のトップだからといって、ところかまわず傍らに人無きが如しで騒ぐのはいかがなものか。

武士に二言なし

約束を守る武士たるものは、一度口に出したことは必ず守り、決して取り消すことはないということ。現代では「男に二言なし」「女に二言なし」などと応用して使われることも。

例文 今回の約束は、たとえ会社が倒産しても、武士に二言なし、絶対に守る。

カテゴリー別で知っておきたい⑥ 親子

父の恩は山よりも高く母の恩は海よりも深し

子が父母から受ける恩は非常に大きく、ありがたいものであるということ。出『童子教』

例文 父の恩は山よりも高く母の恩は海よりも深し、いくつになっても両親には頭が上がらない。

児孫のために美田を買わず

子孫のためにと財産を残すとそれに頼って自立心をなくさせ、かえって甘やかしてしまう結果になるので、財産を残すことはしないということ。西郷隆盛の詩「偶成」に「一家の遺事人知るや否や、児孫のために美田を買わず」とあるのに基づく。

例文 児孫のために美田を買わずといいたいところだが、そもそも残せるものなど何もない。

烏に反哺の孝あり

子が両親の恩に報いること。また、子は親に孝行しなければならないこと。烏は子が生まれると六十日間口に食べ物を含ませ育て、子は成長するとその恩に報いるため六十日間親鳥に食べ物を口移しするという古い言い伝えから。出『本草綱目』

例文 社会人になり、烏に反哺の孝あり、そろそろ親を楽にさせたい。

風樹の嘆

親に孝行をしたいと思ったときにはすでに親はなく、孝行をしたくてもできないこと。風が吹くと揺れてしまう木のように、どうすることもできないことを親がいない嘆きと重ね、親の生きているうちに孝行しなさいと説く言葉。類義句は「孝行のしたい時分に親はなし」。出『韓詩外伝』

例文 風樹の嘆にならないように、今のうちから親孝行をしておこう。

家貧しくて孝子顕わる

家が貧しいと子どもは家計を助けるために働くので、自然と世間にその健気な姿が知られるようになる。人間は不運な境遇にあるときこそ、その人の誠実さがあらわれて認められるということ。㊟『宝鑑』
例文 共働きのせいか、うちの子は小さい頃から家の手伝いをよくして、家貧しくて孝子顕わるかわいい子だ。

この親にしてこの子あり

立派な親があってこそ、立派で優秀な子が育つのだということ。親のできが悪いから、子のできも悪いという反対の意味で使われることもある。
例文 この親にしてこの子あり、やはり親が医者だと子も医者になるものなのだな。

親の因果が子に報う

親の犯した悪事が、何の罪もない子どもに及んで、子どもが苦しむということ。類義句は「親の罰は子に当たる」「親の善悪は子に報う」。
例文 親のしたことで子どもがいじめにあうなんて、親の因果が子に報うというけど、ひどい話だ。

子は鎹

子どもの存在は夫婦の間を和やかにしてくれるだけでなく、危うくなった夫婦仲もつなぎとめてくれるものだということ。「鎹」はコの字型の大釘で、木材と木材をつなぐために打ち込むことから、人と人をつなぎとめるたとえに使われる。
例文 一時は離婚も秒読み状態だったが、やはり子は鎹で何とか踏みとどまることができた。

倚門の望

心から子どもを案じる母親の情、外に出た子どもを待ちわびる母親の愛情をいう。門に寄りかかってわが子の帰りを待ちわびるという意味から。㊟『戦国策』
例文 子どものこととなると母親はまったく譲らなくなる。まさに倚門の望だ。

子は三界の首枷

親は子どもを思う心に引かれて、一生自由を束縛されてしまうということ。
例文 子は三界の首枷というが、いくつになっても子どもは心配でたまらなくなってしまうものだ。

焼け野の雉夜の鶴

巣のある野を焼かれた雉は、身の危険もかえりみず子を救い、鶴は寒い夜、翼で子をおおって暖めるということから。子を思う親の情は非常に深いものだということ。
例文 子どものためとはいえ人様に頭を下げて回るとは、焼け野の雉夜の鶴だ。親でなければできないことだ。

カテゴリー別で知っておきたい⑦ 結婚

縁は異なもの味なもの

男女の縁はどこでどう結びつくかわからなくて、不思議でおもしろいものであるということ。

例文 縁は異なもの味なもの、彼女とはタクシーの乗車待ちのとき、順番の取り合いがきっかけだった。

愛は小出しにせよ

男女の愛情はあまりに激しすぎると冷めてしまうのも早いので、少しずつ長く愛したほうがよいということ。

例文 アツアツなお二人ですが、愛は小出しにせよというように、これからはゆっくり愛を育んでいってくださいね。

一人口は食えぬが二人口は食える

独身で生活をしていると、むだが多く不経済になりがちだが、結婚して夫婦で生活すると節約するようにもなり、かえってお金がかからないですむということ。

例文 結婚すると一人口は食えぬが二人口は食えるで経済的にも安定し、そしていつも愛する人がそばにいて精神的にも満たされた。

人を愛すればすなわち人これを愛す

人を愛する人は、必ず人から愛されるということ。

例文 相手に求めてばかりではいい出会いには恵まれない。人を愛すればすなわち人これを愛すだよ。

手鍋提げても

好きな男と結婚できるのなら、炊事の苦労をするような貧乏暮らしもいとわないということ。

例文 手鍋提げてもの覚悟で一緒になったが、今は幸福な家庭を営んでいる。

姉女房は倉が建つ

年上の女房は夫によく尽くし、家計のやりくりが上手なので、夫婦円満で家が栄えるということ。夫をおだてて操縦するのがうまいというたとえにも使う。類義句は「姉女房は身代の薬」。

例文 よい奥さんをもらったね。姉女房は倉が建つで、きっと生計には困らないよ。

東男に京女

きっぷのよい江戸っ子の男性と、優しくて情に深い京都の女性の組み合わせはとても相性がよいとされ、似合いの男女の取り合わせをいう。ほかに、「京男に伊勢女」「越前男に加賀女」「筑前女に筑後男」「越後女に上州男」なども。

例文 隣のご夫婦は東男に京女で、本当にお似合いだ。

楽は苦の種苦は楽の種

先に楽をすれば、後で苦労しなくてはならないが、先に苦労すれば後は楽になるものだということ。

例文 楽は苦の種苦は楽の種というように、新婚のお二人はこれから大変だろうけど、仲よく乗り越えてね。

肝胆相照らす

互いに隠し事をしないで、本当の心を深く理解しあっていること。また、互いに心の底まで打ち解けて、親しく付き合うことをいう。(出)『故事必読成語考』

例文 肝胆相照らす仲だからこそ、当然のように一緒に添い遂げることになったのだろう。

お前百までわしゃ九十九まで

夫婦がともに仲よく長生きすることをいう。「お前」は夫、「わし」は妻を意味し、「お前」は本来敬語で妻が夫を呼ぶときに使われた言葉。夫が百で妻が九十九というのは、相手に先立たれることによってさびしい思いをしたくないから、自分より先に死なないでほしいという願いを込めたもの。

例文 お前百までわしゃ九十九までじゃないが、いつまでも仲よく円満にやっていきたいものだね。

夫婦喧嘩は貧乏の種蒔き

夫婦の仲が悪いと互いに協力しようとしないので、家運も振るわなくなるということ。また、年中夫婦喧嘩をしているような家庭は、不仲が夫の悪い遊びや妻の浪費を招くことになり、結果貧乏になってしまうということ。類義句は「家内喧嘩は貧乏の種蒔」「夫婦喧嘩は貧のもと」「家内の不和は貧乏神の定宿」「夫婦喧嘩は三日の不作」。

例文 お二人に限って心配する必要はないと思うが、夫婦喧嘩は貧乏の種蒔きというので仲よくね。

笑う門(かど)には福来たる

いつも楽しそうな笑い声の絶えない家には、自然と幸運がやってくるものだということ。

例文 あの家はいつも楽しそうにしているので、笑う門には福来たる、きっとよいことがあるだろう。

禍(わざわい)を転(てん)じて福となす

不幸なことが起こっても、それをうまく逆手に取り、幸せになるように持っていくこと。また、災難にあったからといって、悲嘆すべきではないということ。出『史記(しき)』

例文 電車に乗り遅れて遅刻してしまったが、そのおかげで次の電車ですごい美人が隣に座ってくれた。禍を転じて福となすというやつだね。

弘法(こうぼう)にも筆(ふで)の誤(あやま)り

どんな名人や技芸に優れた人でもたまにはまさかと思うような失敗をすることもあるということ。「弘法」は平安時代の僧、空海のことで弘法大師のような書道の達人でも、ときには書き損じることがあることから。名人の油断を戒める場合にも使う。

例文 彼が凡ミスをするとは。まさに弘法にも筆の誤りというやつだ。

英 Even Homer sometimes nods. 偉大な詩人ホーマー（ホメロス）でさえ、ときには居眠りする。

当たって砕(くだ)けよ

成功するかどうかはわからなくても、とにかく思い切ってやるだけやってみよということ。何かをしようとして、よい考えや方法がまったくうかばないときなどに使い、砕けてしまっては意味はないが、そこまで覚悟を決めれば成功する可能性も高くなるということ。「当たって砕けろ」ともいう。

例文 やらなかったら後悔するよ。だめで元々だから、当たって砕けよだ。

為(な)せば成(な)る

たとえできなさそうなことでも、その気で一生懸命やれば、どんなことでもできるということ。江戸時代、米沢藩主の上杉鷹山が家臣に「為せば成る為さねば成らぬ何事も成らぬは人の為さぬなりけり」という一首を示したことに基づく説が有力。

例文 かなり困難なプロジェクトだが、為せば成る、力を合わせて頑張ろう。

清水の舞台から飛び降りる

思い切って大きな決断をし、実行すること。清水寺の観音堂の舞台から思い切って飛び降りる意味から。

例文 清水の舞台から飛び降りるつもりで、脱サラして店を開くことにした。

明日は明日の風がふく

明日のことを考えてもなるようにしかならないから、今心配しても仕方がないということ。なるようになるさと開き直る、不遇をなぐさめ明日に期待するという意でも使う。

例文 失敗なんて挽回できる。明日は明日の風が吹く、事態も好転するはず。

思い立ったが吉日

あることを決意したら、すぐその日から始めるのがよいということ。また吉日を待つと機会を逃したり気が変わり、結局はできなくなること。

例文 思い立ったが吉日、今日からスポーツジムに通ってダイエットを始めよう。

英 There is no time like the present.現在に勝る時はない。

身を捨ててこそ浮かぶ瀬もあれ

命を捨てる覚悟を持ってすれば、困難なこともおのずと解決の道が開ける。溺れたとき、身を投げ出すように力を抜けば、自然と体が浮いて浅瀬に立つことができることから。

例文 身を捨ててこそ浮かぶ瀬もあれというし、気合いを入れて挑もう。

捨てる神あれば拾う神あり

一方で見捨てられたとしても、他方で助けてくれる人が現れるということ。

例文 捨てる神あれば拾う神あり、そんなに落ち込まなくても、そのうち運が向いてくるはずさ。

英 When one door shuts, another opens.一方のドアが閉まるともう一方のドアが開く。

泣いて暮らすも一生笑って暮らすも一生

悲しみながら暮らすのも愉快に暮らすのも一生に変わりはないのだから、同じ暮らすなら楽しい気持ちで過ごしたほうがよいということ。

例文 泣いて暮らすも一生笑って暮らすも一生というではないか。もう少し楽に考えればいいと思う。

9 ことわざ

カテゴリー別で知っておきたい⑨ ネガティブ

一寸先は闇

ちょっと先のことでさえ、まったく予知できないこと。将来のことは誰にも予測できないということ。

例文 あの大手企業が倒産するとは驚いた。一寸先は闇、他人事と笑っていられない。

義を見てせざるは勇なきなり

人としてしなければならない行いと知りながら、それをしないのは、勇気がないからだという戒め。出『論語』

例文 政治家の不正を見過ごすなんて許されない。義を見てせざるは勇なきなりだ。

二度あることは三度ある

同じようなことが二度続いて起これば、さらにもう一度起こる。物事は繰り返されるということ。悪いことがまた起こらないように注意を促す意味で使うことが多い。

例文 今日は二回も道路で転んでしまった。二度あることは三度あるというし、気を付けなければ。

一難去ってまた一難

災難を何とか切り抜けて、ひと安心しているところへ、また次の災難が降りかかってくること。類義句は、「前門の虎後門の狼」「虎口を逃れて竜穴に入る」。

例文 上司からのいやな飲み会の誘いを無難に断れたと思ったら、同僚から残業の手伝いを頼まれてしまった。一難去ってまた一難だ。

李下に冠を正さず

すももの木の下で冠を直そうと手を上げると、すももの実を盗もうとしているのではないかと疑われるから、直さないほうがよいということから。疑われるような行為は、すべきではないという戒め。類義句は「瓜田に履を納れず」。出『古楽府』

例文 李下に冠を正さず、付き合いのある業者とあまり懇意にするのはよくないよ。

泣きっ面に蜂

泣いている顔をさらに蜂が刺すことから、悪いことの上にさらに重ねて悪いことが起こること。不運が重なることのたとえ。類義句は「弱り目に祟り目」「踏んだり蹴ったり（➡P139）」。

例文 彼女に振られて家に帰ったら、家の鍵をなくして入ることができない。まさに泣きっ面に蜂でいやになる。

長い物には巻かれろ

権力や勢力のあるものには、逆らわずにだまって従ったほうがよいということ。

例文 長いものには巻かれろで、あまり余計な口出しはしないほうがいい。目をつけられたら大変だ。

英 If you can't beat them, join them. 打ち負かすことができないのなら、それに従え。

籠で水を汲む

いくら苦労してもいっこうに効果がないこと。また、何回もむだな骨折りをすること。籠で水を汲んでも、汲むそばから水は下にこぼれてしまうことから。類義語は「灰で縄をなう」とも「笊で水を汲む」という。

例文 もう少し要領よくやれないものかね。そんなやり方では籠で水を汲むようなもの。いつまでたっても終わりはしない。

好事魔多し

よいことにはとかく邪魔が入りやすいということ。「魔」は「邪魔」の魔で、仏道修行を妨げるものから転じて、支障、妨げの意味に。

例文 好事魔多しというから、うまくいっているときこそ、気を引き締める必要がある。

後悔先に立たず

すでにしてしまったことは、後から悔やんでみても、取り返しがつかないということ。

例文 まさか先を越されて告白されるとは。後悔先に立たずだけど、あのとき告白していればよかった。

英 It is no use crying over spilt milk. こぼれたミルクをなげいてもむだ。

天は二物を与えず

天は人にいくつもの長所や才能を与えてはくれないということ。一人の人間が異なる二つの「天賦の才（生まれもった才能）」を持つことはありえないということ。

例文 天は二物を与えずというのに、彼は顔がいいだけじゃなくて、頭もいいし、おまけにスポーツも万能なんて反則だよ。

10 四字熟語 もしや間違えて覚えていない!?

ごりむちゅう
〇**五里霧中**
×**五里夢中**

五里にもわたる深い霧の中にいることから、物事の手掛かりがつかめず、見通しが立たないこと。

いっとうりょうだん
〇**一刀両断**
×**一投両断**

一太刀（ひとたち）で真二つに斬ることから、思い切った処置。

例文 部長はその問題を一刀両断で解決した。

いくどうおん
〇**異口同音**
×**異句同音**

多くの人が同じことを言うこと。意見が一致すること。

例文 会合でみなが異口同音に抗議した。

いみしんちょう
〇**意味深長**
×**意味慎重**

言外（げんがい）に意味があること。深い意味や含蓄（がんちく）があること。

例文 彼は意味深長な笑みを浮かべた。

ぜったいぜつめい
〇**絶体絶命**
×**絶対絶命**

体も命も限界に達するほどの、切羽詰まった状態。

例文 わが社は絶体絶命の状態だ。

しこうさくご
〇**試行錯誤**
×**思考錯誤**

いろいろな試みと失敗を繰り返しながら、適切な方法を見出していくこと。

ききいっぱつ〈○危機一髪 ×危機一発

髪の毛一本ほどのところまで危険が迫る、瀬戸際。

例文 危機一髪のところを救われ、無事だった。

ちょうれいぼかい〈○朝令暮改 ×朝礼暮改

朝の命令が夕方に改められることから、命令や方針が繰り返し改められ、定まらないこと。

しゅっしょしんたい〈○出処進退 ×出所進退

官職や地位にとどまるか辞めて退くか、身の振り方。

例文 そろそろ出処進退を明らかにするべきだ。

りんきおうへん〈○臨機応変 ×臨期応変

機に臨み変に応じて、状況に応じた行動をとること。

例文 彼女の臨機応変な対応に助けられた。

たんとうちょくにゅう〈○単刀直入 ×短刀直入

一本の刀を持ち敵に切り込むことから、前置きを省き遠回しな言い方をせず、いきなり話の本題に入ること。

こうへいむし〈○公平無私 ×公平無視

公平で私的な感情を交えないさま。対義語は依怙贔屓（えこひいき）。

例文 リーダーは公平無私の態度で臨むべきだ。

こうがんむち〈○厚顔無恥 ×厚顔無知

他人への態度が厚かましく、恥知らずであること。

例文 年老いてきて厚顔無恥になってきたようだ。

むみかんそう〈○無味乾燥 ×無実乾燥

味わいや潤いがなく、単調でつまらないこと。

例文 無味乾燥な文章で読むに堪えない。

11 四字熟語
もしや読み違いしていない!?

不撓不屈〈○ふとうふくつ ×ふぎょうふくつ

どんな困難にも決してひるまず、くじけないこと。

例文 不撓不屈の精神で難題に立ち向かう。

千載一遇〈○せんざいいちぐう ×せんさいいちぐう

千年に一度しか出会えないようなめったにない機会。

例文 ついに千載一遇のチャンスがやってきた。

一期一会〈○いちごいちえ ×いっきいっかい

一生一度限りの機会、出会い。どの茶会も一生に一度のものとして誠意を尽くすという茶道の心得から。

物見遊山〈○ものみゆさん ×ものみゆうざん

あちこち名所などを回って、気楽に見たり遊んだりして楽しむこと。行楽。「遊山」は野山に遊びに行く意。

一念発起〈○いちねんほっき ×いちねんはっき

考えを改め、あることを成し遂げようと決心すること。

例文 一念発起して生活を立て直すことにした。

旗幟鮮明〈○きしせんめい ×きしょくせん

主義主張や態度がはっきりしていること。

例文 あの政党は旗幟鮮明だから支持したい。

順風満帆

〇じゅんぷうまんぱん ×じゅんぷうまんぽ

物事が順調にうまく進むこと。「順風」は追い風。

例文 この企画は順風満帆に進行している。

三位一体

〇さんみいったい ×さんいいったい

三つの要素が緊密に結びつくこと。「三位」はキリスト教で、父なる神・子(キリスト)・聖霊を表す。

紆余曲折

〇うよきょくせつ ×きゅうよきょくせつ

事情が込み入っていて、解決に手間がかかること。曲がりくねっていること。

丁丁発止

〇ちょうちょうはっし ×ていていはっし

刀で打ち合う音の意から、互いに激しく議論する様子。

例文 会議で丁丁発止の議論が交わされた。

大言壮語

〇たいげんそうご ×だいげんそうご

自分の実力にふさわしくない、大きなことを言うこと。

例文 堂々と大言壮語する彼にあきれるばかりだ。

緊褌一番

〇きんこんいちばん ×けんこんいちばん

気持ちを引き締め、奮い立って事に当たること。「緊褌」は褌(ふんどし)をしっかり締めること。

千言万語

〇せんげんばんご ×せんげんまんご

たくさんの言葉。多くの言葉を駆使して話すこと。また、くどくどと長く話すこと。

会者定離

〇えしゃじょうり ×かいしゃじょうり

会った者とは必ず離れる運命にあるということ。

例文 会者定離とはいうが、最愛の人との別れはつらい。

揣摩臆測〈○しまおくそく ×たんまおくそく

根拠もなく、勝手に人の心や事情を推し量ること。

例文 親の一存で子どもの考えを揣摩臆測する。

同行二人〈○どうぎょうににん ×どうこうふたり

四国巡礼者などが、弘法大師といつもともに巡礼しているという意味で、笠に書きつける言葉。

乳母日傘〈○おんばひがさ ×うばひがさ

乳母(うば)に抱かれ、日傘をさしかけられるように、なんでもしてくれて、大事に過保護に育てられること。

豪華絢爛〈○ごうかけんらん ×ごうかじゅらん

ぜいたくで華やか、美しくてきらびやかな様子。

例文 豪華絢爛な衣装に目を奪われた。

運否天賦〈○うんぷてんぷ ×うんぴてんぷ

人の運不運は天によって決められているということ。転じて、運を天に任せること。

輪廻転生〈○りんねてんしょう ×りんねてんせい

人は何度も生まれ変わりを繰り返すということ。

人身御供〈○ひとみごくう ×じんしんごぎょう

人間を生贄(いけにえ)として神に供えること。また、その人。欲望のために犠牲となる人。

例文 あの人は組織の人身御供にされてしまった。

不惜身命〈○ふしゃくしんみょう ×ふせきしんめい

体や命を惜しまずに捧げること。その心構え。元横綱貴乃花が横綱昇進時での口上で使った。

Column ›››››››››››››››››››

読みが長過ぎる漢字

漢字1文字の読みがなとして通常目にするのは５文字程度まで（たとえば、志（こころざし）、政（まつりごと）など）。しかし、大漢和辞典（大修館書店）には、10文字を超えるような読みの漢字が多数収録されている。平安時代に中国の漢文を日本語に訳そうとした際、意味を伝えるために長い読みがなが生まれたという。漢字の意味を説明するためにさまざまな読みが考案されたが、長いときを経てそのうちのいくつかが定着した。

【みなごろし】
鏖 5文字

【ちょうせんにんじん】
蔘 9文字

【さんしょううお】
鯢 7文字

【ほねとかわとがはなれるおと】
砉 13文字

パソコンなどで通常表示できない文字

【あごがしゃくれる】
顉 8文字

【あしのみじかいいぬ】
猈 9文字

【かみがすくないさま】
[illegible] 9文字

【きょろきょろみまわす】
[illegible] 10文字

【うしのあゆみがおそい】
[illegible] 10文字

【いしのごろごろしているさま】
磊 13文字

【まつりのそなえもののかざり】
[illegible] 13文字

【みずのゆったりとながれるさま】
攸 14文字

【ものかげからきゅうにとびだしてひとをおどろかせるときにはっするこえ】
閄 33文字

※ここで紹介する漢字には、訓読み（字訓）として認めていいのか議論の余地があるものも含まれています。

カテゴリー別で知っておきたい① 動物・植物

馬耳東風（ばじとうふう）

李白の詩の一節。心地よい春風（東風）が吹いても、馬は何も感じないようにみえることから、他人の意見や忠告を気に留めず聞き流すこと。

例文 あの子に説教しても馬耳東風で反省の色もないよ。

鯨飲馬食（げいいんばしょく）

鯨のように多量に酒を飲み、馬のように大食いする意から。一度に飲み食いする量が非常に多いこと。「牛飲馬食」ともいう。

例文 若いころのように鯨飲馬食はもうできなくなった。

意馬心猿（いばしんえん）

走り回る馬や騒ぎ立てる猿は、制しがたいものであることから。煩悩や欲情を抑えることができず、心が乱れ落ち着かないこと。対義語は「明鏡止水」「虚心坦懐」。

例文 意馬心猿の日々から解放されて穏やかに過ごしたい。

暴虎馮河（ぼうこひょうが）

虎に素手で立ち向かおうとしたり、大河を歩いて渡ろうとする意から。血気盛んに向こう見ずなことをすること。無謀な振る舞い。

例文 彼の暴虎馮河ぶりは子どもが生まれてから影をひそめた。

鶏鳴狗盗（けいめいくとう）

中国戦国時代、斉の孟嘗君が鶏の鳴きまねのうまい者と狗（犬）のようにこそこそと盗みを働く者に助けられて、無事に難を逃れた故事から。卑しいことをして人をあざむく人。くだらないことしかできない人。また、くだらない者でも役に立つことがあるということ。

例文 鶏鳴狗盗なやつだが、思いがけず助けられた。

鶏群一鶴（けいぐんのいっかく）

鶏の群れの中に、一羽だけ美しい鶴

がいる意から。多くの凡人の中に、際立って一人だけ優れた人物がいること。

例文 新入社員の彼は、わが社の鶏群一鶴だ。

一蓮托生（いちれんたくしょう）

「一蓮」は同じ蓮の花、「托生」は生をゆだねること。元々は仏教語で死後、共に極楽浄土の同じ蓮の花の上に生まれかわることを意味する。転じて、物事の善悪にかかわらず、行動や運命を共にすること。「託生」とも書く。

例文 どんなことがあっても一蓮托生、社長についていくつもりだ。

百花繚乱（ひゃっかりょうらん）

「百花」はいろいろな種類の花、「繚乱」は花がたくさん咲き乱れている様子を表す。転じて、優秀な人物が多く出て、立派な人物や業績などが一時にたくさん現れること。類義語は「百花斉放（ひゃっかせいほう）」。

例文 化学界は百花繚乱の様相を呈している。

落花流水（らっかりゅうすい）

過ぎ行く春のように、物事が移ろい、衰えゆくこと。また、男女の気持ちが通じ合い相思相愛の仲にあること。後者の意は落花と流水を男と女に写しかえ、落ちた花が水に従って流れることから、男が女を想う情があれば、女にもその男を想う情がわくということ。

例文 落花流水のごとく惹（ひ）かれ合った二人の結婚を祝福したい。

柳緑花紅（りゅうりょくかこう）

春の美しい景色を表す言葉。自然のままで手を加えられてないこと。また、ものには個性があることのたとえ。「柳は緑、花は紅（くれない）」ともいう。

例文 柳緑花紅の風景画を描いた。

桃李成蹊（とうりせいけい）

立派な者にはその徳を慕って人々が自然と集まってくるという意。「成蹊」は道ができること。桃や李（すもも）の木の下には、花や実にひかれて人が自然に集まるので、いつのまにかそこへ至る小道ができてしまうこと。

例文 独立した彼には桃李成蹊、かつての仲間が寄り集まっている。

雨後春筍（うごしゅんじゅん）

筍（たけのこ）は成長が早く、ひと雨降ったあとにはたくさん生えてくることから。似たような物事が次々と起こること。物の増える勢いが盛んなこと。

例文 雨後春筍のように流行りのスイーツがどの店でも並んでいる。

暖衣飽食（だんいほうしょく）

暖かい衣服を着て、十分に食べること。衣食が満ち足りていて、苦労のないぜいたくな生活をすること。対義語は「粗衣粗食（そいそしょく）」。

例文 子どもには暖衣飽食の生活をさせてやりたい。

一汁一菜（いちじゅういっさい）

とても質素な食事のこと。ごはんのほかに、汁物一品とおかず一品のみの食事。

例文 食べ過ぎで胃を壊し、年もとってきたので、これからは一汁一菜の食事を心がけたい。

暴飲暴食（ぼういんぼうしょく）

度を超して大量に飲んだり食べたりすること。「飲」は主に酒のこと。

例文 師走の暴飲暴食がたたり、年末年始は体調を崩して寝込んでいた。

椀飯振舞（おうばんぶるまい）

盛大にもてなしたり、気前よく物をあげたりすること。「椀飯」は椀に盛った飯で人をもてなすための食膳。江戸時代、正月に一家の主人が親類縁者を招いてごちそうを振るまったことから。当て字で「大盤振舞」とも書く。「大飯」と書くのは誤り。

例文 祝勝会はオーナーの椀飯振舞で盛り上がった。

質素倹約（しっそけんやく）

ぜいたくではなく、つつましく生活すること。節約し、無駄遣いをしないこと。

例文 マイホーム購入のため家族みんなで質素倹約に努めている。

環堵蕭然（かんとしょうぜん）

家が狭く、みすぼらしいこと。「環堵」は小さくて狭い家。「蕭然」は荒れ果ててさびしいさま。

例文 環堵蕭然ではあるが、大切なわが家だ。

行雲流水（こううんりゅうすい）

空を行く雲と流れる水のように、物事に執着することなく自然の成り行きに任せて行動すること。また、とどまらずに、自然に移り変わってよどみがないことのたとえ。

例文 田舎に移住し、行雲流水の生活をしたいものだ。

晴耕雨読（せいこううどく）

晴れた日は外で畑を耕し、雨の日は家にいて読書すること。世間を離れ田園などでのんびり生活すること。

例文 定年後は晴耕雨読の生活に憧れをもっている。

生気溌溂（せいきはつらつ）

生き生きとして、表情や動作に元気があふれているさま。「生気」は生き生きとした活力、活気。「溌溂」は魚が元気よく飛びはねる様子から、元気があふれていること。「溌剌」とも書く。

例文 彼は生気溌溂として各地を飛び回っている。

頭寒足熱（ずかんそくねつ）

頭部は冷やして涼しくし、足元は暖かくすること。昔からの言い伝えで、特に寝るときにそうすると健康によいといわれている。

例文 頭寒足熱を心がけてからは安眠できて目覚めもよい。

医食同源（いしょくどうげん）

病気を治すことも食事をすることも、健康を保つためであり、その本質は同じだということ。

例文 母は父が病気を患ってから、毎日、医食同源に配慮したメニューを考えている。

百薬之長（ひゃくやくのちょう）

酒をほめていう言葉。どんな薬よりもよく効く薬ということ。「百薬」は多くの薬。「長」はかしら。

例文 百薬之長といわれているように軽い風邪はお酒を飲めば治るよ。

無病息災（むびょうそくさい）

病気をせず、健康で元気に過ごすこと。「息災」は仏教語で仏の力で災難を除くこと。身にさわりのないこと。

例文 上京するとき母から無病息災のお守りを渡された。

一病息災（いちびょうそくさい）

一つくらい持病があるほうが、健康な人よりも体を気遣うので、かえって長生きできるということ。

例文 一病息災で養生しながら穏やかに過ごしている。

14 四字熟語 カテゴリー別で知っておきたい③ ネガ・ポジ

ネガティブ

悲傷憔悴（ひしょうしょうすい）

とても悲しんで、苦しみやつれること。「悲傷」は悲しみいたむこと。「憔悴」は苦しんで、やつれ衰えること。

例文 彼女は悲傷憔悴で何も手につかない日々が続いている。

疑心暗鬼（ぎしんあんき）

疑いの心があると、何でもないことでも疑わしく恐ろしくなり、おびえること。疑う心があると暗がりに本当はいない鬼の姿まで見えるということから。

例文 昇進したが、誰かに地位を奪われそうで疑心暗鬼に陥っている。

枯木死灰（こぼくしかい）

活気や情熱がなく死んだようなさま。また、煩悩や妄念などがなく無心であること。枯れた木と、火の気がなく冷えた灰から。

例文 彼は突然のリストラに枯木死灰のありさまだ。

自暴自棄（じぼうじき）

失望や挫折などにより、自分はどうなってもいいとやけくそな行動をして自分をだめにすること。「自暴」はめちゃくちゃなことをして、自分の身を粗末にすること。「自棄」は自分で自分を見捨てること。

例文 仕事がうまくいかず、自暴自棄になって会社を辞めてしまった。

髀肉之嘆（ひにくのたん）

実力や手腕などを発揮する機会に恵まれず、功績を上げられないのを嘆くこと。また、むなしくやることもなく日々を過ごすのを嘆くこと。中国三国時代の蜀の劉備は、馬に乗って戦場に出る機会がなくなり、太も(髀肉)が肥え太ったのを嘆いたという故事から。

例文 彼は大学を卒業したが、就職に恵まれず、髀肉之嘆をかこっている。

満身創痍（まんしんそうい）

体中が傷だらけであること。また、周囲からひどく非難されて、身体も心も痛めつけられたさま。「満身」は体中の意。「創」「痍」はともに傷のこと。類義語は「疲労困憊（ひろうこんぱい）」。

例文 満身創痍な父をどうやって励ませばいいのだろう。

ポジティブ

意気軒昂（いきけんこう）

意気込みが盛んで、奮い立つさま。威勢がよく、自信に満ちている様子。「軒昂」は気持ちが上がること。

例文 意気軒昂たる若者には、もはやかなわない。

心機一転（しんきいってん）

あることをきっかけとして、気持ちがよい方向にすっかり変わること。「心機」は心の動き、気持ちを表す。

例文 新しい赴任先で心機一転、がんばりたい。

一陽来復（いちようらいふく）

苦しい時期や悪いことが続いたあと、幸福がめぐってきて、よいほうに向かうこと。元は冬が去り、春がくること。易（えき）で陰がきわまって陽がかえってくることから。

例文 今は苦しいが一陽来復を信じて乗り切ろう。

勇気凛凛（ゆうきりんりん）

失敗や危険などを恐れずに、立ち向かう気力がみなぎっているさま。やる気に満ちあふれてりりしいさま。「凛凛」は勇ましくりりしいさま。

例文 決勝戦に向かう選手が勇気凛凛、競技場に入場してきた。

虚心坦懐（きょしんたんかい）

心にわだかまりがなく、さっぱりとした気持ちで物事に臨むさま。「虚心」は先入観やわだかまりがなく、素直な心。「坦懐」はわだかまりがなく、平静な心。

例文 妻とやっと虚心坦懐に話し合うことができた。

前途洋洋（ぜんとようよう）

将来の可能性が明るく開けていて、希望や期待に満ちていること。見通しが明るいこと。「洋洋」は水が満ちて、広がっているさま。対義語は「前途多難（ぜんとたなん）」。

例文 新入社員みなさまの前途洋洋たる未来に乾杯！

戒めの語

悪因悪果（あくいんあっか）

悪い行いをしたことが原因で、悪い結果が生じるという仏教語。悪いことをすると、必ず悪い報いが自分に返ってくるということ。

例文 職務怠慢がたたり、悪因悪果、後輩が先に昇進してしまった。

怠慢忘身（たいまんぼうしん）

本来やるべきことを怠ると、悪いことが身に降りかかるということ。また、自分自身を磨くことを忘れてはいけないということ。

例文 ダブルチェックを怠ったら、ミスが出てすべてやり直すことに。まさに怠慢忘身だ。

邯鄲之歩（かんたんのほ）

他人のまねをしてうまくいかず、自分本来のものも忘れて、どちらもうまくいかなくなること。中国戦国時代、田舎の若者が邯鄲という都会に行き、都会の人たちの歩き方をまねたが、それを習得しないうちに帰ることになり、結局自分の歩き方も忘れて這（は）って帰ったという故事から。「歩」は「あゆみ」とも読む。

例文 いいところをまねするのは大事だが、自分のよさや特徴をなくしては邯鄲之歩になってしまうよ。

多言数窮（たげんすうきゅう）

口数があまり多いと、その言葉のもつ意味が失われてしまうということ。おしゃべりな人への戒め。

例文 取引先に自社のことばかり話すのは多言数窮、かえって不利になりかねない。

悪事千里（あくじせんり）

悪い行いや評判は、すぐに世間に知れ渡るということ。「悪事千里を走る（行く）」の略。

例文 そんな卑怯なやり方をしても悪事千里ですぐに知れて、阻止されるに決まってる。

天網恢恢（てんもうかいかい）

「恢恢」は広くて大きいこと。天が張りめぐらした網は厳正で網の目が粗いように見えても、決して悪事や悪人を見逃さず罰を与えるということ。「天網恢恢疎にして失わず（漏らさず）」の略。

例文 **天網恢恢とはこのこと。未解決事件の犯人がついに逮捕されたよ。**

瓜田李下（かでんりか）

人に疑われるような行為や言動には気をつけ、慎むべきであるという戒め。「瓜田」はウリの畑、「李下」はすももの木の下。ウリ畑でかがみ、履物を履き直していると、ウリを盗んでいると疑われるし、すももの木の下で冠をかぶり直すと、すももの実を盗んでいると疑われる。『古楽府（こがふ）』の「瓜田に履（くつ）を納（い）れず、李下に冠（かんむり）を正さず」という二つの疑われやすい行為から。

例文 **瓜田李下というから、奥さんの前で部下の女性と頻繁にメールをするのはさけたほうがいいよ。**

一粒万倍（いちりゅうまんばい）

一粒の種子から万倍もの収穫をあげることから、わずかなものでも非常に大きく成長すること。また、少しでも粗末に扱ってはいけないという意味もある。

例文 **一粒万倍というから、新人の企画も一つもおろそかにしてはいけない。**

座右之銘（ざゆうのめい）

常に自分の中において、戒めとする格言、名言、ことわざなどのこと。「座右」は座席の右側ということから、自分のそば、身近の意。「銘」は自分への戒め、心に刻み込む言葉。

例文 **先生が自分に合った座右之銘を見つけてほしいと語った。**

教え・人生訓

一念通天（いちねんつうてん）

強い決心で努力すれば、その思いが天に通じ、成功するということ。

例文 **司法試験合格に向け、一念通天の思いで勉強に打ち込んだ。**

精神一到（せいしんいっとう）

精神を集中し取り組めば、難しいことでも成し遂げられるということ。「精神一到何事か成らざらん」の略。

例文 **足元にも及ばない相手だが精神一到の思いで戦うつもりだ。**

点滴穿石（てんてきせんせき）

たとえ小さな力でも、継続すれば大きな成果、大きな事業を達成することができるということ。水滴も長い年月同じ位置に落ち続ければ、石に穴をあけることができるという意味。根気が大切であるという教訓。

例文 点滴穿石の言葉を信じ研究に努めていくつもりだ。

臥薪嘗胆（がしんしょうたん）

将来の成功のため、長い間努力を重ね苦難に耐えること。「臥薪」は堅い薪（たきぎ）の上に寝ること。「嘗胆」は苦い肝をなめること。中国春秋時代、呉王（ごおう）の夫差（ふさ）は父の仇（かたき）を討つため薪（たきぎ）の上に寝て復讐心をかきたて、越王（えつおう）の勾践（こうせん）を破った。また、夫差に敗れた勾践は苦い胆をなめてその恥を忘れまいと奮い立たせ、夫差への復讐を果たしたという故事から。

例文 あの人は臥薪嘗胆、日々努力し十年かかって栄冠を手にいれた。

大器晩成（たいきばんせい）

鐘や鼎（かなえ）のような大きな器は簡単に完成しない。人も大人物は才能が現れるのは遅いが、徐々に大成していくということ。「晩生」と書かないよう注意。

例文 諦めてはいけないよ。きみは大器晩成型にちがいない。

温故知新（おんこちしん）

『論語（ろんご）』（孔子（こうし））の、古きをたずねて新しきを知れば、人の師となることができるという言葉から。昔の事柄を研究して学ぶことで、新しい知識や見解を得ること。「温」はたずねる意。「温古」と書かないよう注意。

例文 温故知新というから古典芸能から学んで公演に役立てたい。

人事天命（じんじてんめい）

人としてできる限りの力を尽くして、あとの結果は静かに運命にゆだねるということ。「人事を尽くして天命を待つ」の略。

例文 試験が終わったので、今は人事天命の心境だ。

有為転変（ういてんぺん）

この世のすべての現象はさまざまな因縁によってできていて、常にとどまることなく変わっていくものだということ。世の中は移り変わりやすいということ。

例文 有為転変とはいうが、あの有名企業の経営破綻には驚いた。

勧善懲悪（かんぜんちょうあく）

善事を勧め、悪事を懲らしめること。小説や芝居などで、最後に善が栄え、悪は滅びるという筋書きに使われることも。略して「勧懲」ともいう。

例文 勧善懲悪の世の中を目指して警官になった。

鶏口牛後（けいこうぎゅうご）

大きい集団や組織の中で尻について人に使われるより、小さい集団や組織の中で長となるほうがよいということ。「鶏口」は鶏（とり）の口ばし。「牛後」は牛の尻。「鶏口となるも牛後となるなかれ」の略。

例文 就活は鶏口牛後で大企業より、小企業の採用を探している。

反哺之孝（はんぽのこう）

養い育ててくれた親の恩に報いるために、子が成長したら孝行すること。烏（からす）は、雛のころに親鳥がえさを運んで口移しで与えてくれたことを覚えていて、自分が大きくなると、親鳥に食べ物を運んできて、恩返しをするという言い伝えから。「反哺」は食べ物を口移しに与えること。

例文 二十歳で上京したが、反哺之孝を忘れず、親が年老いたら帰郷して面倒を見るつもりだ。

百折不撓（ひゃくせつふとう）

何回失敗してもくじけず、何度でも挑戦すること。「百折」は何度も失敗すること。「不撓」は曲がらない、くじけないこと。類義語は「不撓不屈（ふとうふくつ）」。

例文 決めたからには百折不撓の精神で臨むべきだ。

孟母三遷（もうぼさんせん）

子どもは周りの影響を受けやすいので、教育のためには環境を選ぶことが大切だということ。孟子の母はわが子の教育に悪い影響が及ばないよう、墓地のそばから市場のそば、その後、学校のそばへと三度住居を移したという故事から。

例文 孟母三遷というから、子どものために都心の駅のそばから静かな郊外に引っ越した。

安心立命（あんしんりつめい）

心を安らかにし身を天命に任せ、動揺しないこと。「安心」は仏教用語、「立命」は儒教用語。

例文 老後は安心立命して暮らしていきたい。

老少不定（ろうしょうふじょう）

老いた者も若い者もどちらがいつ先に死ぬかわからないということ。人の生死は予測がつかないこと。人生の無常を表した仏教語。

例文 人の命は老少不定といわれているが、あんなに元気だった後輩に先立たれるとは思わなかった。

Question

穴埋め問題 ③

□に数字を入れて四字熟語を完成させましょう。

Q1 □中八九

Q2 再□再四

Q3 □束三文

Q4 □転八倒

Q5 一朝□夕

Q6 □鬼夜行

Q7 □律背反

Q8 九分□厘

Q9 千客□来

Q10 □面楚歌

Q11 遮□無二

Q12 □差万別

Q13 □拝九拝

Q14 心機□転

Q15 □苦八苦

Q16 一日□秋

Q17 □方美人

Q18 □人十色

Q19 一石□鳥

Q20 □戦錬磨

解答 Q1：十、Q2：三、Q3：二、Q4：七、Q5：一、Q6：百、Q7：二、Q8：九、Q9：万、Q10：四
Q11：二、Q12：千、Q13：三、Q14：一、Q15：四、Q16：千、Q17：八、Q18：十、Q19：二、Q20：百

Column ›››››››››››››››››

1文字で珍しい読み方をする漢字

文脈で意味はなんとなくわかっても、読み方があいまい……
そんな漢字を集めて紹介。

暁	【あかつき】
銅	【あかがね】
字	【あざな】
跫	【あしおと】
恰	【あたかも】
嫂	【あによめ】
璞	【あらたま】
礎	【いしずえ】
碑	【いしぶみ】
徒	【いたずら】
古	【いにしえ】
現	【うつつ】
王	【おおきみ】
俤	【おもかげ】
裃	【かみしも】
簪	【かんざし】
閂	【かんぬき】
楠	【くすのき】

嘴	【くちばし】
踝	【くるぶし】
漣	【さざなみ】
屍	【しかばね】
銀	【しろがね】
殿	【しんがり】
鬣	【たてがみ】
賜	【たまもの】
掌	【てのひら】
轟	【とどろき】
輩	【ともがら】
英	【はなぶさ】
腸	【はらわた】
俎	【まないた】
黛	【まゆずみ】
糯	【もちごめ】
楪	【ゆずりは】
禍	【わざわい】

16 四字熟語

カテゴリー別で知っておきたい⑤ ビジネス

勇猛果敢（ゆうもうかかん）

危険や困難を恐れずに、勇敢に立ち向かい、大胆に行動するさま。「勇猛」は勇ましく力強いこと。「果敢」は決断力があること。

例文 社長は勇猛果敢に他業界に参入した。

多士済済（たしせいせい）

優れた人材がたくさんいること。「多士」は多くの人材、「済済」は多くて盛んなさま。「済済」は「さいさい」とも読む。

例文 今回のプロジェクトメンバーは多士済済だ。

率先垂範（そっせんすいはん）

人の先に立って物事を行い、模範を示すこと。「率先」は人の先頭に立って行うこと。「垂範」は模範を示すこと。

例文 管理職になったので率先垂範に努めたい。

緊褌一番（きんこんいちばん）

決意新たに心を引き締め、ふるいたって事にのぞむこと。「緊褌」は褌（ふんどし）をしっかりと固く締めること。大事な勝負の際の心構えとして使う言葉。

例文 新規開拓は緊褌一番で全力をあげて取り組みます。

融通無碍（ゆうずうむげ）

一定の考えや行動にとらわれることなく、どんな事態でも滞らせることなく、物事を進め、適切に対応できること。「無碍」は障害がないこと、自由自在なこと。対義語は「杓子定規（➡P366）」「四角四面（しかくしめん）」。

例文 どんなクレームにも融通無碍な対応ができるよう心がけている。

面壁九年（めんぺきくねん）

一つのことに忍耐強く専念して、やり遂げること。長い間、一心に努力すること。「面壁」は壁に向かって座禅を組むこと。達磨大師（だるまだいし）が九年間壁に向かって座禅を組み、悟りを開いたという故事から。

例文 面壁九年の努力が実り、飲食店を開業できた。

不易流行（ふえきりゅうこう）

いつまでも変化しない本質とともに、変化を重ねているものも取り入れていくこと。「不易」は永遠に変わらないこと。「流行」は時代によって変化すること。ともに根本は一つだということで松尾芭蕉がそれを「風雅の誠」と呼び、俳諧理念の一つとなっている。

例文 不易流行を実行して経営にいかしたいものだ。

閑話休題（かんわきゅうだい）

横道にそれた話を本筋へ戻すときに使う言葉。それはさておき、さて、ともかくといった意味で使う。「閑話」は無駄話やとりとめのない話。「休題」は一旦止めること。

例文 閑話休題、本日の本題について話します。

虚虚実実（きょきょじつじつ）

相手の備えの堅いところを避け、すきをねらって、互いに計略や秘術の限りをつくして戦うこと。「虚」は備えのすき。「実」は備えが堅いこと。虚実を強調している。

例文 競合とのコンペで勝つには虚虚実実の駆け引きが必要だ。

玉石混淆（ぎょくせきこんこう）

よいものと悪いもの、優れたものと劣ったものが区別なく入り混じっていること。「玉」は宝石、「石」は石ころ。「混交」とも書く。

例文 新入社員研修をすると玉石混淆であることがよくわかる。

切磋琢磨（せっさたくま）

学問などに勉めて励み、完成させていくこと。また、友人やライバル同士が互いに励ましあって競争し、高め合うこと。「切磋」は骨や角を切り刻み、やすりで磨くこと。「琢磨」は玉や石を打ち、磨くこと。骨や玉、石を磨き、形作ることから。

例文 同期の彼とは、切磋琢磨してきた仲だ。

竜頭蛇尾（りゅうとうだび）

頭は竜のように意気盛んで、尻尾は蛇のように細くて弱いということから、初めはすばらしいが、終わりのほうはつまらないこと。頭でっかち尻すぼみ。「竜頭」は「りょうとう」とも読む。

例文 今回の新しい事業が竜頭蛇尾にならないように、どうか維持に努めてほしい。

粉骨砕身（ふんこつさいしん）
骨を粉にし身を砕くように、自分の身を惜しまず力の限り努力すること。
例文 粉骨砕身してこの開発に当たっている。

粒粒辛苦（りゅうりゅうしんく）
米を作る農民の穀物の一粒一粒にかける苦労ははかりしれないということ。転じて、ある物事を達成するために苦労や努力を重ねること。
例文 彼は長年、粒粒辛苦を重ねたすえにトップの座を射止めた。

多事多端（たじたたん）
仕事が多くてとても忙しいこと。また、さまざまな事件や困難が多く、穏やかでないこと。
例文 多事多端の折にご返答いただきありがとうございました。

付和雷同（ふわらいどう）
一定の主義、主張がなく、他者の意見に容易に賛成すること。「付和」は主張がなくほかの説にわけもなく合わせること。「雷同」は雷が鳴ると万物が共鳴すること。「附和」とも書く。「不和」と書くのは誤り。
例文 多数派にすぐに付和雷同する人ばかりだ。

群雄割拠（ぐんゆうかっきょ）
多くの英雄や実力者たちがあちこちに勢力を張り、対立して覇権を争っていること。「群雄」は多くの英雄や実力者。「割拠」はそれぞれ占有した土地を本拠として勢力を張ること。元は中国や日本の戦国時代などの状況をいう。現代では企業やチームが競争する構図を表す。
例文 自動車メーカーは群雄割拠している情勢だ。

杓子定規（しゃくしじょうぎ）
曲がっている杓子を真っすぐな定規に代用することから、一つの形式や規律にとらわれ、応用や融通がきかないこと。
例文 そんな杓子定規な考えではこの問題は解決するわけがない。

泰然自若（たいぜんじじゃく）
ゆったりと落ち着いて、まったく物事に動じないさま。「自若」はいつもの様子と変わらないこと。
例文 激しい論争の中、泰然自若とした態度で言動する部長に感心した。

時期尚早（じきしょうそう）
事を実行するときがまだ訪れていないこと。「尚早」はまだ早いこと。
例文 この企画は上層部から時期尚早との声が上がった。

Part 12

読めそうで読めない 難読・当て字の漢字

知っているけど、すんなり読めない漢字①

闊歩	敏捷	俤	足枷
挙措	粗方	法度	難渋
慶弔	払拭	達磨	因循
悄然	会得	忌憚	寡占
拙速	踵	出奔	罷免
返戻	吹聴	一瞥	蛇足

遠流	風靡	弾劾	出生	落人
贋作	耳朶	遡及	狐狸	呂律
鳩尾	訊問	強面	不埒	訃報
箒	逢着	逼迫	鬱蒼	改竄
怪訝	咀嚼	倦怠	癇癪	舳先
狼藉	耽溺	蜂起	化	国許

知っているけど、すんなり読めない漢字① 読み方

- 闊歩【かっぽ】例⬇自由に闊歩する。
- 挙措【きょそ】立ち居振る舞いのこと。
- 慶弔【けいちょう】祝いごとと不幸なこと。例⬇慶弔電報。
- 悄然【しょうぜん】元気がなく、しょんぼりしている様子。
- 拙速【せっそく】仕上がりは悪いが、仕事が早いこと。
- 返戻【へんれい】返し戻すこと。
- 敏捷【びんしょう】動作が素早いこと。
- 粗方【あらかた】ほとんど。例⬇粗方、片付けが終わった。
- 払拭【ふっしょく】すっかり取り除くこと。例⬇心配事がやっと払拭された。
- 会得【えとく】物事の意味をよく理解して習得すること。
- 踵【かかと】例⬇靴の踵を踏む。
- 吹聴【ふいちょう】言いふらして、広めること。
- 俤【おもかげ】例⬇昔の俤が残る。
- 法度【はっと】禁止されていること。
- 達磨【だるま】例⬇達磨の目入れ。
- 忌憚【きたん】例⬇忌憚のない意見。
- 出奔【しゅっぽん】逃げて行方不明になること。
- 一瞥【いちべつ】ちらっと見ること。
- 足枷【あしかせ】拘束するもの。自由をきかなくするもの。
- 難渋【なんじゅう】はかどらないこと。
- 因循【いんじゅん】古い習慣にとらわれて改めようとしないこと。
- 寡占【かせん】少ない企業で市場を独占し、競争する様子。
- 罷免【ひめん】職務をやめさせること。
- 蛇足【だそく】例⬇蛇足かもしれないが、付け加えておく。

落人【おちうど】
戦に負けて逃亡する人。またはその末裔（まつえい）。

出生【しゅっしょう】
人が生まれること。生まれた土地、境遇、家柄など。

弾劾【だんがい】
犯罪や不正をはっきりさせ、責任を問うこと。

風靡【ふうび】
例↓一世を風靡する。

遠流【おんる】
流罪の中でももっとも重い刑。

呂律【ろれつ】
例↓酔って呂律が回らない。

狐狸【こり】
狐と狸。人をだまして悪さをする者。

遡及【そきゅう】
ある時点まで遡ること。法律を遡って適用すること。

耳朶【じだ】
耳たぶ。

贋作【がんさく】
にせの作品。

訃報【ふほう】
死亡の知らせ。

不埒【ふらち】
道に外れていて、ふとどきなこと。

強面【こわもて】
恐ろしい顔つき。

訊問【じんもん】
例↓容疑者を訊問する。

鳩尾【みぞおち】
例↓鳩尾に痛みが走る。

改竄【かいざん】
例↓文章を改竄する。

鬱蒼【うっそう】
例↓鬱蒼とした森。

逼迫【ひっぱく】
さし迫ること。
例↓経営が逼迫する。

逢着【ほうちゃく】
出会うこと。出くわすこと。

箒【ほうき】
例↓箒で掃除する。

舳先【へさき】
船首のこと。

癇癪【かんしゃく】
怒りやすい性質。怒り出すこと。

倦怠【けんたい】
例↓倦怠感がある。

咀嚼【そしゃく】
文章や言葉の意味をよく考えて理解すること。

怪訝【けげん】
例↓怪訝な顔をする。

国許【くにもと】
故郷のこと。

化【おとり】
例↓化捜査で手柄を上げる。

蜂起【ほうき】
いっせいに反乱を起こすこと。

耽溺【たんでき】
他を顧みず、不健全な遊びなどに夢中になること。

狼藉【ろうぜき】
乱雑なこと。散らかっていること。

知っているけど、すんなり読めない漢字②

嗚咽
竈
無碍
軋轢
峻厳
鑢（鈩）

緑青
轍
煮沸
飄飄
粗忽者
濾過

終焉
咄嗟
溌剌
多寡
拘泥
某

俯せ
強か
携える
屠る
減り張り
訛り

濃やか	佇む	健やか	措く	倹しい
専ら	謙る	俄に	訝る	酌む
恭しい	戦く	草臥れる	喚く	省みる
遍く	驕る	殺ぐ	弁える	否む
煩い	却って	亘る	端折る	鑑みる
芳しい	傍ら	軋む	催す	和らぐ

知っているけど、すんなり読めない漢字② 読み方

- 嗚咽【おえつ】例↓彼女の嗚咽が漏れ聞こえる。
- 竈【かまど】例↓竈に火を入れる。
- 無碍【むげ】妨げがないこと。例↓融通無碍（↓P364）。
- 軋轢【あつれき】仲が悪いこと。不和。
- 峻厳【しゅんげん】非常に厳しい様子。
- 鑢（鈩）【やすり】例↓鑢をかける。
- 緑青【ろくしょう】銅の表面にできる緑色のさび。塗料の材料にもなる。
- 轍【わだち】車輪の跡。
- 煮沸【しゃふつ】煮立たせること。
- 飄飄【ひょうひょう】つかみどころがない様子。風に吹かれてひらひらしている様子。
- 粗忽者【そこつもの】そそっかしい人。おっちょこちょい。
- 濾過【ろか】例↓泥水を濾過する。
- 終焉【しゅうえん】例↓物語は終焉を迎えるところだ。
- 咄嗟【とっさ】例↓咄嗟に逃げる。
- 溌剌【はつらつ】例↓いつも元気溌剌としている。
- 多寡【たか】多いか少ないか。多少。
- 拘泥【こうでい】こだわること。気にすること。
- 某【なにがし】名前などが不明なときにぼかして使う言葉。
- 俯せ【うつぶせ】例↓俯せで寝る。
- 強か【したたか】粘り強い。しぶとい。
- 携える【たずさえる】持つ。身につける。伴う。
- 屠る【ほふる】鳥獣の体を切り裂く。敵を打ち負かす。
- 減り張り【めりはり】例↓減り張りのきいた声を出す。
- 訛り【なまり】例↓故郷の訛りがある。

倹しい【つましい】質素である。

酌む【くむ】酒などをつぐ。

省みる【かえりみる】例⬇自分の行動を省みたほうがよい。

否む【いなむ】否定する。

鑑みる【かんがみる】照らし合せて考える。

和らぐ【やわらぐ】例⬇気持ちが和らぐ。

措く【おく】例⬇あなたを措いてほかにはいない。

訝る【いぶかる】疑わしく思う。

喚く【わめく】例⬇泣き喚く。

弁える【わきまえる】例⬇立場を弁えて発言する。

端折る【はしょる】例⬇すぐに話を端折るのでわかりにくい。

催す【もよおす】例⬇イベントを催す。

健やか【すこやか】例⬇健やかな成長をお祈りする。

俄に【にわかに】例⬇俄には信じがたい。

草臥れる【くたびれる】疲れる。目的地に着く前に草の上に臥してしまうというのが語源。

殺ぐ【そぐ】先端を切り落とす。斜めに薄く切る。先をとがらせる。

亘る【わたる】例⬇三日間に亘って続く祭り。

軋む【きしむ】例⬇床が軋んで危ない。

佇む【たたずむ】例⬇湖畔に佇む。

謙る【へりくだる】相手を敬い、自分を卑下する。

戦く【おののく】恐ろしさや興奮で体が震える。

驕る【おごる】見下す。いばる。

却って【かえって】むしろ反対に。期待とは裏腹に。

傍ら【かたわら】例⬇書類を傍らに置く。

濃やか【こまやか】例⬇愛情が濃やかで癒される。

専ら【もっぱら】例⬇専らのうわさだ。

恭しい【うやうやしい】礼儀正しく丁重な様子。例⬇恭しく振る舞う。

遍く【あまねく】例⬇本当は隠したかったのに、遍く知れ渡ってしまった。

煩い【うるさい】例⬇煩くつきまとう。

芳しい【かんばしい】立派である。かおりがよい。こうばしい。例⬇芳しい成績を残す。

読めたらスゴイ！漢字①

顰蹙	邂逅	櫛比	覿面
婀娜	杞憂	彙報	殷賑
赫怒	匡正	魍魎	鼎談
無辜	吃驚	兇刃（凶刃）	鞫問（鞠問）
齟齬	泥濘	馥郁	宥恕
嘖嘖	拙妻	誰何	優諚

焜炉	塵芥	雄蕊	退嬰	謬見
生塵	坩堝	作麼生（怎麼生・什麼生）	些事（瑣事）	尤物
罫線	渠魁（巨魁）	指嗾	碩学	膾炙
拳固	畢生	背馳	頽勢（退勢）	狼煙
艶冶	耄碌	爾来	千仞（千尋）	截然
放埒	欺瞞	醵出（拠出）	袢纏	波濤

読めたらスゴイ！ 漢字① 読み方

顰蹙【ひんしゅく】
例⬇決まりを守らず顰蹙を買う。

邂逅【かいこう】
思いがけない出会い。

櫛比【しっぴ】
隙間なく並んでいること。櫛の歯のようにという意から。

覿面【てきめん】
例⬇効果覿面なダイエット。

婀娜【あだ】
女性のなまめかしく色っぽい様子。美しくたおやかな様子。

杞憂【きゆう】
心配する必要がないことを心配すること。

彙報【いほう】
報告を分類別にまとめたもの。

殷賑【いんしん】
活気があり賑やかなこと。繁盛していること。

赫怒【かくど】
激しく怒ること。

匡正【きょうせい】
間違っているものを正すこと。

魍魎【もうりょう】
山や川、木などの精や河童など妖怪の総称。

鼎談【ていだん】
三人で向かい合って話をすること。

無辜【むこ】
罪のないこと。罪のない人。

吃驚【きっきょう】
一瞬驚くこと。「びっくり」とも読む。

兇刃（凶刃）【きょうじん】
人を殺傷するための刃。

鞫問（鞠問）【きくもん】
罪を問いただすこと。

齟齬【そご】
物事がうまくかみ合わないこと。

泥濘【ぬかるみ】
例⬇雨で道に泥濘ができた。

馥郁【ふくいく】
よい香りが漂うこと。

宥恕【ゆうじょ】
寛大な心で許すこと。

嘖嘖【さくさく】
人々が口々にほめる様子。評判する様子。

拙妻【せっさい】
自分の妻をへりくだっていう言葉。

誰何【すいか】
何者か問いただすこと。
例⬇門番が誰何する。

優諚【ゆうじょう】
天皇や天子からのありがたいお言葉。

焜炉【こんろ】
持ち運びできる小さい炉。ガスなどを用いる炊事用の炉。

塵芥【じんかい】
ごみ。値打ちのないもの。「ちりあくた」とも読む。

雄蕊【おしべ】
例⬇雄蕊と雌蕊（めしべ）の区別。

退嬰【たいえい】
新しいことに挑戦する意欲がないこと。
例⬇退嬰的な体質。

謬見【びゅうけん】
間違った考え。

生塵【なまごみ】
例⬇生塵を処理する。

坩堝【るつぼ】
例⬇人種の坩堝だ。

作麼生（怎麼生・什麼生）【そもさん】
禅問答で、相手の返事を促すときの言葉。

些事（瑣事）【さじ】
ささいなこと。つまらないこと。

尤物【ゆうぶつ】
多くの中で特に優れているもの。美女。

罫線【けいせん】
ノートなどにある字をまっすぐ書くための線。表の枠線。

渠魁（巨魁）【きょかい】
悪い仲間の首領。

指嗾【しそう】
悪事などを働くよう、人に仕向けること。

碩学【せきがく】
学問が広く深いこと。またはそういう学問を修めた人。

膾炙【かいしゃ】
広く人々に知れ渡っていること。

拳固【げんこ】
げんこつ。握りこぶし。

畢生【ひっせい】
一生涯。終生。
例⬇畢生の仕事。

背馳【はいち】
行き違い。反対になること。食い違うこと。

頽勢（退勢）【たいせい】
物事や勢いが衰えていく様子。

狼煙【のろし】
例⬇いよいよ反撃の狼煙が上がる。

艶冶【えんや】
なまめかしくて美しいこと。

耄碌【もうろく】
例⬇九十歳にもなるのに耄碌していない。

爾来【じらい】
それ以来。その後。

千仞（千尋）【せんじん】
山などが高いこと。谷や海が深いこと。

截然【せつぜん】
物事の区別がはっきりしている様子。崖が切り立っている様子。

放埒【ほうらつ】
勝手気ままな様子。

欺瞞【ぎまん】
騙したり、あざむいたりすること。

醵出（拠出）【きょしゅつ】
金品を出し合うこと。

袢纏【はんてん】
例⬇袢纏を着る。

波濤【はとう】
大きな波。

4 難読・当て字

読めたらスゴイ！漢字②

間隙	晦渋	騒擾	依怙地
翰墨	蕩尽	智慧	蕪辞
二合半（小半）	箴言	猜疑	牝牡
一揖	鋩子	叢	豊頬
玩弄	戎馬	愈（愈々）	孜孜
壺中	夕照	燦燦	靨

螺旋	漏洩	反駁	鼾	鬘
知悉	井蛙	臍帯	嚔	抽斗
俗諺	(世間の)柵	和毛	燧石	陋習
錫杖	迂愚	掉尾	篆刻	頁岩
掣肘	瀰漫(弥漫)	杜撰	漣(細波・小波)	脹脛
所謂	弘誓	雹	都都逸	雀斑

4 難読・当て字

読めたらスゴイ! 漢字② 読み方

間隙【かんげき】
すきま。
例⬇彼は間隙を縫って逃げた。

晦渋【かいじゅう】
言葉や文章が難しくて分かりにくいこと。
例⬇晦渋な文章。

騒擾【そうじょう】
集団で騒ぎ秩序を乱すこと。騒動。騒乱。

依怙地【いこじ】
例⬇責められて依怙地になってしまった。

翰墨【かんぼく】
筆と墨。詩文を作ったり、書画を書くこと。

蕩尽【とうじん】
財産を使い果たすこと。

智慧【ちえ】
「知恵」とも書く。
例⬇メンバーが智慧を出しあう。

蕪辞【ぶじ】
整理されていない言葉。主に自分の言葉をへりくだっていう。

二合半(小半)【こなから】
半分の半分。特に一升の半分の半分。少量。

箴言【しんげん】
戒めの言葉。格言。
例⬇箴言を伝える。

猜疑【さいぎ】
人を疑ったり、妬んだりすること。
例⬇猜疑心が強い。

牝牡【ひんぼ】
動物の牝(めす)と牡(おす)。

一揖【いちゆう】
軽くおじぎをすること。

鋩子【ぼうし】
刀剣の切っ先の刃(やいば)。

叢【くさむら】
草が茂っているところ。または多くのものの集まり。

豊頬【ほうきょう】
ふっくらと肉付きのよい美しい頬。

玩弄【がんろう】
もてあそぶこと。愚弄すること。

戎馬【じゅうば】
軍用の馬。

愈(愈々)【いよいよ】
例⬇愈、正念場だ。

孜孜【しし】
熱心に努め励む様子。
例⬇孜孜忽忽(ししこつこつ)と働く。

壺中【こちゅう】
壺の中。臆病者。

夕照【せきしょう】
夕焼け。

燦燦【さんさん】
例⬇燦燦と降り注ぐ太陽の光。

靨【えくぼ】
例⬇好きになれば痘痕(あばた)も靨だ。

鬘【かつら】
例↓衣装に合わせた鬘。

抽斗【ひきだし】
例↓抽斗にしまう。

陋習【ろうしゅう】
悪い習慣。

頁岩【けつがん】
粘土が固まってできた、薄く板状に剥がれやすい岩。

脹脛【ふくらはぎ】
例↓脹脛を痛めた。

雀斑【じゃくはん】
そばかすのこと。

鼾【いびき】
例↓鼾をかく。

嚔【くしゃみ】
例↓嚔をする。

燧石【ひうちいし】
硬質な岩石の一種。燧金（ひうちがね）と打ち合わせて発火させる。

篆刻【てんこく】
木や石に文字を彫って書画などで使う印章を作ること。

漣（細波・小波）【さざなみ】
細かく立つ波。

都都逸【どどいつ】
七・七・七・五の口語による定型詩。

反駁【はんばく】
ほかの人の主張に対して論じ返すこと。

臍帯【さいたい】
胎児と胎盤をつなぐへその緒。

和毛【にこげ】
人や動物のやわらかい毛。産毛。

掉尾【ちょうび】
最後に勢いが盛んになること。
例↓掉尾を飾る。

杜撰【ずさん】
例↓杜撰な管理。

雹【ひょう】
例↓雹が降る。

漏洩【ろうえい】
例↓機密の漏洩。

井蛙【せいあ】
井戸の中にすむ蛙（かえる）のこと。また、見聞の狭いこと。

（世間の）柵【しがらみ】
例↓世間の柵がチャレンジの邪魔をする。

迂愚【うぐ】
世間知らずで、愚かなこと。
例↓迂愚な人。

瀰漫（弥漫）【びまん】
一面に広がって満ちること。蔓延すること。

弘誓【ぐぜい】
菩薩が救済のための誓いを立てること。

螺旋【らせん】
例↓螺旋階段が設置されている。

知悉【ちしつ】
知り尽くすこと。
例↓秘密を知悉している人物。

俗諺【ぞくげん】
人々の生活の中にあることわざ。俗世間のことわざ。

錫杖【しゃくじょう】
僧や修験者（しゅげんじゃ）が持つ杖。

掣肘【せいちゅう】
干渉して自由な行動を阻害すること。

所謂【いわゆる】
例↓所謂、学歴社会というものだ。

5 難読・当て字

読めたらスゴイ！漢字③

一頻り	啄む	鎖す	窺う	唆す	約める
凭れる	翻る	憤る	耄る	和ぐ（凪ぐ）	疼く
遷す	屯する	纏わる	矯める	湛える	竦む
妊る	頗る	暈す	拗れる	縋る	阿る

勤しむ	拗ねる	懇ろ	弁える	偏に
煌めく	逸る	挙って	蔑ろ	漸く
捌く	馨しい	撓む	具に（備に・悉に）	労しい
擽る	喧しい	宛ら	蓋し	宛ら
零れる	悉く	恙無く	詳らか	況や
侮る	括れる	態と	儚い	吝か

5 難読・当て字

読めたらスゴイ！漢字③

読み方

- 一頻り【ひとしきり】例⬇一頻りがんばって達成した。
- 凭れる【もたれる】例⬇胃が凭れる。
- 遷す【うつす】例⬇首都を遷す。
- 妊る【みごもる】例⬇子どもを妊る。
- 啄む【ついばむ】例⬇小鳥が餌を啄む。
- 翻る【ひるがえる】例⬇決定が翻る。
- 屯する【たむろする】例⬇高校生がゲームセンターで屯する。
- 頗る【すこぶる】非常に。たいそう。
- 鎖す【とざす】例⬇入口を鎖す。
- 憤る【いきどおる】例⬇あまりの出来事に憤る。
- 纏わる【まつわる】例⬇結婚に纏わるエピソード。
- 暈す【ぼかす】例⬇暈した数字。
- 窺う【うかがう】例⬇相手の出方を窺う。
- 毟る【むしる】例⬇毛を毟る。／魚の身を毟る。
- 矯める【ためる】形を直す。矯正する。
- 拗れる【こじれる】例⬇関係が拗れる。
- 唆す【そそのかす】例⬇あいつに唆されてしたことだ。
- 和ぐ(凪ぐ)【なぐ】例⬇海が和ぐ。／心が和ぐ。
- 湛える【たたえる】例⬇笑みを湛える。
- 縋る【すがる】例⬇命綱に縋る。／人の親切に縋る。
- 約める【つづめる】短くする。簡単にまとめる。要約する。
- 疼く【うずく】例⬇古傷が疼く。
- 竦む【すくむ】例⬇脚が竦む。
- 阿る【おもねる】気に入られるように振る舞う。

- 勤しむ【いそしむ】例⬇仕事に勤しむ。
- 拗ねる【すねる】例⬇世を拗ねる。
- 懇ろ【ねんごろ】親切でていねいなこと。親密なこと。
- 弁える【わきまえる】例⬇礼儀を弁える。
- 偏に【ひとえに】例⬇偏にお詫びをする。
- 煌めく【きらめく】光輝く。人目を引く。
- 逸る【はやる】例⬇気持ちが逸る。
- 挙って【こぞって】例⬇挙って賛成する。
- 蔑ろ【ないがしろ】あってもないもののように軽んじること。
- 漸く【ようやく】例⬇漸く間に合う。
- 捌く【さばく】例⬇すばらしい手綱捌きを見せる。
- 馨しい【かぐわしい】香りがよい。好ましい。
- 撓む【たわむ】例⬇木の床が撓む。
- 具に（備に・悉に）【つぶさに】詳細に。ことごとく。例⬇具に観察する。
- 労しい【いたわしい】いたわりたくなる。気の毒な状態になる。
- 擽る【くすぐる】例⬇母性本能を擽る。
- 喧しい【かまびすしい】騒がしい。やかましい。
- 宛ら【さながら】例⬇本番宛らの迫力。
- 蓋し【けだし】まさしく。確かに。
- 宛ら【さながら】まるで。
- 零れる【こぼれる】例⬇涙が零れる。
- 悉く【ことごとく】物事すべてという意味。語源は「事事」。
- 恙無く【つつがなく】例⬇恙無く物事が進む。
- 詳らか【つまびらか】詳しい様子。
- 況や【いわんや】言うに及ばず。
- 侮る【あなどる】みくびる。例⬇侮りがたい相手。
- 括れる【くびれる】例⬇括れたデザイン。
- 態と【わざと】例⬇反抗心で態と無視する。
- 儚い【はかない】例⬇若いときの儚い恋。
- 吝か【やぶさか】例⬇認めるに吝かではない。

6 難読・当て字

熟字訓を読んでみよう

※熟字訓とは、二文字以上の熟字単位で、日本語の訓読みを当てたもの。

従兄弟
玄孫
雪崩
嗚呼
小豆
明後日

十八番
海人
小童
渾名
長閑
彼処

香具師
乳母
疾風
終日
固唾
河岸

玄人
お神酒
祝詞
三和土
欠伸
美人局

為体	髑髏	日和	太刀	流石
生業	微温湯	胡座	黄昏	投網
灰汁	面皰	松明	生憎	桟敷
草鞋	白粉	女形	一寸	雑魚
海原	伊達	落籍す	波止場	硫黄
卓袱台	手水	許婚	花魁	干支

熟字訓を読んでみよう

読み方

従兄弟【いとこ】
父母の兄弟姉妹の子。

玄孫【やしゃご】
孫の孫。

雪崩【なだれ】
例⬇春は雪崩の危険がある。

嗚呼【ああ】
例⬇嗚呼、いい気分だ。

小豆【あずき】
例⬇小豆の生産量は北海道が多い。

明後日【あさって】
例⬇明後日なら空いているよ。

十八番【おはこ】
もっとも得意な芸や技。語源は江戸時代に出された「歌舞伎十八番」。

海人【あま】
海で魚や貝を採るなどして生計を立てる人。

小童【こわっぱ】
子どもや未熟者をののしっていう言葉。

渾名【あだな】
例⬇渾名で呼ばれる。

長閑【のどか】
例⬇長閑な日だ。

彼処【あそこ】
例⬇彼処で待っている。

香具師【やし】
縁日などで物を売ったり興行する、てきやのこと。

乳母【うば】
母親に代わって子どもに乳を与え、育てる女。

疾風【はやて】
急に激しく吹く風。

終日【ひねもす】
一日中。

固唾【かたず】
緊張しているときなどに口にたまるつば。
例⬇固唾を呑む。

河岸【かし】
船の荷物を上げ下ろしする川岸。川岸に立つ市場。

玄人【くろうと】
その道を極めた人。専門家。

お神酒【おみき】
神様に供えた酒。

祝詞【のりと】
神主が神前で述べる祈りの言葉。

三和土【たたき】
現代では土間のことを指す。

欠伸【あくび】
例⬇眠くて欠伸が出る。

美人局【つつもたせ】
女とその夫や情夫が組んで、ゆすりや詐欺をする行為。

- 流石【さすが】例⬇流石に上手だ。
- 太刀【たち】大きな刀。
- 日和【ひより】例⬇今日は小春日和だ。
- 髑髏【どくろ】頭蓋骨。
- 為体【ていたらく】様子。ありさま。特に好ましくない状態のときに使う。
- 投網【とあみ】魚がいると思われるところに投げ入れる網。
- 黄昏【たそがれ】日没直後の、夕焼けの名残がある時間帯のこと。夕方。
- 胡座【あぐら】例⬇胡座をかく。
- 微温湯【ぬるまゆ】例⬇微温湯につかる。
- 生業【なりわい】生活のための仕事。
- 桟敷【さじき】高いところに設けた見物席。上等の席。
- 生憎【あいにく】例⬇訪ねたのに生憎留守だった。
- 松明【たいまつ】例⬇松明のあかりを頼りにした。
- 面皰【にきび】例⬇鼻に面皰ができた。
- 灰汁【あく】例⬇灰汁をすくう。
- 雑魚【ざこ】例⬇雑魚しか釣れなかった。
- 一寸【ちょっと】例⬇一寸だけ食べる。
- 女形【おやま】歌舞伎で女性の役、または女性の役を務める役者のこと。
- 白粉【おしろい】例⬇白粉をはたく。
- 草鞋【わらじ】例⬇あの人は二足の草鞋を履いている。
- 硫黄【いおう】例⬇硫黄臭がする。
- 波止場【はとば】例⬇船が波止場に着く。
- 落籍す【ひかす】芸者・遊女などを見受けする。落籍（らくせき）する。
- 伊達【だて】派手に振る舞うこと。粋であること。
- 海原【うなばら】例⬇大海原に乗り出す。
- 干支【えと】例⬇干支のものを飾る。
- 花魁【おいらん】吉原遊郭の位の高い遊女のこと。
- 許婚【いいなずけ】婚約者。
- 手水【ちょうず】神社や寺院で身を清める水。
- 卓袱台【ちゃぶだい】例⬇卓袱台を囲む。

読んでみよう！① 魚・水生生物など

鮴	鱚	鮎	鰺
鱧	鰆	鯏	鱸
鰻	魬	鰍	鮪
鰌	鯛	鱒	鰤
魳（梭魚）	鯖	鰈	鮠
鰰	鱈	鯒（牛尾魚）	鰯

柳葉魚	細魚	海月	蜆	田螺
公魚	鯡（鰊）	海星	烏貝	鱈場蟹
太刀魚	鮫	海胆	海松貝	海鞘
鯊	翻車魚	栄螺	北寄貝	海鼠
河豚	蝦蛄	蛤	鮑	磯巾着
虎魚	烏賊	浅蜊	法螺貝	珊瑚

読んでみよう！① 魚・水生生物など

読み方

鯵
【アジ】
三月頃より味がよくなるので「参」がつくとの説あり。

鱸
【スズキ】

鮪
【マグロ】

鰤
【ブリ】
師走のころが旬という説あり。

鮠
【ハヤ】
細長くて泳ぐのが速い淡水魚。

鰯
【イワシ】
すぐに死ぬ、すぐに傷むことから「弱」がつくという説が有力。

鮎
【アユ】

鯏
【ウグイ】

鰍
【カジカ】

鱒
【マス】

鰈
【カレイ】
「葉」の薄くて平らという意味からできた漢字と考えられる。

鯒（牛尾魚）
【コチ】
押しつぶされたような平たい体。暖海性で砂底にすむ。

鱚
【キス】
「キス」の「キ」の音に、「喜」を当てたという説が有力。

鰆
【サワラ】
春になるとよく見るので「春」がつくという説あり。

魬
【ハマチ】

鯛
【タイ】
日本の周囲で周年捕れるので「周」がつくという説あり。

鯖
【サバ】

鱈
【タラ】
雪が降るころに収獲する魚という説あり。

鮴
【ゴリ】
一般的にはハゼの形をした淡水魚。地方によっては別の魚を指す。

鱧
【ハモ】

鰻
【ウナギ】

鰌
【ドジョウ】

魳（梭魚）
【カマス】

鰰
【ハタハタ】
雷神がつかわした魚なので「神」がつくという説あり。

柳葉魚
【シシャモ】

細魚
【サヨリ】
細長い魚が由来。

海月
【クラゲ】

蜆
【シジミ】

田螺
【タニシ】

公魚
【ワカサギ】

鯡(鰊)
【ニシン】
「数の子」はニシンの卵巣を乾燥または塩漬にしたもの。

海星
【ヒトデ】

烏貝
【カラスガイ】

鱈場蟹
【タラバガニ】

太刀魚
【タチウオ】

鮫
【サメ】
体をくねらせることから「交」がついたと考えられる。

海胆
【ウニ】
生物としてのウニ。加工して食品になると「雲丹」と書く。

海松貝
【ミルガイ】

海鞘
【ホヤ】

鯊
【ハゼ】

翻車魚
【マンボウ】

栄螺
【サザエ】

北寄貝
【ホッキガイ】

海鼠
【ナマコ】
由来は後姿が鼠(ねずみ)に似ている、鼠のように這いまわるなど。

河豚
【フグ】
中国ではフグは海より河に生息しているものが主流だったことから。

蝦蛄
【シャコ】

蛤
【ハマグリ】

鮑
【アワビ】

磯巾着
【イソギンチャク】

虎魚
【オコゼ】

烏賊
【イカ】

浅蜊
【アサリ】

法螺貝
【ホラガイ】

珊瑚
【サンゴ】

読んでみよう！② 哺乳類・爬虫類など

河馬
狒狒
豹
馴鹿
篦鹿
栗鼠

鼬
貉
麒麟
駱駝
驢馬
犀

氈鹿
羆
蟻食
土竜
貘
白鼻心

貂
樹懶
豪猪（山荒）
海狸
騾馬
穿山甲

大蛇	蜥蜴	座頭鯨	海豹	海獺
赤楝蛇	家守	抹香鯨	海驢	川獺
鰐	井守	一角	海象	鴨嘴
蝦蟇	蛇舅母	儒艮	膃肭臍	海豚
鼈	波布	蝙蝠	胡獱	砂滑
玳瑁	蝮	鼯鼠	巨頭鯨	鯱

読んでみよう! ② 哺乳類・爬虫類など

読み方

河馬【カバ】	鼬【イタチ】	氈鹿【カモシカ】	貂【テン】「召」にはしなやかな曲線という意味がある。
狒狒【ヒヒ】	狢【ムジナ】アナグマのこと。地方によってはタヌキやハクビシンを指す場合も。	羆【ヒグマ】	樹懶【ナマケモノ】
豹【ヒョウ】	麒麟【キリン】	蟻食【アリクイ】	豪猪(山荒)【ヤマアラシ】
馴鹿【トナカイ】	駱駝【ラクダ】	土竜【モグラ】中国ではミミズのこと。日本で誤ってモグラの当て字になった。	海狸【カイリ】ビーバーのこと。
箆鹿【ヘラジカ】	驢馬【ロバ】	獏【バク】	騾馬【ラバ】
栗鼠【リス】「鼠(ねずみ)」に似た「栗」などを食べる動物という意味。	犀【サイ】	白鼻心【ハクビシン】ネコ目の哺乳類。頬から鼻にかけて白い線がある。	穿山甲【センザンコウ】世界で唯一、ウロコをまとう哺乳類。

- 海獺【ラッコ】
- 海豹【アザラシ】斑点があるため「豹」の字が当てられたと考えられる。
- 座頭鯨【ザトウクジラ】
- 蜥蜴【トカゲ】
- 大蛇【オロチ】大きな蛇。神話に「八岐大蛇（やまたのおろち）」が登場している。
- 川獺【カワウソ】
- 海驢【アシカ】海に棲む驢馬（ロバ）の意味。
- 抹香鯨【マッコウクジラ】
- 家守【ヤモリ】
- 赤楝蛇【ヤマカガシ】蛇の一種で毒を持つ。多くは水辺に生息し、カエルが主食。
- 鴨嘴【カモノハシ】
- 海象【セイウチ】
- 一角【イッカク】小型のクジラの一種。
- 井守【イモリ】
- 鰐【ワニ】鰐は「ガク」とも読み、ガクガクと噛み合わせるという意味がある。
- 海豚【イルカ】
- 膃肭臍【オットセイ】
- 儒艮【ジュゴン】
- 蛇舅母【カナヘビ】
- 蝦蟇【ガマ】ヒキガエルのこと。
- 砂滑【スナメリ】小型のイルカ。淡水に生息する例も見られる。
- 胡獱【トド】
- 蝙蝠【コウモリ】
- 波布【ハブ】
- 鼈【スッポン】
- 鯱【シャチ】
- 巨頭鯨【ゴンドウクジラ】
- 鼯鼠【ムササビ】ネズミ目の哺乳類。
- 蝮【マムシ】
- 玳瑁【タイマイ】ウミガメの一種。背甲がべっ甲として珍重され、個体数が減少した。

読んでみよう！③ 昆虫など、鳥類

- 鬼蜻蜓
- 蜻蛉
- 蜉蝣
- 孑孒
- 蓑虫
- 蜩
- 寒蝉
- 斑猫
- 蝗虫
- 轡虫
- 蟋蟀
- 蟷螂
- 螽斯
- 蝗
- 螻蛄
- 甲虫
- 鍬形虫
- 瓢虫（天道虫）
- 穀象虫
- 虻
- 蚋
- 壁蝨
- 虱
- 田鼈

鵲	鸚鵡	鴫	蛞蝓	蜘蛛
鸚哥	朱鷺	鸛	蚯蚓	百足
信天翁	家鴨	鶇	蛭	尺取虫
啄木鳥	鴛鴦	鶺鴒	微塵子	蚕
百舌	郭公	不如帰（杜鵑・時鳥）	鶉	水黽
矮鶏	四十雀	金糸雀	鶯	歩行虫

読んでみよう！③ 昆虫など、鳥類

読み方

鬼蜻蜓【オニヤンマ】	寒蝉【ツクツクボウシ】カンゼミ、カンセンと読む場合は、秋に鳴く蝉の総称。	螽斯【キリギリス】	穀象虫【コクゾウムシ】世界各地に生息。イネ科穀物の害虫とされている。
蜻蛉【トンボ】	斑猫【ハンミョウ】黒紫の羽根に白い斑点、赤い帯という色彩を持った甲虫。	蝗【イナゴ】	虻【アブ】
蜉蝣【カゲロウ】	蝗虫【バッタ】	螻蛄【ケラ】コオロギの仲間で土中で生活する。	蚋【ブヨ】
孑孒【ボウフラ】	轡虫【クツワムシ】馬の口にはめる轡が由来。手綱を引くときの音と鳴き声が似ている。	甲虫【カブトムシ】	壁蝨【ダニ】
蓑虫【ミノムシ】	蟋蟀【コオロギ】	鍬形虫【クワガタムシ】	虱【シラミ】動きが速い虫なので、「迅速」という文字から変化したといわれる。
蜩【ヒグラシ】	蟷螂【カマキリ】	瓢虫(天道虫)【テントウムシ】	田鼈【タガメ】水田や沼に生息。かっぱむし、どんがめなどと呼ばれる。

蜘蛛【クモ】	蛞蝓【ナメクジ】	鴫【シギ】田に来る鳥という意味。	鸚鵡【オウム】	鵲【カササギ】
百足【ムカデ】	蚯蚓【ミミズ】	鸛【コウノトリ】	朱鷺【トキ】	鸚哥【インコ】
尺取虫【シャクトリムシ】	蛭【ヒル】	鶫【ツグミ】	家鴨【アヒル】	信天翁【アホウドリ】天から餌が降ってくると信じているという名前の由来がある。
蚕【カイコ】	微塵子【ミジンコ】	鶺鴒【セキレイ】石敲（いしたた）きとも呼ばれる（⬇P２４３）。	鴛鴦【オシドリ】	啄木鳥【キツツキ】
水黽【アメンボ】	鶉【ウズラ】「享」という字にはずんぐりしているという意味がある。	不如帰（杜鵑・時鳥）【ホトトギス】	郭公【カッコウ】	百舌【モズ】
歩行虫【オサムシ】大型の甲虫類。飛行できず地上を歩き回る。	鶯【ウグイス】	金糸雀【カナリア】	四十雀【しじゅうから】	矮鶏【チャボ】

読んでみよう！④ 植物

蓮華	万年青	燕子花（杜若）	酸漿（鬼灯）
菫	浜木綿	雛罌粟（雛芥子）	竜胆
蒲公英	白檀	梔子	女郎花
薊	石楠花	枳殻	弟切草
凌霄花	金盞花	辛夷	金鳳花
勿忘草	躑躅	向日葵	木犀

松毬	合歓木	百日紅	蕨	桔梗
山査子	馬酔木	公孫樹（銀杏）	薇	山茶花
石榴（柘榴）	柊	欅	繁縷	含羞草
無花果	樅	榎	石蕗	土筆
枇杷	椰子	槭（楓）	仙人掌	薺
檸檬	団栗	櫟	木瓜	車前草

読んでみよう！④ 植物

読み方

蓮華【レンゲ】

菫【スミレ】

蒲公英【タンポポ】
タンポポから作る漢方薬を蒲公英（ほうこうえい）といった。

薊【アザミ】
魚に骨があるように、トゲがある植物という意味。

凌霄花【ノウゼンカズラ】

勿忘草【ワスレナグサ】

万年青【オモト】
縁起がいいといわれる観葉植物。

浜木綿【ハマユウ】
ヒガンバナ科の多年草で花は主に白。温暖な海浜でよく見られる。

白檀【ビャクダン】
甘い香りが特徴の熱帯性常緑樹。香木として利用される。

石楠花【シャクナゲ】

金盞花【キンセンカ】

躑躅【ツツジ】

燕子花（杜若）【カキツバタ】

雛罌粟（雛芥子）【ヒナゲシ】

梔子【クチナシ】

枳殻【カラタチ】

辛夷【コブシ】
➡P231

向日葵【ヒマワリ】

酸漿（鬼灯）【ホオズキ】

竜胆【リンドウ】
竜の胆のように、茎や根が苦いという説あり。

女郎花【オミナエシ】

弟切草【オトギリソウ】
草地などに自生、夏に小さな黄色い花を咲かせる。

金鳳花【キンポウゲ】

木犀【モクセイ】

- 桔梗【キキョウ】
- 蕨【ワラビ】
- 百日紅【サルスベリ】長い期間、花が咲くという意味をもつ。
- 合歓木【ネムノキ】
- 松毬【マツボックリ】
- 山茶花【サザンカ】中国語ではツバキ科の植物を「山茶」という。
- 薇【ゼンマイ】
- 公孫樹（銀杏）【イチョウ】
- 馬酔木【アセビ】「アシビ」とも読む。
- 山査子【サンザシ】
- 含羞草【オジギソウ】
- 繁縷【ハコベ】
- 欅【ケヤキ】
- 柊【ヒイラギ】
- 石榴（柘榴）【ザクロ】
- 土筆【ツクシ】
- 石蕗【ツワブキ】
- 榎【エノキ】
- 樅【モミ】
- 無花果【イチジク】花が見えにくいことからついた名前と考えられる。
- 薺【ナズナ】
- 仙人掌【サボテン】
- 槭（楓）【カエデ】かえるで（蛙手）が転じたとされる。
- 椰子【ヤシ】
- 枇杷【ビワ】
- 車前草【オオバコ】牛馬車が通るような道によく生えていることが由来という説あり。
- 木瓜【ボケ】実が瓜に似ているので、「木になる瓜」になったという説あり。
- 櫟【クヌギ】山野によく自生している。球状のどんぐりがなる。
- 団栗【ドングリ】
- 檸檬【レモン】➡P243

読んでみよう！⑤ 食べ物

木耳	独活	南瓜	玉蜀黍
鹿尾菜	糸瓜	豌豆	牛蒡
水雲（海蘊）	大蒜	慈姑	蕗
和布（若布）	辣韮	分葱	法蓮草（菠薐草）
蒟蒻	茗荷	紫蘇	青梗菜
葛	山葵	韮	蕪

花林糖	蒲鉾	味醂	鰑（寿留女）	摘入
金鍔	碁子麺	焼売	沢庵	雁擬き
煎餅	干瓢	雲呑	滑子	巻繊汁
外郎	善哉	御強	薯蕷	鋤焼
蓬餅	銅鑼焼	拉麺	胡椒	粽
饅頭	羊羹	鱶鰭	出汁	水団

読んでみよう！⑤ 食べ物 読み方

玉蜀黍
【とうもろこし】

南瓜
【かぼちゃ】

独活
【うど】
例⬇独活の大木といわれないようにしたい。

木耳
【きくらげ】
耳に似ているからついた名前で、「木の耳」とも呼ばれる。

牛蒡
【ごぼう】
「蒡」はごぼうに似た草。「牛」をつけると大きな蒡という意味。

豌豆豆
【えんどうまめ】

糸瓜
【へちま】

鹿尾菜
【ひじき】

蕗
【ふき】

慈姑
【くわい】

大蒜
【にんにく】

水雲（海蘊）
【もずく】
水に浮かぶ雲に似ていることからついた当て字と考えられる。

法蓮草（菠薐草）
【ほうれんそう】
「ホウレン」はネパールの地名を表し、「法蓮」は当て字。

分葱
【わけぎ】

辣韮
【らっきょう】

和布（若布）
【わかめ】

青梗菜
【ちんげんさい】

紫蘇
【しそ】

茗荷
【みょうが】

蒟蒻
【こんにゃく】

蕪
【かぶ】

韮
【にら】

山葵
【わさび】
「葵」に似た葉で、山の中の渓流に育つというのが由来。

葛
【くず】

摘入【つみれ】

雁擬き【がんもどき】

巻繊汁【けんちんじる】

鋤焼【すきやき】

粽【ちまき】

水団【すいとん】

鯣(寿留女)【するめ】

沢庵【たくあん】
沢庵和尚が始めたという説や、貯え漬けが語源という説がある。

滑子【なめこ】

薯蕷【とろろ】

胡椒【こしょう】

出汁【だし】

味醂【みりん】

焼売【しゅうまい】

雲呑【わんたん】

御強【おこわ】
堅い飯という意味の「強飯(こわいい)」が変化したといわれる。

拉麺【ラーメン】

鱶鰭【ふかひれ】

蒲鉾【かまぼこ】

棊子麺【きしめん】

干瓢【かんぴょう】

善哉【ぜんざい】

銅鑼焼【どらやき】
形が打楽器の「銅鑼」に似ていることから、こう呼ばれる。

羊羹【ようかん】

花林糖【かりんとう】

金鍔【きんつば】

煎餅【せんべい】

外郎【ういろう】
外郎は薬の名前。その薬の口直しに食べたのが語源という説がある。

蓬餅【よもぎもち】

饅頭【まんじゅう】

12 難読・当て字

読んでみよう！⑥ 国名・地名

※国名・地名の漢字の当て字です。どこを表しているか当ててみましょう。

氷州	加奈陀	瑞典	嗹馬（丁抹）
愛蘭	柬埔寨	西班牙	独逸（独乙）
伊太利	玖馬	錫蘭	土耳古
伊蘭	希臘	泰	新西蘭
埃及	牙買加	西蔵	諾威（那威）
墺太利（墺地利）	瑞西	智利	巴奈馬

澳門	紐育	桑港	墨西哥	比律賓
馬徳里	巴里	市俄古	露西亜	仏蘭西
馬尼剌	聖林	加拉巴	雅典	越南
莫斯科	布哇	蘇格蘭	安特垣（亜武的達）	秘露
羅馬	盤谷	聖路易	牛津	波蘭
倫敦	伯林	那波里	剣橋	葡萄牙

読んでみよう！⑥ 国名・地名 読み方

- 氷州【アイスランド】
- 愛蘭【アイルランド】
- 伊太利【イタリア】
- 伊蘭【イラン】
- 埃及【エジプト】
- 墺太利（墺地利）【オーストリア】
- 加奈陀【カナダ】
- 柬埔寨【カンボジア】
- 玖馬【キューバ】
- 希臘【ギリシャ】
- 牙買加【ジャマイカ】
- 瑞西【スイス】
- 瑞典【スウェーデン】
- 西班牙【スペイン】
- 錫蘭【スリランカ】
- 泰【タイ】
- 西蔵【チベット】
- 智利【チリ】
- 嗹馬（丁抹）【デンマーク】
- 独逸（独乙）【ドイツ】
- 土耳古【トルコ】
- 新西蘭【ニュージーランド】
- 諾威（那威）【ノルウェー】
- 巴奈馬【パナマ】

比律賓【フィリピン】	仏蘭西【フランス】	越南【ベトナム】	秘露【ペルー】	波蘭【ポーランド】	葡萄牙【ポルトガル】
墨西哥【メキシコ】	露西亜【ロシア】	雅典【アテネ】	安特垣（亜武的達）【アムステルダム】	牛津【オックスフォード】	剣橋【ケンブリッジ】
桑港【サンフランシスコ】	市俄古【シカゴ】	加拉巴【ジャカルタ】	蘇格蘭【スコットランド】	聖路易【セントルイス】	那波里【ナポリ】
紐育【ニューヨーク】	巴里【パリ】	聖林【ハリウッド】	布哇【ハワイ】	盤谷【バンコク】	伯林【ベルリン】
澳門【マカオ】	馬徳里【マドリード】	馬尼刺【マニラ】	莫斯科【モスクワ】	羅馬【ローマ】	倫敦【ロンドン】 夏目漱石の小説に「倫敦塔」がある。

デザイン・DTP　高橋秀宜（Tport DESIGN）
イラスト　平松ひろし
編集協力　篠原明子、永井ミカ

※本書は、当社刊『今日から役に立つ！常識の「漢字力」3200』（2016年4月発行）、『今日から役に立つ！常識の「国語力」2600』（2015年4月発行）を再編集、大幅に加筆し、書名・価格等を変更したものです。

決定版 すぐに使える！
教養の「語彙力」3240

編　者　西東社編集部［せいとうしゃへんしゅうぶ］
発行者　若松和紀
発行所　株式会社 西東社
〒113-0034　東京都文京区湯島2-3-13
https://www.seitosha.co.jp/
電話　03-5800-3120（代）
※本書に記載のない内容のご質問や著者等の連絡先につきましては、お答えできかねます。

ISBN 978-4-7916-3101-8